KB192601

# 질적연구입문

서경혜 저

## Introduction To Qualitative Research

학지사

## 머리글
--------

　이 책에는 필자가 질적연구를 하며 체득한 경험과 배움과 깨달음이 담겨 있다. 혹자는 그보다 질적연구방법에 관한 지침서나 매뉴얼을 원할지도 모르겠다. 사실 시중에 질적연구의 방법과 기술을 알려 주는 책자들이 많이 나와 있다. 책에서 알려 준 대로 따라만 하면 될 것 같은 기대감과 안도감을 준다.

　그러나 질적연구는 매뉴얼대로만 하면 되는 연구가 아니다. 사실 질적연구의 과정과 방법을 매뉴얼화할 수도 없다. 한 사람 한 사람의 삶의 경험을 깊이 고찰하는 연구를 어찌 표준화할 수 있겠는가. 매뉴얼대로 연구를 하면 연구참여자의 삶의 경험을 이해하게 된다고 어찌 말할 수 있겠는가.

　이 책은 질적연구의 여정에 나선 연구자들과 필자의 경험을 공유하고 싶은 마음에 시작되었다. 연구자들이 필자의 경험을 이정표 삼아 인간의 삶과 경험에 대한 깊은 이해에 이르는 길을 스스로 찾아갈 수 있기를 바라는 마음으로 이 책을 집필하였다. 질적연구의 여정에 나선 연구자들이 필자의 경험을 발판 삼아 훌륭한 질적연구자로 성장하기를 바라는 마음을 담아 이 책을 썼다.

　이 책의 집필에 이화여자대학교 학생들이 큰 도움을 주었다. 그간 질적연구 수업을 함께한 이화여자대학교 학생들에게 감사 드린다. 질적연구 수업을 하며 문화기술적 연구자 월콧(Wolcott)이 크레스웰(Creswell)의 유명한 저서 『Qualitative Inquiry & Research Design: Choosing Among Five Approaches(질적 연구방법론: 다섯 가지 접근)』에 대해 한 말을 늘 마음에 새겼다. 월콧(Wolcott, 2008)은 이렇게 말하였다. 크레스웰(Creswell)은 측정 전공으로 양적연구방법에 대한 교육을 받고 이후 질적연구에 매력을 느껴 질적연구방법에 관한 책도 쓰고 학생들도 가르쳐 왔지만, 그는 학생들이 문화기술적 연구를 비롯한 여러 질적연구방법에 대해 알기를 바랄 뿐, 학생들이 문화기술적 연구자로 성장하도록 노력을 기울이지는 않은 것 같다. 부당한 평으로 들릴 수도 있겠으나, 내게는 질적연구 수업의 목적이 무엇이어야 하는가를 일깨워 주는 말이었다. 질적연구 수업을 함께하며 훌륭한 질적연구자로 성장한 학생들에게 감사의 마음을 전하며 힘찬 응원을 보낸다.

이 책의 집필에 이화여자대학교 교육학과 교수님들께서도 많은 도움을 주셨다. 이 자리를 빌려 감사의 말씀을 드린다. 이화여자대학교 도서관장님과 직원들에게도 감사를 드린다. 덕분에 집필에 필요한 도서와 자료를 충분히 활용할 수 있었다. 그리고 이 책의 출판을 맡아 주신 학지사에 감사 드린다. 도움을 주신 분들께 누가 되지 않도록 열심히 했는데 그 결과는 부끄럽기 짝이 없다. 부디 이 책이 당신의 질적연구의 여정에 도움이 되기를 바란다.

2024년 10월
서경혜

# 목차

------

# 세부 목차

------------

## 제7장  질적면담 · 147

# 왜 질적연구인가

왜 질적연구인가? 당신은 왜 질적연구에 관심을 갖게 되었는가? 양적연구도 있고 또는 경험적 자료수집 및 분석에 기반하지 않는 비경험적 연구,[1] 예컨대 이론적 연구도 있는데, 당신은 왜 질적연구를 하려고 하는가?

나는 그 이유를 이렇게 말하고 싶다. 인간의 경험을 깊이 연구하기 위해서이다. '경험'이란 자신이 실제로 해 보거나 직간접적으로 겪어 봄 그리고 그로부터 갖게 된 지식과 견해, 생각, 감정, 신념, 가치관, 태도, 행위양식 등을 말한다. 질적연구는 인간의 경험을 깊이 연구한다. 특히 '깊이 연구한다'에 방점을 찍어야 할 것이다. 인간의 경험을 '깊이 연구한다'는 것은 무슨 뜻인가?

먼저 인간의 경험에 대한 연구가 과거 어떻게 이루어졌는지 살펴보자. 가령 학생들의 학습경험, 예를 들어 협동학습경험에 대한 연구를 한다면, 우선 가설을 설정할 것이다. 일례를 들면, 협동학습경험이 학생들의 학습결과를 향상시킬 것이라는 가설을 설정한다. 그리하여 협동학습경험을 독립변인으로, 학습결과를 종속변인으로 학생들의 협동학습경험에 대한 연구를 수행한다. 이때 사전·사후

---

1) '비경험적 연구(nonempirical research)'는 경험적 자료(empirical data)에 기반하지 않은 연구를 말한다. 양적연구와 질적연구는 경험적 자료수집 및 분석에 기반한 연구로, '경험적 연구(empirical research)'에 해당한다. '경험적 연구'는 '실증적 연구'라고 지칭되기도 한다. 이때 '실증적(empirical)'의 사전적 의미는 사고(思考)에 의하여 논증하는 것이 아니고, 경험적 사실의 관찰과 실험에 따라 적극적으로 증명한다는 뜻이다. '실증적(empirical)'이라는 용어를 '실증주의(positivism)'의 의미로 오해하는 경우가 많아서 필자는 '경험적(empirical)'이라는 용어를 사용한다. 요컨대, 비경험적 연구는 사고(思考)에 의한 논증을 특징으로 한다. 일반적으로 이론적 연구가 이에 해당한다.

검사를 통해 가설을 검증하거나 집단 비교를 통해 가설을 검증한다. 예컨대, 후자의 경우 협동학습을 경험한 학생들과 경험하지 않은 학생들을 연구대상으로 선정하여 이 학생들에게 동일한 시험을 보게 한다. 또는 기존 데이터, 예컨대 학업성취도 표준화 검사 결과 등을 활용한다. 그리고 두 집단의 시험점수를 비교한다. 그 결과를 토대로 가설을 검증한다. 협동학습을 경험한 학생 집단의 시험점수가 높으면 가설을 채택하고, 그렇지 않으면 가설을 기각한다.

후속 연구는 새로운 변인을 추가하는 방식으로 진행된다. 예를 들어, 학생들의 협동학습경험을 학교급이나 학년별로 그리고 학생의 학습 성향이나 동기 등으로 쪼개서 이를 변인으로 연구한다. 또 학습결과에 시험점수뿐만 아니라 학생 만족도 조사 점수를 변인으로 추가하여 연구한다. 더 나아가서 협동학습경험을 좀 더 잘게 쪼개서 여러 다양한 변인에 대한 측정치를 수집하여 통계분석을 한다.

그러나 인간의 경험을 어찌 몇 개의 변인으로 또는 변인들의 합으로 설명할 수 있겠는가. 학생들이 협동학습을 하며 경험한 것들을 어찌 몇몇 수치로 나타낼 수 있겠는가. 학생들이 협동학습을 통해 배운 것들을 어찌 시험점수로 다 담아낼 수 있겠는가. 아무리 많은 변인을 추가한들, 아무리 잘게 쪼개서 조사한들, 복잡다단한 인간의 경험을 온전히 이해하기 어렵다.

질적연구는 인간의 경험에 대한 환원주의적 접근에 문제를 제기한다. 환원주의는 복잡한 현상을 기본적인 원리나 요인으로 설명하려는 태도를 말한다. 질적연구는 인간의 경험을 이른바 '기본적인' 원리나 법칙으로 단순화하는 것을 경계한다. 질적연구방법론의 하나인 '현상학적 연구(phenomenological research)'를 발전시키는 데 크게 기여한 죠지(Giorgi)[2]는 그가 현상학적 연구로 전향한 이유를 다음과 같이 말하였다.

필자는 (이 논문에서) 자신의 학문적 배경이 실험심리학이 었음에도 심리 작용을 몇 가지 요소나 변인으로 파편화시킨 연 구가 아니라 인간을 전인(whole person)으로 온전히 연구하 고 싶어 했음을 설명하였다. 필자는 인간 연구를 위한 비환원주 의적 방법을 갈망하였다. 그러던 차에 에드문트 후설(Edmund Husserl)의 현상학을 접하게 되었고 비환원주의적 방법의 가 능성을 발견하였다. 그리하여 필자는 후설(Husserl)과 메를로 퐁티(Merleau-Ponty)의 현상학을 토대로 인간 심리 연구를 위 한 현상학적 방법을 개발하였다(Giorgi, 2012: 3, 서경혜, 2023: 132에서 재인용).

주류 심리학자들은 심리 현상을 몇 가지 요소로 단순화해서 연구하는 경향이 있다. 그래야 이른바 과학적 연구라고 하는 전 통적인 기준에 맞출 수 있기 때문이다. … 그러나 나는 현상학 에 의거하여 이 기준을 넘어설 것이다…. 현상학은 인간의 의식 을 통해 체험된 것을 체험자의 관점에서 이해하고자 한다. 따 라서 현상학은 객관적 분석, 즉 체험자를 배제시킨 분석이 아니 라, 현상이 체험자에 의해 어떻게 체험되는지를 분석하는 데 중 점을 둔다(Giorgi, 2009: 3-4, 서경혜, 2023: 133에서 재인용).

죠지(Giorgi)는 환원주의와 객관주의에 입각한 주류 심리학에 문

---

2) 'Giorgi'를 '지오르지', '지오르기', '지오지' 등으로도 지칭한다.

제제기하며, 현상학 철학에 바탕을 둔 현상학적 연구방법을 개발, 대안으로 제시하였다. 혹자는 현상학적 연구를 현상학 철학과 구별하기 위하여 '현상학적 질적연구'라고 지칭하기도 한다. 현상학적 연구는 '변인'이 아니라 인간의 '체험'을 탐구한다.[3] 체험자를 배제시킨 연구자의 이른바 '객관적인' 분석이 아니라 체험자의 관점에서 현상이 어떻게 체험되는지를 분석한다. 그리하여 체험의 '의미'를 이해하고자 한다.

나아가서 질적연구는 오랫동안 학계를 지배해 온 형식주의에 문제를 제기한다. 전통적으로 연구는 이론에 기반을 두고 수행되었다. 이론에 기반하여 가설을 설정하였고, 이론에 기반하여 자료 분석틀을 마련하였다. 논문을 쓸 때는 제2장에 이론적 배경을 제시해야 했다. 이것은 논문 쓰기의 기본으로 여겨졌다. 이론적 배경은 논문을 다른 종류의 글, 예컨대 기사나 논설, 논평, 에세이 등과 구별 짓는 가장 중요한 특징으로 여겨졌다.

논문 지도도 마찬가지였다. 뭘 알아야 연구를 할 수 있다며 지도교수는 초보 연구자를 도서관으로 먼저 보냈다. 이론적 토대를 튼튼히 쌓아야 그 위에 자신의 연구를 세울 수 있다며 먼저 이론으로 무장하게 하였다. 수집한 자료를 어떻게 분석해야 할지 고민하는 초보 연구자에게 자료를 볼 수 있는 눈이 없어서 그렇다며 이 이론을 더 공부해라, 누구의 이론을 찾아보라 등과 같은 조언을 하였다.

---

3) '체험'의 사전적 의미는 자기가 몸소 겪음 또는 그런 경험을 뜻한다. 심리학에서 체험은 유기체가 직접 경험한 심적 과정을 말하는데, 경험과는 달리 지성, 언어, 습관에 의한 구성이 섞이지 않은 근원적인 것을 이른다. 철학에서 체험은 주관과 객관으로 나누기 전의 개인의 주관 속에 직접적으로 볼 수 있는 생생한 의식 과정이나 내용을 말한다. (표준국어대사전 참고)

종래 연구는 이론 검증에 치중해 왔다고 해도 과언이 아닐 것이다. 근거이론 연구자 글레이저와 스트라우스(Glaser & Strauss)는 다음과 같이 주장하였다.

> 이론 검증은 현대 사회학의 주안점이다. 30여 년 전만 해도 사회학계의 인식은, 이론은 충분한데 그에 대한 검증이 제대로 이루어지지 못하고 있다는 것이었다. 그러나 그간 양적연구방법의 급속한 성장으로 이제 이론 검증이 대세가 되었다….
>
> 그 결과 오늘날 대학의 사회학과는 위대한 학자들의 사회학 이론을 간수하는 이론 보관소가 되었고 학생들에게 이를 거부할 수 없는 절대불변의 것으로 가르치고 있다. 학생들은 이론을 습득하고 검증하는 교육을 받는다. 그러나 이론에 의문을 품고 문제제기할 수 있는 기회는 거의 제공되지 않는다. 그 결과 전도유망한 창의적 학생들이 이론 검증에 자신의 능력을 소비하고 있다…. 젊은 사회학자들이 그들의 위대한 스승들처럼 이론을 개발할 수 있도록 교육하는 것이 아니라 스승의 이론을 검증하도록 교육함으로써 "프롤레타리아(proletariat)" 검증자 계급을 대량 양산하며 "이론적 자본가(theoretical capitalist)" 역할을 하고 있는 것이다(Glaser & Strauss, 1967: 10-11, 서경혜, 2023: 87-88에서 재인용).

글레이저와 스트라우스(Glaser & Strauss)는 이론 검증에 치중한 미국 사회학계를 소수의 이론가가 다수의 검증자를 지배하는 계급사회로 비유하며 대학이 이 같은 계급구조를 재생산하는 역할을 해왔다고 신랄한 비판을 가하였다. 이제 이론 검증에 치중한 교육에서 탈피하여 신진 연구자들도 그들의 위대한 스승들처럼 이론을 개발할 수 있도록 해야 한다고 주장하였다. 그런데 이론은 어떻게 개발하는가. 이것이 근거이론연구, 즉 데이터로부터 이론을 개발하는 근거이론(grounded theory) 연구방법의 탄생 배경이다.

질적연구는 인간의 경험을 이론의 틀에 넣어 설명하는 것을 경계한다. 이론을 무시하거나 거부하는 것이 아니라 이론의 틀에 갇히는 것을 경계한다. 이론의 세계에 갇혀 경험의 세계를 도외시하는 것을 경계한다.

전통적으로 연구를 한다는 것은 경험세계에서 벗어나서 이를 대상화, 객관화하는 것을 함의하였다. 그리하여 연구자들은 학문이라는 객관세계를 구축하였다. 그러나 경험세계를 떠난 학문은 점차 삶의 의의를 상실하였다. 학문적 지식이나 이론이 경험세계에서 부딪치는 실제 문제들을 이해하고 해결하는 데 도움이 되지 못한다는 비판이 끊임없이 제기되었다. 학문의 위기라 하지 않을 수 없다.

이것은 비단 어제오늘의 일이 아니다. 일찍이 후설(Husserl)은 학문의 위기 현상이 '생활세계의 은폐와 망각'에 기인한 것이라고 주장하였다. 후설(Husserl)에 의하면 인식의 근원은 생활세계에 있다. 학문은 생활세계를 토대로 이룩된 것이다. 그러나 근대 과학이 발달하고 실증주의가 지배하면서 '과학화'라는 이념이 생활세계를 덮어 감추고 망각 속에 버려두었다. 과학이라는 잣대로 측정, 수량화한 객관세계가 지배하고 그리하여 생활세계가 은폐되고 잊혀 갈 때 학문은 삶에 대한 의의를 점차 상실해 갔다. 이에 후설(Husserl)은 생활세계로의 귀환을 주장하였다.

우리가 몸으로 직접 경험하는 세계. 객관화된 세계가 아니라 주관적이고 간주관적인 세계. 수치화된 세계가 아니라 다양한 의미가 복잡하게 얽혀 있는 세계. 질적연구는 경험세계로의 귀환을 함의한다. 경험세계에서 일상을 살아가는 인간의 삶에 다시 관심을 기울임을 함의한다.

자, 이제 인간의 경험을 '깊이 연구한다'는 것이 무슨 뜻인지 본격적으로 논의해 보자. 이를 다섯 가지 차원에서 생각해 볼 수 있다. 인간의 경험에 대한 탈실증주의적 접근, 총체적 접근, 맥락적 접근, 관계적 접근 그리고 내부자적 관점이다. 이는 곧 질적연구를 다른 연구들과 구별 짓는 질적연구의 중요한 특징이다.

## 1. 탈실증주의적 접근

질적연구는 실증주의에 입각한 연구에 근본적인 문제를 제기한다. 앞서 논한 환원주의와 형식주의는 실증주의의 전형적인 특징이다. 실증주의는 19세기 과학과 기술의 발전을 인간 사회에 적용하고자 하는 노력에서 비롯된 철학이다. 그 대표적인 철학자 콩트(Comte)는 실증주의를 다음과 같이 설명하였다(Comte, 1853/2009).

실증주의는, 첫째, 관찰이나 실험을 통해 검증할 수 있는 지식을 추구한다. 검증 불가능한 지식은 무의미하다. 둘째, 실증주의는 과거 인간의 정신을 지배해 온 신학과 형이상학으로부터 인간을 자유롭게 한다. 그리하여 미신이나 허위지식에서 벗어날 수 있게 해 준다. 셋째, 실증주의는 과학적 지식과 기술을 인간 사회로 확장한다. 실증주의는 합리적인 사회 건설 및 인류 복지에 공헌한다.

20세기 들어 과학과 기술의 비약적인 발전에 따라 실증주의는 급속히 확산되었다. 자연 현상을 연구하는 방법이 인간과 사회 현상

을 연구하는 데 적용되었고 '인문과학', '사회과학' 등 '과학적 연구'
를 통해 학문을 과학화하려는 운동이 일었다. 과학적 연구만이 학
문적 지식의 원천으로 인정되었고 실증주의는 지배적인 패러다임
으로 자리잡았다.

실증주의에 입각한 연구는 과학적 방법을 그 특징으로 한다. 과
학적 방법은 자연 현상을 연구하기 위하여 개발된 방법으로 다음과
같은 절차로 진행된다.

- 문제 인식

  자연 현상을 관찰하며 궁금한 것이 생기면 이를 잠정적인 연구
  문제로 설정한다. 그리고 먼저 문헌 고찰을 통해 이 문제에 대
  한 답을 찾는다. 선행 연구자들이 제시한 답이 만족스럽다면,
  즉 선행 연구 고찰을 통해 본인의 연구문제에 대한 답을 찾았
  다면, 다시 자연 현상에 대한 관찰을 이어 간다. 그러나 선행
  연구자들이 제시한 답이 불만족스럽거나 그에 동의할 수 없다
  면 또는 연구된 바가 없다면 그래서 문헌 고찰을 통해 답을 찾
  을 수 없는 문제라면, 이를 연구문제로 설정한다.

- 가설 설정

  문제에 대한 예측적 답 즉, 가설을 설정한다. 가설은 검증 가능
  해야 한다. 검증 가능한 추정적 서술문의 형식으로 가설을 설
  정한다.

- 연구설계

  가설을 어떻게 검증할 것인지 가설 검증의 방법과 절차를 설계
  한다. 실험연구를 통해 가설 검증을 할 것인지 또는 비실험적
  연구를 할 것인지, 관측은 어떻게 할 것인지, 측정 도구는 어떻

게 할 것인지 등 가설 검증을 위한 체계적인 방법과 절차를 마
련한다.

- 자료수집

  연구설계에 따라 가설 검증을 위한 데이터를 수집한다. 이때
  연구자는 객관적이고 중립적인 자세를 취해야 한다. 그렇지 않
  으면 연구자의 편견, 주관적 감정이나 가치 등이 데이터를 오
  염시킬 수 있다. 객관적 · 중립적 자세를 취함으로써 자료수집
  의 정확성과 정밀성을 확보한다.

- 자료 분석

  수집한 자료를 수치로 계량화(計量化)하여 통계 분석을 한다.
  계량화는 어떤 현상의 특성을 수량으로 표시함을 뜻한다. 통계
  분석 결과를 토대로 가설을 채택 또는 기각한다.

- 결론 도출

  가설 검증을 토대로 검증 가능한 지식을 제공한다. 이 지식은
  연구대상, 즉 자연 현상을 설명하고, 예측하고, 나아가서 통제
  할 수 있도록 해 준다.

이와 같은 실증적 방법이 과연 인간의 경험을 연구하는 데에도
최적인가? 인간이 인간을 연구하는 방법은 인간이 자연 현상을 연
구하는 방법과 달라야 하지 않을까? 아니, 다를 수밖에 없지 않을
까? 타자(他者)의 삶의 경험을 어찌 자연 현상을 연구하듯 할 수 있
겠는가? 설명과 예측과 통제의 목적을 가지고 어찌 타자의 삶의 경
험에 접근할 수 있겠는가? 가설 검증식으로 어찌 타자의 삶의 경험
에 다가갈 수 있겠는가? 검증 가능한 지식만이 삶의 경험에 대한 참
된 지식이라고 어찌 단언할 수 있겠는가?

질적연구는 과학적 연구라는 미명 아래 실증적 방법으로 인간의 경험을 측정하고 계량화하는 연구에 문제를 제기한다. 질적연구는 인간의 경험에 대한 탈실증주의적 접근을 제시한다. 이를 크게 세 가지로 유형화할 수 있다. 후기실증주의적 패러다임, 해석적 패러다임, 실천적 패러다임이다.

'패러다임'이라는 용어를 쓴 이유는 '질적연구자 공동체에서 공유되는 세계관과 가치관 그리고 존재론, 인식론, 방법론 등을 망라한 총체적인 신념 체계'(Denzin & Lincoln, 2018)이기 때문이다. 패러다임의 사전적 의미는 어떤 한 시대 사람들의 견해나 사고를 근본적으로 규정하는 인식 체계를 뜻한다. 패러다임을 학문적으로 개념화한 과학사학자 쿤(Kuhn, 1962)은 다음과 같이 정의하였다. 패러다임은 한 시대 과학자 공동체에서 공유되는 사고, 신념, 가치, 관습 등의 총체이다. 패러다임은 '무엇'을 '어떻게' 연구할 것인가를 규정한다. 다시 말해, 패러다임은 무엇이 연구할 가치가 있는가 그리고 그것을 어떻게 연구해야 하는가를 규정한다.

쿤(Kuhn)은 패러다임의 독점설을 주장하였다. 어떤 한 시대 하나의 패러다임이 지배한다. 이를 정상과학의 상태라고 말한다. 그러나 변칙사례들이 발견되고 정상과학의 패러다임으로 설명할 수 없는 변칙사례들이 쌓이게 되면 정상과학은 위기를 맞게 된다. 새로운 패러다임이 등장하는 것이다. 그리하여 신구 패러다임 간에 경쟁이 벌어진다. 여기서 새로운 패러다임이 우위를 차지하면 패러다임의 전환이 일어난다. 새로운 패러다임이 지배하고 이에 기반한 정상과학이 수립된다. 그리고 또 정상과학의 패러다임으로 설명할 수 없는 변칙사례들이 발견되고 새로운 패러다임이 등장하고 신구 패러다임 간 경쟁이 벌어지고 패러다임의 전환이 일어난다. 과학혁

명은 계속된다.

쿤(Kuhn)의 과학사는 복수의 패러다임이 공존할 수 없다고 전제한다. 그러나 우리는 여러 패러다임이 공존하는 세계에 살고 있다. 패러다임 간에 경쟁이 계속되고 있고 경쟁 속에서 서로 영향을 주고받으며 계속 변화하고 있다. 질적연구의 세계도 그러하다. 질적연구자들의 탈실증주의적 접근은 여러 갈래로 뻗어 나갔다. 마치 천지만엽의 거목처럼 질적연구는 오랜 세월에 걸쳐 여러 다양한 관점, 접근, 방법 등을 흡수하고 수정, 보완, 개선하며 발전해 왔다. 나는 이를 크게 세 가지 패러다임으로 논하고자 한다. 첫째는 후기실증주의적 패러다임, 둘째는 해석적 패러다임, 셋째는 실천적 패러다임이다.

## 1) 후기실증주의적 패러다임

후기실증주의적 패러다임은 실증주의에 토대를 두고 실증주의가 안고 있는 문제를 해결하고자 한다. 이를 탈실증주의적 접근이라고 할 수 있는가에 대한 논란이 있지만, 실증주의의 한계를 인식하고 이를 극복하고자 한다는 점에서 탈실증주의적 접근으로 논하려 한다.

후기실증주의적 패러다임은 실증주의적 패러다임과 마찬가지로 설명과 예측의 목적을 추구한다. 그러므로 연구를 통해 인간의 경험에 대한 일반적이고 보편적인 지식을 찾아내고자 한다. 이를 위해 여러 다양한 방법을 활용한다. 후기실증주의적 패러다임은 실증적 방법만을 고수하지 않는다. 일반적이고 보편적인 지식을 찾을 수 있다면 그것이 실증적 방법이 아니더라도 적극 활용한다.

일례로 혼합방법론(mixed methodology)을 들 수 있다. 혼합방법론은 양적연구방법과 질적연구방법을 혼합 활용한다. 그리하여 연구의 다각화(triangulation)를 제고, 보다 타당한 일반화에 이르고자 한다. 또 다른 예로 1960년대 등장한 근거이론연구를 들 수 있다.

근거이론연구의 창시자 글레이저(Glaser)와 스트라우스(Strauss)는 이론 검증에 치중한 양적연구방법과 세밀한 서술에 치중한 질적연구방법의 한계를 넘어서서 데이터로부터 이론을 개발하는 방법을 창안하였다. 달리 말하면, 이론 개발을 위해 양적연구방법과 질적연구방법을 구분 없이 활용한 것이다. 이론은 설명과 예측을 목적으로 한다. 이론 개발을 위하여 또는 일반적이고 보편적인 지식을 발견하기 위하여 후기실증주의적 패러다임의 연구자들은 실증적 방법만을 고수하지 않고 여러 다양한 방법을 활용한다. 방법의 다양화와 다각화를 통해 실증주의의 한계를 극복하고자 한다.

## 2) 해석적 패러다임

해석적 패러다임은 자연 현상을 연구하는 과학적 방법을 인간의 경험을 연구하는 데 적용하는 것에 비판을 제기하며 인간이 인간을 연구하는 방법은 자연 현상을 연구하는 방법과 달라야 한다고 주장한다. 그렇다면 타자를 어떻게 연구할 것인가? 타자의 경험을 어떻게 연구해야 하는가? 해석적 패러다임의 연구자들은 다음과 같이 주장한다.

타자의 경험은 설명과 예측과 통제의 대상이 아니다. 타자의 경험은 이해되어야 한다. 타자의 경험을 이해하기 위해서는 타자의 경험세계에 들어가야 한다. 타자의 경험세계에 들어가서 그의 관점에서 그의 삶의 경험을 바라보아야 한다. 그가 자신의 경험을 어떻게 이해하고 어떠한 의미를 부여하는지 그의 해석을 이해해야 한다. 그리고 그의 해석을 해석해야 한다. 이는 곧 타자를 연구자 자신과 같은 해석자로 존중함을 함의한다. 자신의 경험을 이해하려하고 경험의 의미를 찾으려 하는 해석자. 연구자는 연구참여자의 해석을 이해하고 연구참여자의 해석을 해석한다. 그리하여 인간의 경험에 대한 깊은 이해에 이르고자 한다.

해석적 패러다임에 기반한 질적연구방법론으로 해석적 문화기술지, 현상학적 연구, 내러티브 탐구, 생애사 연구, 사례연구 등을 들 수 있다.[4]

- 해석적 문화기술지는 특정 시공간의 특정 집단이 문화를 통해 생성, 교류, 공유하는 의미를 해석하는 연구이다. 문화 현상을 있는 그대로 기술하는 표면적 서술을 넘어서서 문화 현상 기저의 심층적인 의미를 이해하고자 한다.
- 현상학적 연구는 체험의 본질적 의미를 탐구하는 연구이다. 종래 인간의 경험을 이론의 틀에 넣어 몇 개의 변인으로 연구해 온 전통을 거부하고 체험자의 관점에서 체험의 의미를 해석함으로써 인간 경험의 본질에 다가가고자 한다.
- 내러티브 탐구는 삶의 서사를 통해 인간의 경험과 그 의미를 고찰하는 연구이다. 삶의 서사를 쓰는 저자로 그리고 그 서사 속의 주인공으로 삶을 살아가는 인물로 연구참여자와 연구자

4) 이들 질적연구방법론에 대해서는 필자의 저서 『질적연구방법론』(서경혜, 2023)을 참고하기 바란다.

가 생의 한가운데에서 만나 삶의 서사를 이야기하고 재해석하고 재구성한다.

- 생애사 연구는 한 인간이 살아온 삶의 궤적을 고찰하는 연구이다. 한 사람 한 사람 개개인이 살아온 삶의 역정을 깊이 이해함으로써 인간의 삶에 대한 깊은 통찰에 이르고자 한다.
- 사례연구는 말 그대로 사례를 연구한다. 변인이 아니라 사례를 연구한다. 표본이 아니라 사례를 연구한다. 복잡다단한 삶의 경험을 온전히 이해하기 위하여 사례연구를 한다.

사례연구, 생애사 연구, 내러티브 탐구, 현상학적 연구, 해석적 문화기술지 등 해석적 패러다임에 기반한 질적연구는 인간의 삶의 경험에 대한 해석과 이해를 강조한다.

## 3) 실천적 패러다임

실천적 패러다임은 실증주의적 패러다임에 근본적인 문제를 제기하는 한편, 해석적 패러다임의 한계를 넘어서고자 한다. 실천적 패러다임의 연구자들은 다음과 같이 주장한다. 연구는 더 나은 세상을 만드는 데 동참해야 한다. 삶을 이해하는 데 그치지 말고 더 나은 삶을 향해 실천해야 한다.

이는 곧 전통적인 연구 기저에 깔린 이분법적 구조를 탈피함을 함의한다. 실천적 패러다임은 연구와 실천의 경계를 무너뜨린다. 과거 연구와 실천은 엄격히 구분되었다. 연구자는 연구를 통해 지식을 생산하는 역할을 하였고, 실천가는 연구를 통해 생산된 지식을 실제에 적용하는 역할을 하였다. 그런데 연구를 통해 생산된 지

식이 실제에서 무용지물이 되는 경우가 허다하였다. 연구자들은
그 원인을 실천가의 적용 기술에서 찾았다. 그리하여 실천가들이
지식을 잘 적용할 수 있도록 적용 기술을 향상시키는 데 역점을 기
울였다.

그러나 실제라는 곳이 연구를 통해 생산된 지식이 그대로 적용될
수 있을 만큼 안정적이지 않다. 실천의 장은 복잡하고 불확실하고
변화무쌍하다. 게다가 다양한 입장, 관점, 가치 등이 서로 갈등하는
곳이다. 어떻게 문제를 해결할 것인가는 고사하고 무엇이 문제인가
에 대한 합의조차 하기 어려운 곳이다. 아무리 적용 기술을 향상시
킨다 한들 연구를 통해 생산된 지식은 실제의 문제를 해결하는 데
한계를 가질 수밖에 없다.

무기력한 연구에 신랄한 비판을 가하며 연구와 실천의 이분법을
타파하고자 하는 연구자들이 등장하였다. 대표적인 연구자로 레빈
(Lewin)[5]을 들 수 있다. 연구 없는 실천 없고, 실천 없는 연구 없다.[6]
레빈(Lewin)이 주장한 바이다(Marrow, 1969). 레빈(Lewin)은 연구자
와 실천가가 현장에서 함께 문제를 해결해 나아가는 연구, 실행연구
(action research)를 창시하였다.

실행연구는 변화를 추구하는 실천적 연구이다. 실행연구는 연구
자와 실천가가 함께 하는 협력적 연구이다. 실행연구는 연구와 실
천의 경계, 연구자와 실천가의 경계, 지식 생산자와 지식 적용자의
경계 그리고 연구자와 연구대상자의 경계를 허문다. 실행연구는 모

5) 독일계 미국인 심리학자 레빈(Lewin)은 1930년대 미국 이민 후 자신의 이름을 "루
  윈"으로 불러 달라고 요청했다고 한다. 그러나 말년에 그는 "레빈"이 정확한 발음이
  며 "루윈"이 아니라 "레빈"으로 불리기를 원한다고 말했다고 한다.
6) No action without research; no research without action.

두가 참여하는 민주적 연구이다.

 1940년대 레빈(Lewin)의 실행연구 등장 이래 실천적 패러다임의 연구는 폭넓게 확산되었다. 자신의 삶, 자신의 실천을 변화시키는 연구, 자신이 가르치는 학생, 자신이 돌보는 환자, 자신과 함께하는 사람들이 더 나은 삶을 살 수 있도록 지원하는 연구, 차별과 불평등에 맞선 사회적 약자들의 저항운동에 동참하는 연구 등 여러 다양한 실천지향적 연구가 활발히 이루어지고 있다.

 지금까지 논한 질적연구의 세 가지 패러다임 즉, 후기실증주의적 패러다임, 해석적 패러다임, 실천적 패러다임을 종합하면 〈표 1-1〉에 제시된 바와 같다.

**표 1-1    질적연구의 세 가지 패러다임**

| | 후기실증주의적 패러다임 | 해석적 패러다임 | 실천적 패러다임 |
|---|---|---|---|
| 연구의 지향 | 설명, 예측, 통제 | 이해 | 변화, 개선, 혁신 |
| 연구의 전제 | -인간의 의식과 독립적으로 존재하는 객관적 실재를 전제함<br>-그러나 인간의 의식은 불완전하고 오류가능성이 있기 때문에 객관적 실재를 완전히 이해할 수 없음 | -실재는 구성되는 것임<br>-인간은 각자 자신의 관점에서 세상을 바라보고 해석하며 사회적 상호작용을 통해 간주관적 이해를 구성함<br>-그러므로 실재는 주관적이고 간주관적이며 상대적이고 다중적임 | -실재는 주관과 객관의 상호작용을 통해 구성되는 것임<br>-사회적 구성체로서의 실재를 전제함<br>-인간이 만든 사회적 구성체에 대한 비판적 성찰과 끊임없는 개선과 혁신 노력이 필요함 |

| 　 | | | |
|---|---|---|---|
| 연구의 목적 | -연구방법의 개량화와 정교화를 통해 객관적 실재에 대한 진리에 좀 더 가까이 다가가고자 함<br><br>인간의 경험을 객관적으로 조사하여 인간의 경험에 대한 보편적 진리 또는 객관적 지식을 발견하고자 함 | -인간이 삶의 경험을 어떻게 이해하고 어떠한 의미를 부여하는지를 깊이 이해하고자 함<br><br>인간의 삶의 경험을 체험자의 관점에서 이해하고 그 기저에 복잡하게 얽혀 있는 다양하고 복합적인 의미를 해석해 냄으로써 인간의 경험에 대한 깊은 이해에 이르고자 함 | -변증법적 연구방법과 협력적·민주적 연구를 통해 현실의 문제를 해결하고자 함<br><br>인간의 삶의 경험을 비판적으로 성찰하고 삶의 문제를 직시, 주체적으로 해결해 나아감으로써 더 나은 삶, 더 나은 세상을 만들고자 함 |
| 연구 방법 | -혼합방법<br>-면담, 설문조사, 비참여관찰, 실험, 검사 등 양적, 질적 방법을 혼합 활용함 | -연구참여자의 경험 세계에 들어가는 참여적 방법<br>-필드워크, 참여관찰, 질적면담 등 | -연구자와 연구참여자가 함께 문제를 진단, 해결책을 마련, 이를 실천에 옮겨 문제를 해결해 나아감<br>-실천적·협력적·참여적 연구 |
| 연구자와 연구참여자의 관계 | 연구자는 객관적이고 중립적인 자세를 취함 | 연구자는 연구참여자와 공감과 신뢰의 관계를 형성함 | 연구자는 연구참여자를 공동연구자로 협력적 관계를 형성함 |
| 연구자의 자세 | 진실을 추구하는 과학자 | 해석자, 의미 탐구자 | 실천적 연구자, 변혁적 연구자, 실천하는 지식인 |

| 연구의 준거 | 타당도, 신뢰도, 엄격성 | 신빙성, 진정성, 성찰성 | 실천적 타당성, 연구의 타당성은 실천을 통해 밝혀짐 |
|---|---|---|---|
| 연구의 유형 | 혼합연구, 객관주의적 근거이론연구, 사실주의적 문화기술지 등 | 해석적 문화기술지, 구성주의적 근거이론연구, 현상학적 연구, 내러티브 탐구, 생애사 연구, 사례연구 등 | 실행연구, 참여적 실행연구, 비판적 문화기술지 등 |

## 2. 총체적 접근

우리는 복잡한 것을 단순화해서 이해하려는 경향이 있다. 예컨대, 복잡한 현상을 세분해서 그 각각을 연구한 뒤 각각에 대한 지식을 조각조각 붙여서 전체를 이해하려 한다. 또는 '이것은 단지 복잡하게 보일 뿐 그 원리는 지극히 단순하다.'는 믿음을 가지고 일반 원리나 법칙을 찾으려 한다.

질적연구는 다른 방식을 취한다. 전체를 부분의 합으로 접근하는 방식이나 또는 일반적이고 보편적인 것을 찾는 방식으로 복잡성을 단순화하려 하기보다 복잡성을 드러내는 방식으로 복잡성을 이해하려 한다. 다시 말해, 질적연구는 총체적 접근(holistic approach)을 취한다. 총체적 접근은 '전체는 부분의 합 그 이상이다.'라는 전제 아래 전체를 유기적[7]으로 이해하고자 한다.

---

7) '유기적'이란 전체를 구성하고 있는 각 부분이 서로 밀접하게 관련을 가지고 있어서

총체적 접근은 여러 분야에서 활용된다. 예를 들어, 의학 분야의 경우 의사가 병증만 보고 병을 치료하려 하는 것을 경계하고 총체적 접근을 강조한다. '환자를 보라, 환자의 몸 상태, 심리 상태, 생활 상태 등을 총체적으로 고려하여 환자를 치료해야 한다'는 뜻이다. 교육학에서는 전인(全人)교육의 관점에서 총체적 접근을 강조한다. 전통적인 교과 위주의 교육, 지식 주입식 교육에서 탈피하여 학생 개개인의 전인적 발달과 이를 지원하기 위한 학교와 가정과 지역사회의 연계를 강조하는 교육적 접근을 말한다.

질적연구 분야의 경우, 가령 초임교사의 교직경험을 연구한다고 하자. 질적연구자는 교직경험을 몇 개의 변인으로 설명하려 들지 않을 것이다. 질적연구자는 초임교사가 체험한 교직경험을 깊이 이해하고자 할 것이다. 그러므로 변인 연구보다는 교직경험에 대한 총체적 접근을 취할 것이다.

질적연구자는 연구의 목적에 적절한 초임교사들을 연구참여자로 선정하여 연구참여자들을 개별적으로 만나서 초임교사의 교직경험에 대한 면담을 진행할 것이다. 그리하여 연구참여자 한 명 한 명의 경험을 충분히 이해하고자 할 것이다. 개별 면담뿐 아니라 연구참여자로 선정한 초임교사들을 한자리에 모아 초점집단면담(focus group interview)도 진행할 것이다. 초임교사들이 각자의 경험을 서로 교류, 공유하고 함께 논의하도록 하는 초점집단면담을 통해 질적연구자는 초임교사의 관점에서 초임교사의 교직경험을 이해하고자 할 것이다.

---

떼어 낼 수 없는 것을 뜻한다.

또한 질적연구자는 연구참여자가 쓴 체험 수기나 일기, SNS 게시글, 사진, 추억물 등 개인 기록물을 수집하여 면밀히 고찰할 것이다. 연구참여자가 남긴 기록을 통해 연구참여자의 관점에서 연구참여자 한 명 한 명의 경험을 보다 깊이 이해하고자 할 것이다.

질적연구자는 참여관찰도 할 것이다. 연구참여자가 근무하는 학교에 방문하여 연구참여자의 일상을 관찰할 것이다. 연구참여자의 수업도 참관하고, 교직원 회의와 동학년 교사 회의, 동교과 교사 회의 등도 참관할 것이다. 그리고 연구참여자가 가르치는 학생들과도 자연스럽게 이야기를 나누고 연구참여자의 동료 교사들과도 대화를 나눌 것이다. 이와 같이 연구참여자의 일상을 참여관찰하며 연구참여자가 맺고 있는 관계망 속에서 다양한 시각과 관점으로 연구참여자의 경험을 고찰할 것이다.

질적연구는 여러 다양한 방법을 종합적으로 활용하여 인간의 경험을 총체적으로 연구한다. 복잡다단한 인간의 경험을 깊이 이해하기 위함이다.


## 3. 맥락적 접근

과거에는 연구를 한다고 하면 연구하고자 하는 것만 따로 떼어내서 보고 그 외의 것들은 어떻게든 통제를 해야 했다. 그래서 실험연구야말로 진정한 의미의 과학적 연구라고 말하는 사람들도 있었다. 연구자가 모든 것을 통제한 상황에서 연구하고자 하는 것에 초점을 맞추고 연구자의 의도대로 이른바 실험변인을 조작(操作)하면서 그 영향과 결과를 관측하는 연구를 과학적 연구라고 여겼다.

이것은 비단 물질세계에 대한 연구뿐만이 아니었다. 예컨대, 동물 연구의 경우 '과학적'으로 동물을 연구하기 위하여 연구자들은 대상 개체를 서식지에서 실험실로 데려와 이런저런 자극을 주고 어떻게 반응하는지 관측하였다. 낯선 환경에서 불편한 자극에 어떻게 반응하는지를 통해 동물의 생리와 생태를 연구한 것이다. 그렇게 해서 알게 된 것을 행동의 원리라 부르든 학습의 원리라 부르든 혹은 습성이라 부르든 동물에 대한 우리의 지식은 제한적일 수밖에 없었다.

인간에 대한 과학적 연구도 크게 다를 바 없었다. 연구대상자를 실험실로 데려와서 연구자가 설계한 처치나 자극을 제공하고 피험자가 그에 어떻게 반응하는지를 관측하였다. 낯선 환경에서 불편한 처치나 자극에 어떻게 반응하는지를 통해 인간의 행동과 심리를 연구한 것이다.

이 같은 과학적 연구는 현재도 계속되고 있다. 연구대상자를 연구자가 통제할 수 있는 공간에 데려와서 연구자가 제시하는 과제를 수행하도록 하고 피험자의 반응을 관찰하거나 또는 피험자에게 검사지나 시험지를 주고 응답하게 하거나 또는 연구자가 묻는 질문에 대답하도록 하는 방법으로 인간의 심리와 행동을 조사한다.

질적연구는 이 같은 탈맥락적 연구에 비판을 제기한다. 인간의 경험은 그의 삶의 세계 속에서 연구되어야 한다. 인간의 경험은 그가 살아온 삶의 상황과 맥락 속에서 이해되어야 한다. 질적연구자는 연구참여자의 삶의 세계로 들어간다. 연구참여자의 일상을 참여관찰하며 연구참여자의 생활 공간과 관계 속에서 연구참여자의 경험을 연구한다.

앞서 예시한 초임교사의 교직경험에 대한 연구의 경우 면담만으로도 충분하다고 생각하는 연구자들이 있을 것이다. 연구참여자가 살아온 삶의 상황과 맥락에 대해 면담 질문으로 만들어서 물어보면 되지 않겠냐고 생각하는 연구자들도 있을 것이다. 그러나 연구자가 연구참여자가 근무하는 학교에 직접 가서 연구참여자의 일상을 참여관찰한다면 연구참여자가 면담에서 한 이야기들을 보다 깊이 이해할 수 있을 것이다.

면담 질문 또한 달라질 것이다. 연구참여자가 일상을 어떻게 보내는지, 연구참여자가 가르치는 학교와 학생들, 함께 근무하는 교사들 속에서 연구참여자를 바라보고 그의 일상에 대해 알게 된다면, 연구참여자의 경험을 보다 깊이 탐구할 수 있는 면담 질문을 하게 될 것이다.

나아가서 연구참여자가 한 말을 그대로 전하는 보고서가 아니라 연구참여자의 이야기가 의미하는 바에 대한 해석을 담은 질적연구 논문을 쓸 것이다. 질적연구자의 논문은 독자를 초대할 것이다. 독자가 연구참여자의 경험에 대해 깊이 이해하고 독자 또한 삶의 경험에 대한 해석에 참여하도록 할 것이다. 인간의 경험에 대한 맥락적 접근을 취하기에 가능한 일이다.

## 4. 관계적 접근

질적연구는 전통적인 연구자와 연구대상자의 관계에서 탈피한다. 전통적인 관계는 어떠했는가. 일례를 들어 보자. 연구자는 연구의 목적을 수립하고 연구문제를 설정한 후 데이터 수집 및 분석 계획을 세운다. 데이터 수집을 위해 우선 모집단을 대표하는 표본을

추출한다. 표본, 즉 연구대상자를 표집하고 그들로부터 데이터를
수집한다. 이때 연구자는 연구대상자와 접촉을 최소화한다. 자칫
연구자가 연구대상자에게 영향을 미쳐 데이터를 오염시킬 수 있기
때문이다. 또한 연구자가 연구대상자에 대한 선입견이나 편견을 갖
게 될 수 있고 그로 인해 객관성과 중립성을 잃을 수 있기 때문이다.

데이터 수집을 마친 후 연구자는 수집한 데이터를 분석한다. 그
리고 그 결과를 보고서나 논문으로 작성하여 발표한다. 이 과정에
서 연구대상자는 제외된다. 그래서 연구대상자가 자신이 제공한 자
료가 어떻게 분석되었는지 모르는 경우가 적지 않다. 자신에 관한
자료가 보고서나 논문으로 출간된 것조차 모르는 경우도 적지 않
다. 자신에 관한 이야기가 세상에 나와서 사람들의 입에 오르내리
는데 정작 본인은 모르는 경우가 종종 있다.

질적연구는 연구대상자의 타자화를 경계한다. 질적연구자는 연
구에 참여하는 사람을 단지 연구의 대상으로 취급하거나 그저 자료
원(data source)으로 데이터를 뽑아내기 위한 피험자나 또는 자신에
게 유용한 정보를 제공하는 고마운 제보자 정도로 대하지 않는다.

질적연구자는 전통적인 연구자/연구대상자의 관계에서 탈피하
여 연구에 참여하는 사람과 새로운 관계를 맺는다. 질적연구자와
연구참여자의 관계는 다음과 같이 특징지을 수 있다.

- 공동 관계: 질적연구자는 연구의 전 과정을 연구참여자와 협의
  하고 조율하며 함께 진행해 나아간다.
- 공감적 관계: 질적연구자는 연구자의 입장에서 벗어나 연구참
  여자의 입장에서 보고 생각하고 판단하며 연구를 진행한다.
- 상호호혜 관계: 질적연구자는 본인의 연구가 연구참여자에게

어떤 의미를 갖는지 관심을 기울이고 연구자와 연구참여자 서
로에게 호혜적인 방식으로 연구를 진행한다.
• 존중과 배려의 관계: 질적연구자는 연구참여자를 존중하고 배
려하며 연구를 진행한다.

질적연구자는 연구의 전 여정을 연구참여자와 함께 걷는다. 연구
참여자와 함께 의논하고 함께 결정하고 함께 연구를 진행해 나아간
다. 그리하여 연구참여자를 진정으로 '연구참여자'로 세운다.


## 5. 내부자적 관점

"문화기술적 연구자의 목적은 원주민의 관점을 이해하는 것이
다."(Malinowski, 1922/1984: 25) 일찍이 문화인류학자 말리노프스키
(Malinowski)가 주장한 바 있다. 이 같은 초기 질적연구자들의 정신
은 면면히 이어져 왔다.
질적연구자는 내부자의 관점을 이해하고자 한다. 내부자의 관점
에서 인간의 경험을 이해하고자 한다. 어떤 이론적 틀에 넣어 인간
의 경험을 설명한다든가, 연구자의 이른바 '객관적' 분석으로 타자
의 경험을 설명하는 것을 경계한다.
그렇다면 내부자의 관점을 이해한다는 것은 무슨 뜻인가? 내부
자의 관점에서 인간의 경험을 이해한다는 것은 무슨 뜻인가? 외부
자인 연구자가 어떻게 내부자의 관점에서 인간의 경험을 이해할 수
있단 말인가? 연구자가 내부자가 되어야 한다는 말인가?
이 질문에 문화인류학자 기어츠(Geertz, 1973)의 『문화의 해석』이

깊은 통찰을 준다. 그 요지는 다음과 같다.

가령 옹기종기 모여 놀고 있는 아이들을 관찰하고 있다고 하자. 문득 한 아이가 맞은편에 있는 아이와 눈을 맞추며 자신의 왼쪽 눈을 살짝 감았다 떴다. 그 모습을 본 맞은편에 있는 아이가 입가에 엷은 미소를 지으며 한쪽 눈을 깜박였다. 이 둘을 지켜보던 한 아이가 두 아이에게 눈짓을 하며 자신의 한쪽 눈을 깜박였다. 이를 본 또 다른 아이가 신기하다는 듯 자신의 눈도 깜박였다. 처음에는 두 눈을 깜박깜박하다가 차차 한쪽 눈만 깜박이더니 옆의 아이에게 자신을 보라 하고는 오른쪽 눈을 깜박였다.

이 관찰지를 실증주의적 패러다임의 연구자에게 보여 준다면 아마 이렇게 말할 것이다. 연구자가 보고 들은 것을 더 자세히 구체적으로 서술하십시오. 예를 들어, 눈의 움직임이라든가 얼굴 표정, 몸짓 등 미묘한 움직임까지 포착해서 상세하게 묘사하십시오. 특히 연구자가 보고 들은 것을 정확하게 기록하고 객관적으로 서술하십시오. 연구자의 생각이나 느낌, 예컨대 입가의 엷은 미소라든가, 신기하다는 듯 등과 같은 표현은 괄호를 치고 적거나 아예 따로 적으십시오. 또는 관찰지를 반으로 나누어서 왼쪽에는 관찰한 내용을 기입하고 오른쪽에는 그에 대한 연구자의 생각이나 느낌을 적는 방식으로 팩트(fact)와 해석을 구별하십시오.

그러나 기어츠(Geertz, 1973)는 다음과 같이 주장하였다. 아이들의 행동을 아무리 더 정확하게 더 상세하게 서술한다 한들 지금 여기서 무슨 일이 벌어지고 있는지 제대로 이해할 수 없다. 왜냐면 이 아이들은 그저 눈을 깜박인 것이 아니기 때문이다. 아이들은 윙크(wink)를 한 것이다. 눈 깜박임과 윙크는 겉으로 보기에 별반 다를 바 없다. 그러나 다른 행위이다. 윙크는 상대방에게 메시지를 전하는 의사소통 행위이다. 그 사회 구성원이라면 상대방의 눈 깜박임이 생리적인 행동인지 혹은 윙크인지 구별할 수 있을 것이다. 그 사회 구성원이라면 상대방의 눈 깜박임을 윙크로 알아차리고 그 행위의 의미를 이해할 것이다. 그리고 자신 또한 특정 상황에서 특정 메시지를 보내기 위해 윙크라는 행위를 할 것이다. 그런 점에서 윙크는 의미를 내포하고 있는 사회적 행위이다.

내부자의 관점을 이해한다는 것은 바로 이런 것이다. 눈 깜박임을 윙크로 이해하고 윙크가 담고 있는 의미를 이해하는 것이다. 다시 말해, 내부자의 관점을 이해한다는 것은 구성원들이 생성, 교류, 공유하는 의미를 이해하는 것이다.

그런데 그 의미라는 것이 그렇게 단순하지 않다. 앞서 예시한 아이들을 보라. 아이들의 윙크는 각기 다른 의미를 내포하고 있다. 첫 번째 아이의 윙크는 맞은편 아이에게 은밀한 메시지를 보내는 모의의 성격을 띠고 있고, 맞은편 아이의 윙크는 첫 번째 아이가 보낸 메시지에 대한 동의를 의미하고, 세 번째 아이의 윙크는 첫 번째 아이와 두 번째 아이가 공모하고 있음을 안다는 의미를 담고 있고, 네 번째 아이의 윙크는 앞의 세 아이와 달리 윙크를 연습하는 행위이다. 동일하게 보이는 행위도 이처럼 복합적인 의미를 내포하고 있다.

내부자의 관점이 이렇게 다양하고 복합적이고 복잡미묘하다. 그런데 우리는 그곳에 가면, 즉 '현장'에 나가면, 내부자의 관점을 발견할 수 있으리라 기대한다. 연구대상자가 한 말과 행동을 그대로 전하는 것[8]이 내부자의 관점을 보여 주는 것이라 여긴다.

내부자의 관점은 발견되는 것이 아니라 해석되는 것이다. 타자의 말과 행동 그 기저에 깔려 있는 복합적인 의미를 해석해 내야 한다.

그런 점에서 '내부자적' 관점이라는 표현이 더 적절할 것이다. '내부자'라는 것이 소속이 아니라 관점을 뜻하기 때문이다.[9] 내부자냐 외부자냐 소속의 문제가 아니라 누구의 관점에서 보느냐의 문제이다.

질적연구는 내부자적 관점에서 인간의 경험을 이해하고자 한다. 인간의 경험 그 심층에 복잡하게 얽혀 있는 의미의 망[10]을 이해하고자 한다. 그 의미망 속에서 경험의 의미를 해석하고 이해하고자 한다. 그런 점에서 질적연구는 심층적이고 해석적이다.

지금까지 질적연구의 다섯 가지 특징에 대해 살펴보았다. 질적연구는 과학적 연구라는 미명 아래 실증적 방법으로 인간의 경험을 측정하고 수량화하는 연구에 문제를 제기한다. 인간의 경험을 어떻

---

8) 기어츠(Geertz)는 이것을 '표면적 서술(thin description)'이라고 지칭하였다. 현상을 있는 그대로 서술하는 것이다. 연구자는 표면적 서술을 넘어서서 '심층서술(thick description)'을 해야 한다고 기어츠(Geertz)는 주장하였다. '심층서술'이라는 용어 외에 '심층기술', '중층기술', '두꺼운 기술', '두터운 기술' 등의 용어로도 번역, 사용되고 있다. '띡(thick)'이라는 용어가 일반적으로 두꺼운, 두툼한 등으로 번역되어서인지 '띡 디스크립션(thick description)', 즉 심층서술을 '자세히 많이 써서 서술의 두께를 두껍게 만들라'는 의미로 오해하기도 한다. 심층서술은 표면적인 현상 그 기저에 겹겹이 쌓여 있는 의미를 한 겹 한 겹 벗겨 내고 깊이 더 깊이 파고 들어가 현상 기저의 중층적인 의미의 구조를 해석해 내는 것을 뜻한다.

9) 내부자, 외부자, 즉 인사이더(insider), 아웃사이더(outsider)라는 용어 대신 내부자적 관점을 '이믹(emic) 관점', 외부자적 관점을 '에틱(etic) 관점'으로 지칭한다. 이 용어는 언어학자이자 인류학자인 파이크(Pike, 1954) 박사가 창안한 것으로 알려져 있다. 그는 언어학의 음성학과 음운론(phonetic/phonemic)을 바탕으로 현지인의 관점을 이믹(emic), 관찰자의 관점을 에틱(etic)으로 개념화하였다.

10) 인간은 자신이 뿜어낸 의미의 거미줄 속에 사는 동물이다. 일찍이 막스 베버(Max Weber)가 주장하였다. 기어츠(Geertz)는 문화란 바로 이 의미망과 같다고 비유하였다. 그러므로 문화기술적 연구는 의미를 탐구하는 해석적 연구이어야 한다고 주장하였다.

게 연구할 것인가. 질적연구는 새로운 패러다임과 접근을 제시한다. 오랫동안 학계를 지배해 온 실증주의적 패러다임에서 탈피하여 후기실증주의적 패러다임, 해석적 패러다임, 실천적 패러다임 등 인간의 삶의 경험을 연구하는 새로운 패러다임을 제시한다. 질적연구는 종래 가설검증식 연구, 변인 연구, 표본 연구에서 벗어나서 인간의 경험에 대하여 총체적이고 맥락적이며 관계적 접근을 취한다. 그리하여 인간의 경험에 대한 깊은 이해에 이르고자 한다. 나아가서 연구를 통해 더 나은 삶, 더 나은 세상을 만드는 데 동참하고자 한다.

그래서 나는 질적연구를 한다. 왜 연구를 하는가라는 질문이 쓸데없는 질문으로 여겨지고, 학위를 받기 위해서라든가 연구업적 점수를 따기 위해서라는 대답이 오히려 솔직한 대답으로 여겨지는 요즈음 '왜 질적연구인가, 왜 질적연구를 하려고 하는가'라는 질문이 불편하게 들릴지도 모르겠다. 질적연구의 여정을 떠나기에 앞서 이 불편한 질문에 진지한 대답을 하기를 바란다.

**질적연구문제**

자, 이제 질적연구의 여정을 떠나보자. 먼저 연구의 여정, 즉 질
적연구의 과정을 살펴보면 다음과 같다.

- 연구자의 문제의식을 세운다.
- 연구자와 문제의식을 공유하는 연구자들의 선행연구를 고찰
  한다.
- 선행연구의 기반 위에 연구자의 문제의식을 날카롭게 세우고
  질적연구문제를 설정한다.
- 연구문제를 탐구하는 데 적절한 질적연구방법론을 선정한다.[1]
- 질적연구계획을 수립한다.
- 연구계획서를 기관생명윤리위원회(IRB)에 제출하여 IRB 승인
  을 받는다.[2]
- 연구참여자를 선정, 연구에 초대한다.
- 질적자료를 수집한다.
- 수집한 자료에 대한 질적분석 및 해석을 한다.
- 자료분석 및 해석의 결과를 연구참여자와 논의한다.

---

[1] 질적연구방법론에 관해서는 필자의 저서 『질적연구방법론』(서경혜, 2023)을 참고하
기 바란다. 방법론은 방법에 관한 이론을 뜻한다. 연구방법론은 연구의 방법과 과정
은 물론이고 그 기저의 관점과 가정, 신념 등을 담고 있다. 다시 말해, 연구방법론은
연구방법의 논리와 이론적 체계를 담고 있다. 질적연구방법론에는 문화기술적 연
구, 근거이론연구, 현상학적 연구, 내러티브 탐구, 생애사 연구, 사례연구, 실행연구
등이 있다.
[2] 기관생명윤리위원회(IRB) 심의에 관해서는 기관생명윤리위원회 정보포털(www.
irb.or.kr)을 참고하기 바란다. 기관생명윤리위원회 심의대상, 제출서류, 심의종류
및 일정, 심의절차 등에 대해 자세히 안내하고 있다.

- 질적연구 논문을 작성한다.
- 질적연구의 전 과정을 비판적으로 성찰한다.

질적연구는 이와 같은 과정으로 진행된다. 그렇다고 이 순서에 따라 차례대로 진행되는 것은 아니다. 질적연구의 과정은 비선형적이다. 예컨대, 자료를 수집하는 과정에서 연구문제를 수정하거나 새로운 연구문제를 추가할 수도 있고 그래서 새로운 연구문제에 맞추어 자료수집 계획을 변경, 새로운 자료수집에 나서기도 하고, 자료를 분석하는 과정에서 어떤 자료를 수집했어야 했는지 뒤늦게 깨닫고 추가 자료수집에 나서기도 한다. 계획대로 순서대로 연구가 착착 진행된다고 자만자족할 것도 아니요, 되돌아가서 다시 한다고 낙담할 것도 아니다.

일반적으로 실증주의적 패러다임의 연구는 좋은 연구의 조건으로 완벽한 연구설계와 엄격한 설계 준수를 꼽는다. 연구자는 설계 오류를 최소화하기 위해 심혈을 기울이고 연구설계에 따라 표집을 하고 자료를 수집, 분석한다. 그러나 질적연구는 그렇게 할 수 없다.

앞서 제1장에서 논한 바와 같이 질적연구는 맥락적 접근을 취한다. 질적연구는 연구하고자 하는 현상을 그것이 일어난 상황과 맥락 속에서 연구한다. 이를 '필드(field)' 또는 '현장'이라 지칭한다. 연구 현장은 곧 타자의 삶의 세계를 뜻한다. 실험실처럼 연구자가 통제할 수 있는 곳이 아니다. 연구자가 계획한 것을 그대로 적용할 수 있는 곳이 아니다. 현장에 맞게 연구자가 계획한 것을 수정, 변경해야 한다. 또 때로는 현장에서 새로운 계획을 세워야 한다.

나아가서 질적연구는 관계적 성격의 연구이다. 질적연구자는 전통적인 연구자/연구대상자의 관계에서 탈피한다. 연구의 대상이 아니라 연구의 참여자로 연구참여자를 존중하고 배려한다. 질적연구자는 자신의 연구계획을 일방적으로 밀어붙이지 않는다. 연구참여자와 협의하고 조율하며 연구를 진행해 나간다. 그러므로 더더욱 유연성이 필요하다.

그래서 질적연구자를 '브리코러(bricoleur)'에 비유하기도 한다 (Denzin & Lincoln, 2018). 브리코러(bricoleur)의 사전적 의미는 여러 가지 일에 손을 대는 사람, 손으로 하는 일을 하는 사람, 손보아 고치는 수리를 하는 사람 등을 뜻한다. 이 용어는 인류학자 레비스트로스(Levi-Strauss)가 그의 저서 『The Savage Mind』(1966)에서 이른바 야만인이라 불리는 원시부족사회 사람들의 사고(思考)를 설명하기 위하여 사용한 바 있다. 그는 서구문명사회의 기준으로 원시부족사회를 미개하다, 수준이 낮다라고 여기는 것에 신랄한 비판을 가하며 원시부족사회인의 사고와 문명인의 사고는 본질적으로 다름을 주장하였다.

문명인의 사고는 과학적 사고를 특징으로 한다. 마치 엔지니어처럼 문제를 정확히 진단하고 그 해결책을 찾아 면밀한 계획을 세운 후 이를 체계적으로 수행하여 목적을 달성한다. 이와 달리 원시부족사회인의 사고는 마치 브리코러(bricoleur)와 같다. 브리코러(bricoleur)는 제한된 재료와 도구를 가지고 온갖 일들을 능숙하게 처리한다. 도구나 재료가 제한적임에도 그것들을 새롭게 조합하거나 변용하여 융통성 있게 활용하는 것이다. 그의 사고는 유연하고 창의적이다.

마치 브리코러(bricoleur)처럼 질적연구자는 유연하고 창의적으로 질적연구를 수행한다. 그리하여 인간의 삶의 경험에 대한 깊은 통찰을 제공한다.

이제 본격적으로 질적연구의 여정을 떠나 보자. 무엇을 연구할 것인가? 이 장에서는 연구자의 문제의식을 날카롭게 세우고 질적연구문제를 설정해 보자.

## 1. 질적 감수성

연구자는 당연시되는 것을 당연시하지 않는 사람이다. 질적연구자는 그냥 그런가 보다 하며 그냥 지나치지 않고 멈춰서 들여다본다. 깊이 들여다본다. 그리고 질문한다. 이것은 무엇을 의미하는가? 통계적으로 유의한가 유의하지 않은가를 따지던 연구사에게는 낯선 질문일 것이다. 질적연구자는 인간과 사회 현상 심층에 복잡하게 얽혀 있는 의미를 이해하고자 한다.

이와 같은 지향과 태도를 질적연구자 브라운(Braun)과 클라크(Clarke)는 '질적 감수성(qualitative sensibility)'이라고 지칭하였다. 브라운과 클라크(Braun & Clarke, 2013)에 의하면 질적 감수성은 다음과 같은 성향과 역량으로 구성된다.

- 의미와 과정에 대한 관심
- 삶과 지식에 대한 비판적 · 문제제기적 접근
- 자신의 문화 기저의 지배적인 관념에 대해 비판적으로 성찰할 수 있는 능력[3]

---

3) 질적연구자는 문화 구성원이자 문화 비평가임.

- 자료를 적극적이고 분석적으로 읽고 들을 수 있는 능력
- 복잡미묘함, 뉘앙스, 심지어 모순마저도 이해하고자 하는 욕구
- 절대불변의 진리 갈구에서 벗어나 지식의 상대성을 기꺼이 받아들일 수 있는 능력
- 불확실성을 견딜 수 있는 능력

질적 감수성은 질적연구를 하는 데 매우 중요하다. 질적 감수성은 타고난다기보다 길러진다. 질적연구를 하며 질적 감수성은 더욱 풍부해진다.

그렇다면 무엇을 연구할 것인가? 나는 우리가 사는 세상에 어떤 질문을 던질 것인가?

## 2. 질적연구자의 문제의식

"진정으로 무엇에 관해 질문한다는 것은 실존의 가장 중심에서 나온 문제에 대해 묻는 것이다."(van Manen, 1990: 43, 서경혜, 2023: 147에서 재인용) 현상학적 연구자 밴 매넌(van Manen)이 한 말이다. 그는 다음과 같은 이야기를 들려주었다. 가르친다는 것에 대해 수많은 연구가 이루어졌고 그로부터 축적된 이론과 방법도 매우 방대하다. 그래서 가르친다는 것에 대해 잘 알고 있다고 생각하였다. 그런데 아버지가 되고서야 가르친다는 것에 대해 진정으로 묻게 되었다. 아이를 키우면서 가르친다는 것이 무엇인지 진지하게 묻게 된 것이다. 그제서야 이론으로 인간의 체험을 이해한다는 것이 얼마나 제한적인지 깨닫게 되었다. 그래서 이론의 세계에서 나와 체험의

세계로 돌아왔다. 그리고 진지하게 질문하였다. 가르친다는 것은
어떠한 것인가?

질적연구는 연구자의 경험세계 속에 깊이 자리한 문제의식에서
비롯된다. 예컨대, 앞서 언급한 밴 매넌(van Manen)의 현상학적 연
구처럼 연구자 자신의 개인적 경험에서 연구의 문제를 도출한다.
즉, 생활세계에서 하루하루 삶을 살아가는 실존적 존재로서 연구자
가 고심해 온 문제를 연구의 문제로 탐구하는 것이다.

연구자의 개인적 경험뿐만 아니라 연구자가 사회생활, 직업생활
등을 하며 갖게 된 문제의식을 연구의 문제로 발전시킨다. 일례로
필자의 내러티브 탐구(서경혜, 2017)의 경우 교육학자로서 필자가
연구해 온 문제, 교육불평등에 대한 문제의식에서 비롯되었다. 특
히 교육불평등 문제에 대한 일련의 정책들, 예컨대 교육불평등 문
제를 학업성취도 검사 점수의 격차로 축소, 학력 경쟁을 부추기는
교육정책, 더욱이 누군가는 패배할 수밖에 없는 학교교육의 경쟁구
조는 그대로 둔 채 경쟁을 공정하게 관리하는 데 중점을 둔 교육정
책 등에 문제의식을 가지고 있었고, 당시 필자가 학교 현장의 교사
학습공동체 운동을 연구하며 이러한 문제의식을 공유하는 교사들
을 만나게 되면서 필자의 문제의식을 연구의 문제로 발전시켰다.
논문에서 필자는 연구자의 문제의식을 다음과 같이 서술하였다.

학력(學歷) 경쟁의 싸움터가 된 학교. 미래의 직업, 소득, 지
위가 걸린 승부. 누군가는 패배할 수밖에 없는 구조. 저소득층
학생들에게는 불리한 불공정한 경쟁. 승패를 가르는 기준은 딱
하나, 시험점수. 학생들의 꿈, 소망, 열정, 도전, 노력, 이 모든
것을 시험점수라는 것으로 환산하는 곳, 학교.

학교 교사는 어떻게 해야 하는가. 패배할 수밖에 없는 그 누군가가 내 학생들이 아니기를 바라면서 학생들을 입시경쟁으로 내몰아야 할까. 불리하지만 이길 수 있는 가능성이 조금이라도 있다면 학생들의 시험점수를 올리는 데 전력을 쏟아야 하는가. 대다수가 경쟁에서 지더라도, 그러나 단 몇 명만이라도 명문대에 들어간다면 그것을 위안 삼아 패자로 낙인찍혀 살아가는 학생들에게 미안한 마음을 달래도 될까. 아니면 학생들에게 현실을 직시하고 다른 살길을 찾아보라 해야 하는가. 아니면 불공정한 경쟁, 불평등한 구조를 깨뜨리고 보다 정의롭고 평등한 교육을 위해 온 힘을 쏟는 것이 오히려 진정으로 학생들을 돕는 길인가. 과연 무엇이 학생들에게 정의로운 것인가. 무엇이 학생들에게 정의로운 교육인가(서경혜, 2017: 132-133).

연구자의 문제의식을 구체화하고 무엇을 연구할 것인가 마음을 먹었다면 연구자와 문제의식을 공유하는 다른 연구자들을 찾아보아야 할 것이다. 연구자와 문제의식을 공유하는 다른 연구자들이 그간 어떠한 연구를 해 왔는지 살펴보아야 할 것이다. 선행 연구자들은 문제의식을 기반으로 무엇을 연구의 문제로 제기하였는지, 연구의 문제를 어떻게 연구하였는지, 그 결과는 어떠하였는지, 그리하여 어떠한 결론에 이르렀는지 면밀히 고찰해야 할 것이다. 이를 일반적으로 '문헌고찰'이라고 지칭한다. 문헌고찰에 대해서는 다음 장에서 자세히 살펴보겠다.

## 3. 연구문제와 연구질문

질적연구자는 문헌고찰을 통해 연구자의 문제의식을 날카롭게
세운다. 문제의식을 공유하는 선행 연구자들의 연구를 고찰하였고,
이를 통해 본인 연구의 필요성과 중요성을 재확인하였고, 연구의
목적도 더욱 뚜렷해졌다. 이제 연구문제를 설정할 때이다.

연구문제는 연구의 목적을 성취하기 위하여 탐구해야 할 문제를
말한다. 일반적으로 질문을 제기하는 형식으로 연구문제를 제시한
다. 그래서 '연구질문'이라 지칭하기도 한다. 연구자의 문제의식을
연구문제로 구체화하고 연구질문으로 진술하는 것이다.

그러나 다른 한편에서는 '연구문제'나 '연구질문'이라는 용어에
이의를 제기하는 연구자들도 있다. 이들은 다음과 같이 주장한다.
질적연구의 탐색적이고 관계적인 특성을 고려할 때 양적연구에서
사용하는 연구문제나 연구질문이라는 용어는 적절치 않다. 연구문
제는 '해결'해야 할 문제라는 뜻을 담고 있고, 연구질문은 '답'해야
할 질문이라는 뜻을 담고 있다. 그러나 삶의 경험은 해답이 있는 것
도 아니요, 정답이 있는 것도 아니다. 인간의 삶은 마치 수수께끼처
럼 복잡하게 얽혀 그 의미를 쉽게 이해하기 어렵다. 이에 내러티브
탐구자 클랜디닌(Clandinin, 2013)은 연구문제나 연구질문이라는 용
어 대신 '연구퍼즐(research puzzle)'이라는 용어를 제안하였다.

필자도 이 같은 주장에 공감한다. 그러나 연구퍼즐이라는 용어
로 대체하는 것에 대해서는 유보적 입장이다. 퍼즐이라는 용어의
대중적 이미지 때문이다. 퍼즐이라고 하면 일반적으로 도형이나 낱
말, 숫자 맞추기를 떠올린다. 미리 짜인 틀에 맞추는 놀이를 연상시

키기 때문에 과연 퍼즐이라는 용어가 질적연구에 더 적절한가 하는 의구심이 든다. 오히려 연구문제라는 용어를 양적연구자들과 달리 '해답'을 요하는 문제가 아니라 '해석'이 필요한 문제라는 의미로 사용하는 것이 더 낫다고 생각한다.

앞서 주장한 바와 같이, 질적연구는 탐색적이고 관계적인 특성을 띤다. 다시 말하면, 질적연구는 연구자가 설정한 문제에 대한 해답을 찾는 연구가 아니라 복잡하게 얽혀 이해하기 어려운 삶의 경험들에 대하여 연구자와 연구참여자가 함께 의미를 찾아가는 연구이다. 그러하기에 질적연구자들은 양적연구자들처럼 연구자가 연구문제를 설정하고 이 문제에 답하는 데 필요한 데이터를 연구대상자들로부터 수집하여 자료를 분석해서 연구문제에 대한 해답을 제시하는 방식으로 질적연구를 하지 않는다. 이같이 일방적이고 선형적인 방식으로는 질적연구를 제대로 할 수 없다. 그렇다고 질적연구자는 연구문제를 설정하지 않고 연구를 한다는 뜻은 아니다. 연구자가 연구문제를 설정하되 고집하지 않는다. 질적연구를 진행하며 연구문제는 달라질 수 있다. 질적연구자는 연구문제를 수정, 보완하기도 하고 새로운 연구문제를 추가하기도 하다.

일례를 들면, 질적연구자 에이지(Agee)는 질적연구문제 설정과 관련하여 다음과 같은 경험담을 들려주었다. 그는 아프리카계 미국인 예비교사의 교직경험에 관한 문화기술적 연구를 수행하였다 (Agee, 2004). 3년여에 걸쳐 자료를 수집하며 그의 연구문제는 계속 진화, 발전하였다.

> 티나(Tina)의 고투를 관찰하며 내 연구문제도 달라졌다. 처음에 나는 읽기와 문학수업에 대한 예비교사들의 관점에 관

심이 있었다. 그러나 예비교사로 처음 학교 현장에 나간 티나(Tina)를 2년여 관찰하며 나는 다음과 같은 문제에 중점을 두게 되었다. 아프리카계 미국인 예비교사로 도시 외곽의 학교에서 가르치며 티나(Tina)는 어떻게 교사 정체성을 형성해 나가는가? 이어 티나(Tina)의 경험은 나를 보다 거시적인 문제로 이끌었다. 성취기준과 평가에 대한 국가와 주의 정책은 교사 정체성 형성에 어떠한 영향을 미치는가? 특히 더 다양한 교과서와 다양한 교육적 접근을 활용하고 싶은 교사들의 정체성 형성에 국가와 주의 성취기준과 평가에 대한 정책은 어떠한 영향을 미치는가? 교사교육은 유색인 교사들과 그들의 교육과정에 대한 관점을 은폐하는 담론을 통해 백인 유럽계 미국인의 패권을 유지시키고 있지 않는가?(Agee, 2009: 436)

읽기와 문학수업에 대한 예비교사들의 관점에 관한 연구는 아프리카계 미국인 예비교사들의 정체성 형성에 관한 연구로 발전하였다. 특히 국가와 주의 표준화 교육 정책하에서 그리고 백인 유럽계 미국인의 관점이 지배적인 교사교육 체제하에서 아프리카계 미국인 예비교사들이 어떻게 교사 정체성을 형성해 나가는지에 초점을 맞추어 연구문제를 재설정하였다.

이처럼 질적연구문제는 열려 있다. 연구자가 자신의 문제의식과 문헌고찰을 토대로 설정한 연구문제가 연구의 전 과정을 이끌어 갈 수도 있고, 연구자가 현장에 나가 필드워크(fieldwork)를 하며 현장에 대한 풍부한 지식과 경험을 쌓게 되고 이것이 새로운 연구문제로 이끌 수도 있다. 또는 연구자가 연구참여자를 만나서 이야기를 나누고 연구참여자의 경험세계에 한 걸음 한 걸음 깊이 들어가면서 연구문제도 더 깊어질 수 있다. 또는 연구자가 연구참여자의 경험 세계에 들어가서 연구참여자와 함께 연구문제를 세우기도 한다. 협업적 실행연구나 참여적 실행연구가 그러하다.

　필자의 연구경험을 돌아볼 때 연구문제 설정에서 늘 난관에 부딪쳤다. 기대와 희망을 품고 연구를 시작했다가 문헌고찰을 하며 선행 연구자들이 이미 내가 하고 싶은 질문을 다 한 것 같아서 절망과 실의에 빠져 지내기도 했었고, 내 마음 깊은 곳에 여전히 문제의식이 꿈틀대는데 무엇을 어떻게 물어야 할지 몰라 괴로워하기도 하였다. 그래서 연구문제를 어떻게 설정하는가에 대한 책도 많이 찾아보았다. 일례로 크레스웰(Creswell, 1998)[4]은 다음과 같은 지침을 제시하였다.

　연구문제는 연구의 목적을 몇 가지 질문으로 압축한 것이다. 그러므로 연구문제는 구체적이고 명확하게 설정한다. 연구문제를 설정할 때 우선 가장 중요한 중심질문(central question or overarching question) 하나를 설정한다. 이때 '예, 아니요'로 답할 수 있는 닫힌 질문이 아니라 개방형 질문으로 연구문제를 설정한다. 예컨대, '어떻게'와 '무엇'으로 시작하는 중심질문의 초안을 작성하고 중심현상, 연구참여자, 현장, 연구방법론의 네 가지 주요 요소가 중심질문에 포함되었는지 확인하고 중심질문을 수정, 보완한다. 그다음 중심질문을 여러 개의 하위주제로 나눈다. 그리고 이 하위주제들을 연구참여자에게 묻고자 하는 질문 형식으로 바꾸어 하위질문

---

4) 크레스웰의 저서 『Qualitative Inquiry & Research Design: Choosing Among Five Approaches』는 2018년 제4판이 출간되었다. 한글번역본도 이용 가능하다. John W. Creswell · Cheryl N. Poth 공저, 조흥식 · 정선욱 · 김진숙 · 권지성 공역(2021). **질적 연구방법론: 다섯 가지 접근**. 서울: 학지사.

(subquestions)을 개발한다. 하위질문은 5개 내외가 적당하다.

유용한 지침이나 막상 내 연구문제를 설정하려 하면 여전히 막막했다. 나는 그 이유를 질문하는 것이 자연스러운 사회와 문화를 경험하고 나서야 깨닫게 되었다. 과거 1980년대 한국에서 내가 경험한 학교교육은 진도 나가기와 정답 찾기에 바빠서 학생의 질문을 격려하는 문화가 아니었다. 질문을 하는 것이 마치 교사의 진두지휘 아래 거침없이 진군하는 부대를 붙잡아 세우는 것 같았다. 남에게 폐를 끼치고 싶지 않아서 질문을 하지 않았고, '그것도 모르냐, 그런 바보 같은 질문을 하냐'는 면박을 당할까 두려워서 질문을 하지 못했다. 그렇게 살다 보니 질문한 만한 일도 별로 없었다. 그런데 연구의 세계에 들어서니 '질문을 하라' 하는데 그것이 바로 되겠는가. 어색하고 서툴기 짝이 없었다. 지침과 절차를 가르쳐 준다 한들 쉽지 않은 일이었다.

나는 질적연구를 실제로 직접 하며 그간 억눌렸던 질문력을 펼 수 있었다. 선행 연구자들이 제기한 질문들을 공부하며 나의 연구질문을 개발하였고, 동료 연구자들의 격려와 비판을 받으며 나의 연구질문을 발전시켰고, 연구참여자들과 함께 연구질문을 만들며 나의 연구질문을 구체화하였다. 그렇게 질적연구경험을 쌓으며 질문력을 키워 나갔다. 처음 질적연구를 시작했을 때보다는 훨씬 나아졌지만, 연구의 목적을 연구문제로 구체화하고 연구질문으로 진술하는데 나는 지금도 많은 시간과 노력을 쏟는다. 전문지식과 연구경험도 필요하지만, 많은 시간과 노력을 요하는 일이기 때문이다.

다소 장황스럽게 필자의 연구경험을 공유하였는데, 필자의 경험이 지금 연구문제로 고민하고 있는 연구자들에게 위안과 도움이 되었으면 한다.

제**3**장 # 질적연구의 문헌고찰

문헌고찰을 둘러싼 몇 가지 오해가 있다. 흔한 오해 중의 하나는 질적연구는 문헌고찰이 필요 없다고 생각하는 것이다. 그 이유는 이러하다. 문헌고찰을 통해 갖게 된 연구자의 선입견이 연구참여자의 생생한 목소리를 듣는 데 방해가 될 수 있다. 또한 문헌고찰을 통해 수립한 이론적 틀이나 개념 체계 등이 '프로크루스테스(Procrustes)의 침대'가 될 수 있다. 그리스 신화로 잘 알려진 바와 같이 프로크루스테스는 길을 지나가는 나그네를 그의 집으로 데려와서 그가 만든 쇠침대에 눕혀 놓고 나그네의 키가 침대 길이보다 짧으면 다리를 잡아 늘이고 길면 잘라 버렸다. 프로크루스테스처럼 연구자도 연구참여자를 연구에 초대하여 연구자가 만든 틀에 맞추어 연구참여자의 경험을 잡아 늘이거나 잘라 버릴 수 있다. 그래서 문헌고찰이 필요 없다고 곡해한다. 그리고 이렇게 주장한다. 연구자는 마치 백지와 같은 상태에서 연구참여자를 대해야 한다. 백지상태로 연구참여자의 생생한 목소리에 귀 기울여야 한다.

사실 질적연구 논문의 경우 '문헌고찰'(또는 선행연구 고찰, 이론적 배경)이라는 제목의 장이 아예 없는 논문을 쉽게 찾아볼 수 있다. 그러나 그렇다고 질적연구자가 문헌고찰을 하지 않는 것은 아니다. 다만 문헌고찰을 한 개의 장으로 따로 떼어 내서 제시하지 않을 뿐이다. 논문 전반에 걸쳐 서론에서 결론에 이르기까지 문헌고찰의 결과를 필요한 곳에 적절한 형식으로 제시한다.

요컨대, 열린 마음(open mind)과 무지상태(empty head)를 구분할 필요가 있다(Dey, 1999). 질적연구는 열린 마음으로 수행한다. 백지상태나 무지상태가 아니라.

 또 다른 흔한 오해 중의 하나는 문헌고찰을 요약 정리로 생각하는 것이다. 대학원에서 학생들을 가르쳐 온 필자의 경험을 공유하자면, 문헌고찰을 본인의 연구주제와 관련된 학술논문을 모두 읽고 요약 정리하는 것이라고 생각하는 학생들이 있다. 학술연구정보서비스(RISS)나 구글 학술검색(Google Scholar) 등을 이용하여 본인의 연구주제를 검색어로 검색창에 입력한 후 검색된 학술논문을 모두 다운로드 받아서 읽고 요약 정리하는 것이다. 그런데 이렇게 검색할 경우 몇 천, 몇 만, 몇십 만 건의 논문과 마주하게 된다. 이것들을 어떻게 다 읽고 요약 정리한단 말인가? 문헌고찰을 하다가 지쳐서 연구를 포기하는 학생도 있다. 그래서인지 논문 검색 방법을 가르쳐 주는 특강이나 동영상 강의 등이 인기를 끈다. 최근에는 챗지피티(ChatGPT), 스칼러 에이아이(Scholar AI) 등에서 학술논문을 검색, 요약해 주는 서비스를 이용하는 학생들도 늘고 있다.

 어찌어찌하여 본인의 연구와 관련된 선행연구논문을 다 찾아 읽고 요약한 후에 또 다른 난관에 부딪치게 된다. 이것들을 어떻게 정리할 것인가? 어떤 학생은 가장 최근에 발표된 논문 순서대로, 또 어떤 학생은 연구자명 가나다순으로, 본인이 읽고 요약한 것을 논문의 제2장 문헌고찰에 모두 다 제시하려 한다. 그러다 보니 각 논문의 초록을 더 짧게 줄여서 제시하거나 누가 무슨 연구를 했는지 연구자명을 나열하는 수준에 그치고 만다. 왜 문헌고찰을 하는가 다시 묻지 않을 수 없다.

## 1. 문헌고찰의 목적

왜 문헌고찰을 하는가? 첫째는 연구의 필요성과 중요성을 강조하기 위함이요, 둘째는 연구자의 분석력과 해석력을 강화하기 위함이다. 연구자를 정의할 때 거인의 어깨 위에 올라선 난쟁이에 비유한다. 거인은 바로 연구자 공동체를 뜻한다. 연구자 한 명 한 명은 난쟁이일지나 연구자 공동체라는 거인의 어깨 위에 올라서서 거인보다 더 멀리 본다. 그래서 문헌고찰을 한다. 거인의 어깨 위에 올라서서 더 멀리 보기 위해서. 문헌고찰을 통해 연구자는 연구자 공동체가 쌓아 올린 연구 업적 위에 올라서서 연구의 지평을 조망하고 본인의 연구가 지금 어디에 위치하고 있는지, 어디로 가고자 하는지, 본인 연구의 위치성과 방향성을 확인한다. 나아가서 연구자 공동체가 이룩한 연구 업적에 비추어 본인의 연구가 갖는 의미와 의의에 대해 고찰한다. 연구자 공동체의 연구 업적을 기반으로 그 위에 본인 연구의 필요성과 중요성을 세운다.

만약 '왜 이 연구를 했는가'라는 질문을 받는다면, 이것은 정말 궁금해서 묻는 질문이라기보다 이미 앞선 연구자들이 연구하였는데 '왜 또 했는가'라는 문제제기일 수 있다. 그러므로 연구자의 문제의식이 문헌고찰을 이끌 필요가 있다. 검색어나 키워드가 아니라 연구자의 문제의식이 문헌고찰을 이끄는 것이다. 문헌고찰을 통해 연구자의 문제의식이 해소될 수도 있고 날카로워질 수도 있다. 문제의식이 해소되었다면 연구를 할 필요가 없을 것이고, 문제의식이 날카로워졌다면 이를 연구의 문제로 발전시킨다. 문헌고찰을 통해 연구자의 문제의식을 날카롭게 세우고 연구의 필요성과 중요성을 강조한다.

　문헌고찰을 하는 또 다른 중요한 목적은 연구자의 분석력과 해석력을 강화하기 위해서이다. 전통적인 연구에서는 문헌고찰을 통해 이론적 틀이나 개념틀, 분석틀을 만든다. 선행연구자들이 만든 이론적 틀, 개념틀, 분석틀 등을 빌려 오기도 한다. 그리고 이 틀을 적용하여 수집한 자료를 분석한다. 그러나 질적연구에서는 연구자가 미리 만들어 놓은 틀에 넣어 수집한 자료를 분석하는 것을 경계한다. 이것이야말로 프로크루스테스의 침대가 아니겠는가. 프로크루스테스가 그가 만든 침대에 사람을 눕히고 침대보다 짧으면 잡아 늘이고 길면 잘라 버리는 것과 무엇이 다르겠는가. 질적연구에서 문헌고찰은 틀을 만들기보다 연구자의 분석력과 해석력을 강화하는 데 중점을 둔다. 그리하여 연구참여자의 경험을 보다 깊이 이해하고자 한다. 질적연구자가 문헌고찰을 하는 가장 중요한 목적은 연구참여자의 경험을 깊이 이해하기 위함이다.

　필자의 경험을 공유하자면 「정의로운 교육을 위한 어느 교사의 분투: 내러티브 탐구」(서경혜, 2017)를 하며 먼저 연구 계획 단계에서 교육불평등 문제를 다룬 저서, 학술논문, 연구보고서 등을 고찰하였다. 이를 통해 교육불평등 문제에 대한 여러 관점과 견해 그리고 그 해법에 대한 다양한 접근 등을 이해하게 되었다. 그러자 연구자의 문제의식이 보다 구체화되었고 정의로운 교육에 초점이 맞추어졌다. 그래서 정의론에 대한 문헌을 고찰하였다. 샌델(Sandel)의 정의론, 롤스(Rawls)의 정의론, 공리주의 정의론 등에 대해 고찰하였고, 이에 기반한 교육적 접근 특히 신자유주의 교육정책에 문제를 제기하며 등장한 정의로운 교육에 관한 연구논문을 고찰하였다. 이 같은 문헌고찰을 통해 연구자의 문제의식을 날카롭게 세울 수 있었다. 그리하여 교육불평등 문제에 맞서 정의로운 교육을 위해 노력하는 교사를 연구참여자로 선정, 본격적으로 연구를 진행하였다.

연구를 진행하면서 문헌고찰을 계속하였다. 연구참여자가 자신의 수업 이야기, 자신이 가르치는 학생들 이야기, 학교 이야기 등을 들려주었을 때, 연구참여자가 들려주는 이야기의 맥락을 이해할 필요가 있어서 현 우리 교육정책에 대한 문헌을 고찰하였다. 연구참여자가 자신의 30여 년의 교직경력을 되돌아보며 그간 교육불평등 문제에 맞서 어떠한 노력을 기울여 왔는지에 대한 이야기를 들려주었을 때, 역사적 이해가 필요하다고 판단되어 지난 30여 년의 한국의 교육정책, 특히 교육불평등 문제에 대한 교육정책을 역사적으로 고찰하였다. 연구참여자가 자신이 겪고 있는 어려움, 고민, 갈등 등에 대한 이야기를 들려주었을 때, 연구참여자의 분투를 교육불평등 문제에 맞선 다른 교사들의 분투와 연계해서 이해해야 한다는 생각에 현장 교사들의 체험담, 예컨대 현장 교사들이 쓴 저서나 논문, SNS에 게시한 글이나 동영상 등을 고찰하였다.

연구의 계획 단계부터 연구를 진행하며 연구의 전 과정에 걸쳐 이루어진 문헌고찰을 통해 연구의 필요성 및 중요성을 단단하게 세울 수 있었음은 물론이고 연구자의 분석력과 해석력을 더욱 강화할 수 있었다. 그리하여 연구참여자의 경험이 갖는 개인적 의미와 의의를 넘어서서 사회적 의미와 의의, 특히 교육적·정책적·역사적·학술적 의미와 의의를 해석해 낼 수 있었다. 연구참여자의 경험을 서술하거나 연구참여자의 이야기를 그대로 전하는 수준을 넘어서서 그 의미와 의의를 심층적으로 해석할 수 있었다.

그렇다면 문헌고찰의 결과를 어떻게 제시하였는가? 필자가 고찰한 학술논문, 저서, SNS 게시글이나 동영상 등을 모두 다 요약 정리해서 제2장 문헌고찰에 제시하였는가? 그렇지 않다. 필자가 읽고 공부한 문헌 중 필자의 논문에서 논한 문헌은 극히 일부에 불과하다. 논의할 필요와 가치가 있는 문헌만 논하였기 때문이다.

문헌고찰은 선택을 내포한다. 연구자는 무엇을 읽을 것인가 선택한다. 이는 곧 무엇은 읽지 않을 것인가에 대한 선택을 의미하기도 한다. 또한 연구자는 어떻게 읽을 것인가 선택한다. 어떤 문헌은 찬찬히 자세히 읽고, 어떤 문헌은 대강 훑어본다. 어떤 문헌은 여러 번 읽고 또 읽고, 어떤 문헌은 한 번 읽고 만다.

그리고 연구자는 무엇을 논할 것인가 선택한다. 이는 곧 무엇은 논하지 않을 것인가에 대한 선택을 의미하기도 한다. 또한 연구자는 어떻게 논할 것인가 선택한다. 어떤 문헌은 깊이 논하고, 어떤 문헌은 간략하게 언급한다. 어떤 문헌은 본인 연구의 필요성을 부각하기 위하여 논하고, 어떤 논문은 본인 연구의 배경, 가정, 관점 등을 제시하기 위하여 논하고, 어떤 논문은 본인 연구의 방법을 설명하기 위하여 논하고, 또 어떤 논문은 본인 연구의 결과를 비교 논의하기 위하여 논한다.

학생들의 논문을 지도하다 보면 무엇을 읽어야 할지 몰라 일단 집히는 대로 읽고 보자는 학생도 있고, 본인이 읽은 문헌을 어떻게든 본인의 논문에 다 담으려고 하는 학생도 있다. '문헌고찰은 본인이 얼마나 많이 읽었는지 보여 주는 장이 아니다, 본인의 논문에 필요한 것만 논하라, 무엇을 넣고 무엇을 뺄 것인지 선택하라'고 조언하지만, 결코 쉬운 선택이 아니다.

무엇을 읽고 무엇을 논할 것인가에 대한 선택은 문헌고찰의 목적에 근거해야 할 것이다.

- 연구자의 문제의식을 날카롭게 세우는 데 필요한 문헌인가?
- 연구의 지평을 조망하고 본인 연구의 위치성과 방향성을 확인하는 데 필요한 문헌인가?
- 본인의 연구가 갖는 의미와 의의를 확인하고 연구의 필요성과 중요성을 강조하는 데 필요한 문헌인가?
- 연구자의 분석력과 해석력을 강화하는 데 필요한 문헌인가?
- 연구참여자의 경험을 깊이 이해하는 데 필요한 문헌인가?

이 같은 질문이 무엇을 읽고 무엇을 논할 것인가를 선택하는 데 도움이 될 것이다.

## 2. 문헌고찰의 방법

문헌고찰에 대한 두 가지 접근방식이 있다. 하나는 선행연구의 한계를 밝히는 접근방식이고, 다른 하나는 연구자의 입장과 관점을 개진하는 접근방식이다. 질적연구자 브라운과 클라크(Braun & Clarke, 2013)는 전자를 '빈틈 확인 방식(establishing the gap model)', 후자를 '주장 개진 방식(making an argument model)'이라고 지칭하였다. 이 두 접근방식을 자세히 살펴보면 다음과 같다.

### 1) 선행연구의 한계를 밝히는 문헌고찰

연구자의 문제의식을 세우고 연구자와 문제의식을 공유하는 다른 연구자들이 그간 어떠한 연구를 했는지 살펴본다. 선행 연구자

들은 문제의식을 기반으로 무엇을 연구의 문제로 제기하였고, 연구
문제를 어떻게 연구하였으며, 그 결과는 어떠하였고, 그리하여 어
떠한 결론에 이르렀는지 고찰한다. 이때 각각의 연구를 요약 정리
하는 수준을 넘어서서 선행연구의 장점과 한계를 비판적으로 분석
한다. 장점은 받아들이고 한계는 극복해야 할 것이다. 그래야 한 걸
음 더 나아갈 수 있다.

　따라서 문헌고찰은 선행연구를 비판적으로 분석하고 선행연구
의 한계를 밝히는 데 중점을 둔다. 이때 한계는 연구가 안 된 것이
나 허술하거나 부족한 것, 제대로 이루어지지 않았거나 충분히 이
루어지지 않은 것, 즉 '빈틈'을 뜻할 수도 있고, 새로운 연구설계나
연구방법이 필요함을 뜻할 수도 있고, 다른 관점이나 접근이 필요
함을 뜻할 수도 있고, 또는 새로운 분석이나 해석이 필요함을 뜻할
수도 있다. 이것이 바로 본인 연구가 필요하고 중요한 이유와 근거
가 된다. 문헌고찰을 통해 선행연구의 기반 위에 본인 연구의 필요
성과 중요성을 세우는 것이다.

　일례를 들면 [예시상자 3-1]에 선행연구의 한계를 밝히는 방식
의 문헌고찰이 예시되어 있다. 이 문헌고찰은 로크(Locke) 등의 저
서 『Proposals That Work』에 연구계획서의 예시로 실린 것을 일
부 인용한 것이다(Locke, Spirduso, & Silverman, 2000: 239-269). 이
예시는 김영천의 저서 『질적연구방법론 I』 제2판에서도 찾아볼 수
있다(김영천, 2012: 244-258). 이 연구계획서는 학생들의 관점에서
본 교사의 특성과 영향력에 대한 질적연구계획을 담고 있다.[1] 특

---

1) 로크 등(Locke et al., 2000)에 의하면 이 연구계획서는 하버드대학(Harvard
　University) 교육대학원 박사과정생 터커(Belinda J. Tucker)가 작성한 것이다. 터커

히 이 연구는 멕시코계 미국인 학생들이 그들의 삶에 긍정적인 영향을 준 교사들을 어떻게 이야기하는지 학생들의 목소리로 학생들의 이야기를 듣고 그로부터 교사의 영향력과 유능한 교사의 특성을 도출하고자 하였다. 그럼 [예시상자 3-1]에 제시된 문헌고찰을 자세히 살펴보자. 각 문단 앞의 숫자는 필자가 설명을 위하여 편의상 추가한 것이다.

연구자는 첫 번째 문단에서 '효과적인 교육'의 속성에 대해 그간 많은 연구가 이루어졌고 그럼에도 불구하고 합의점을 찾지 못하고 있음을 지적하였다.

연구자는 두 번째 문단에서 효과적인 교육에 대한 선행연구를 크게 세 가지로 유형화하였다. 효과적인 학교에 관한 연구, 효과적인 교육 실천에 관한 연구 그리고 효과적인 교사에 관한 연구이다. 연구자는 본인의 연구는 세 번째 유형에 해당되며 효과적인 교사에 관한 연구에 기여하게 될 것이라고 밝혔다. 본인 연구의 위치성을 밝힌 것이다.

세 번째 문단부터 연구자는 효과적인 교사, 이른바 유능한 교사에 관한 그간의 선행연구에 대해 비판적 분석을 제시하였다. 먼저 세 번째 문단에서는 유능한 교사에 관한 초기 연구들이 행정가들이 생각하는 교사의 행동과 특성에 치중했음을 비판하였다. 이 같은 연구자의 비판은 선행연구에서 학생 관점이 결여되었음을 암시하는 것으로 이는 곧 본인 연구의 필요성과 중요성을 강조하는 근거가 된다.

---

(Tucker)는 이 연구로 1997년 박사학위를 받았다.

네 번째 문단에서는 이후 연구들, 즉 1970년대 이후 연구들에 대해 비판적 분석을 하였다. 연구자에 의하면, 콜맨 보고서(The Coleman Report) 발표 후 학생들의 학업성취에 영향을 미치는 요인에 대한 관심이 급증하였고 또한 학계에서는 실증주의에 입각한 양적연구방법이 지배적인 위치를 차지하였다. 이 같은 상황에서 유능한 교사에 관한 연구는 학생의 학업성취에 영향을 미치는 교사 변인 연구에 중점을 두었다. 교사 효과성 변인 연구가 주류를 이루게 되었다.

다섯 번째 문단에서 연구자는 교사 효과성 변인 연구(대략 2,000편의 연구논문)를 통해 밝혀진 85개의 변인에 대해 언급하며 변인 연구의 문제에 대해 논하였다. 이때 2,000여 편의 선행연구논문을 비판적으로 고찰한 크룩섕크(Cruickshank)의 연구결과를 기반으로 연구자의 비판적 논평을 전개하였다.

다섯 번째 문단에서 교사 효과성 변인 연구의 결과에 대해 문제 제기하였다면, 여섯 번째 문단에서는 그 방법에 문제를 제기하였다. 연구자는 양적연구방법의 한계를 지적하며, 특히 관측에만 의존한 점, '왜'와 '어떻게'를 설명하지 못한 점, 예컨대 왜 특정 교사 변인이 학생의 학업성취와 관련성이 있는지, 어떻게 학업성취 향상이라는 결과가 나타났는지에 대해 충분히 설명하지 못한 점 등을 비판하였다.

네 번째 문단에서 여섯 번째 문단에 이르는 교사 효과성 변인 연구에 대한 비판은 양적연구방법의 한계를 넘어서야 함을 설득력 있게 제시하고 있다. 즉, 질적연구의 필요성과 중요성을 강조하는 것이다.

이제 일곱 번째 문단에서 연구자는 연구대상자의 편향성에 문제를 제기하였다. 특히 선행연구에서 연구대상자의 문화적 배경에 대한 관심 부족을 지적하였다. 이를 기반으로 연구자는 본인 연구는 학생들의 문화적 배경을 중요시하며 멕시코계 미국인 학생들을 연구할 것임을 밝혔다.

여덟 번째와 아홉 번째, 열 번째 문단에서 연구자는 멕시코계 미국인 학생들에 대한 연구가 매우 부족하며 얼마 안 되는 연구조차 매우 제한적인 연구결과를 보고하고 있음에 안타까움을 나타냈다. 연구자의 안타까움은 독자로 하여금 멕시코계 미국인 학생들은 어떠한 교사를 유능한 교사라고 생각하는지, 우리가 선행연구를 통해 알고 있는 유능한 교사의 특성과 뭔가 다른 어떤 이야기를 들려줄지 궁금증을 자아내게 한다. 이처럼 연구자는 멕시코계 미국인 학생들의 관점에 대한 본인 연구의 필요성과 중요성을 부각시켰다.

마지막 문단에서[2] 연구자는 다시 한 번 학생 관점을 강조하였다. 유능한 교사에 대한 선행연구에서 학생들의 목소리를 들을 수 없다. 행정가들의 목소리, 연구자들의 목소리는 들을 수 있는데, 정작 학생들의 목소리를 들을 수 없다니. 게다가 학생들의 학업성취도 점수가 학생들의 목소리를 마치 대변이라도 하는 양 이용되고 있다. 학생들의 목소리를 들어야 한다. 학생들의 관점에서 유능한 교사 연구를 해야 한다. 연구자는 연구계획서에 이렇게 제목을 붙였다. 변화를 만드는 교사들: 멕시코계 미국인 학생들의 목소리(Teachers Who Make a Difference: Voices of Mexican American

---

2) 사실 이 문단 다음에 문헌고찰이 계속 이어진다. 이후 문헌고찰은 질적연구방법에 중점을 두고 이루어졌다. 김영천 저서에 제시된 문헌고찰의 전체 내용을 읽어 보기 바란다(김영천, 2012: 244-258).

Students).

이와 같이 선행연구의 한계를 밝히는 방식의 문헌고찰을 통해 연구자는 그의 문제의식을 더욱 날카롭게 세웠다. 그리고 선행연구의 기반 위에 본인 연구의 필요성과 중요성을 더욱 굳게 세웠다.

## 2) 연구자의 입장과 관점을 개진하는 문헌고찰

연구자는 문헌고찰을 하며 자신의 입장과 관점을 세운다. 선행연구자들의 연구를 고찰하며 여러 다양한 입장과 관점을 접하게 되고 그 속에서 자신의 입장과 관점을 세워 나간다.

앞서 언급한 필자의 연구 「정의로운 교육을 위한 어느 교사의 분투: 내러티브 탐구」(서경혜, 2017)의 문헌고찰 경험을 예로 들면([예시상자 3-2] 참고), 이 연구는 교육불평등에 대한 문제의식에서 비롯되었다. 이에 관한 선행연구를 고찰하였고 이를 통해 교육불평등 문제에 관한 여러 입장과 관점에 대하여 배우게 되었다. 이는 필자를 정의로운 교육으로 이끌었다. 교육불평등 문제에 대한 여러 입장과 관점 속에서 필자는 정의로운 교육을 통해 교육불평등 문제를 헤쳐 나가는 연구자들과 함께 하고 싶었다. 그래서 정의로운 교육에 초점을 맞추어 문헌고찰을 진행하였고 이에 관한 여러 입장과 관점에 대하여 배웠다. 이들 입장과 관점을 비교 분석하고 비판적으로 고찰하며 정의로운 교육에 대한 필자의 입장과 관점을 세웠다. 그리하여 공동체적 접근에 기반한 정의로운 교육에 대한 내러티브 탐구를 수행하였다.

문헌고찰은 연구자가 자신의 입장과 관점을 세우고 위치 짓고 평가하고 주장하는 장이다. 연구자는 문헌고찰을 통해 자신의 입장과

관점을 세우고 이에 영향을 미친 선행연구에 대하여 논한다. 여기
에는 자신이 지지하는 연구도 있고 자신이 이의하는 연구도 있다.
자신이 이어 나가고 싶은 연구도 있고 자신이 넘어서고 싶은 연구
도 있다. 이들 연구를 비교 분석하고 비판적으로 고찰하고 그 의의
와 한계에 대하여 논하며 자신의 입장과 관점을 개진한다.

　한편, 연구자의 입장과 관점을 개진하는 문헌고찰 방식에 대하여
우려를 표하는 연구자들도 있다. 이것이 프로크루스테스의 침대가
될 수 있다는 우려이다. 쓸데없는 기우는 아니다. 그러나 입장과 관
점을 갖는 것과 틀을 만드는 것은 구별해야 한다. 입장 없는 연구자
가 어디 있고 관점 없는 연구가 어디 있겠는가. 다만 그 안에 갇히
지 않을 뿐이다. 질적연구자는 틀에 갇히는 것을 경계한다. 자신의
입장과 관점으로 틀을 짜서 그 틀 속에 넣어 수집한 자료, 즉 타자의
경험을 분석, 해석하는 것을 경계한다. 그래서 질적연구자는 끊임
없이 비판적 자기성찰을 한다. 이를 성찰성(reflexivity)이라고 지칭
한다. 질적연구자는 자신의 입장과 관점에 대해 끊임없이 비판적으
로 성찰하고 수정하고 개선하고 또 때로는 혁신한다. 그 첫걸음이
바로 자신의 입장과 관점을 밝히고 논하는 것이다. 문헌고찰이 바
로 그러한 장이다.

　연구자는 문헌고찰을 통해 자신의 입장과 관점을 세우고 이를 독
자에게 밝히고 설명한다. 그리하여 독자로 하여금 연구논문을 읽을
때 이 연구가 어떠한 입장과 관점에서 수행되었는지 이해하고 연구
의 과정과 결과를 고찰하도록 한다. 나아가서 독자가 연구자의 입
장과 관점에 대해 비판적으로 고찰하도록 하고, 더 나아가서 독자
또한 자신의 입장과 관점에 대해 비판적으로 성찰하도록 한다.

## 3. 문헌고찰의 과정

이제 문헌고찰의 과정을 자세히 살펴보자.

### 1) 문헌고찰 질문

우선 문헌고찰을 이끌 질문을 세운다. 문헌고찰을 통해 연구자가 알고 싶은 것은 무엇인가? 이것을 문헌고찰의 질문 또는 질문들로 설정한다. 예를 들어, 필자의 연구 「정의로운 교육을 위한 어느 교사의 분투: 내러티브 탐구」에서는 문헌고찰 질문을 다음과 같이 설정하였다. 첫째, 정의란 무엇인가? 둘째, 정의로운 교육이란 무엇인가? 셋째, 정의로운 교육에 대한 관점과 접근에는 어떠한 것들이 있는가?

연구문제를 문헌고찰의 질문으로 설정할 수도 있다. 문헌고찰을 통해 연구문제에 대한 답을 찾았다면 연구를 할 필요가 없을 것이다. 연구자는 문헌고찰을 통해 새로운 연구문제를 개발할 수 있다.

### 2) 검색어 설정

문헌고찰 질문을 탐구하는 데 유용한 검색어(keywords)를 설정한다. 이때 해당 분야에서 사용하는 용어로 검색어를 설정해야 한다. 예컨대, 교사들이 교과서를 어떻게 선택하는지에 대한 연구를 한다 하자. '교과서 선택'으로 문헌 검색을 하면 그리 많지 않은 수의 논문을 찾게 된다. 연구자는 이 주제에 대한 연구가 매우 부족하다는 문제의식과 연구의 필요성을 느끼고 연구를 진행한다. 그러나 '교과서 선정'이라는 검색어로 문헌 검색을 하면 수많은 논문이 쏟아져 나온다. 그것을 모른 채 연구를 진행할 경우 '선행 연구자들이 이미 한 것을 왜 또다시 하였는가, 이 연구를 왜 했는가'라는 질문을 받게 될 것이다.

예를 하나 더 들면, 학생 주도성(student agency)에 관한 연구의 경우, 연구자에 따라 '학생 주도성', '학생 행위주체성', '학생 주체성' 등의 용어를 사용한다. 각각의 용어는 각기 다른 철학적 배경과 이론적 관점을 담고 있다. '학생 주도성'이라는 검색어로만 문헌 검색을 할 경우 본의 아니게 특정 입장과 관점에 편중될 수 있다.

## 3) 문헌 검색

검색어를 설정한 후 본격적으로 문헌 검색에 들어간다. 일반적으로 학술연구정보서비스(www.riss.kr), 한국학술지인용색인(www.kci.go.kr), 디비피아(www.dbpia.co.kr), 구글학술검색(scholar.google.co.kr) 등을 활용하여 문헌 검색을 한다. 검색창에 검색어를 입력하고 검색된 논문들을 검토한다. 이때 기간을 최근 10년으로 설정하고 최근 논문부터 검토한다. 기간 설정은 필요에 따라 연장 검색한다.

먼저 논문의 제목과 초록을 브라우징(browsing)한다. 빠르게 훑어보는 것이다. 문헌고찰에 관한 안내서를 보면, 2차 자료를 먼저 검토하라고 조언한다. 1차 자료는(primary sources)는 연구자가 직접 쓴 논문이나 보고서, 저서 등을 말하고, 2차 자료(secondary sources)는 원저작물을 요약, 분석, 해석한 저작물을 말한다. 2차 자료에는 개론서, 핸드북(handbook), 특정 연구주제에 관한 선행연구를 분석한 논문 등이 있다.

문헌고찰을 할 때 2차 자료를 통해 연구하고자 하는 주제에 대한 개괄적인 지식과 정보를 습득할 수 있다. 이때 2차 자료의 질을 반드시 고려해야 한다. 부실한 자료를 기반으로 이루어진 연구는 무너질 수밖에 없다. 권위 있는 학술지, 연구자의 논문, 보고서, 저서 등을 2차 자료로 활용하도록 한다.

2차 자료든, 1차 자료든 중요한 것은 '연구자가 설정한 문헌고찰 질문에 답하는 데에 적절한 자료인가' 하는 것이다. 검색된 논문의 제목과 초록을 브라우징하며 문헌고찰 질문에 적절한 자료를 선정한다.

## 4) 문헌 분석

문헌고찰의 대상으로 선정된 자료, 예컨대 논문, 연구보고서, 저서 등을 읽고 분석한다. 문헌 분석의 방법은 연구의 목적 및 문헌고찰의 목적에 따라 다를 수 있다. 필자의 문헌분석방법을 소개하자면, 먼저 다음과 같은 질문을 중심으로 문헌을 분석한다.

- 연구자는 무엇을 문제로 보았는가? 연구자의 문제제기는 시의적절한가?
- 연구 기저에 깔린 가정 또는 이론적 토대는 무엇인가? 연구의 가정/이론적 토대는 타당한가?
- 연구의 방법론과 방법(연구참여자 선정방법, 자료수집방법, 자료분석방법)은 연구문제를 탐구하는 데에 적절한가?

- 연구의 주요 결과는 무엇인가? 연구결과에 동의하는가?
- 연구자가 주장하는 바에 어떠한 증거가 제시되었는가? 연구자가 제시한 증거는 적절한가?
- 연구의 강점은 무엇인가?
- 연구의 한계는 무엇인가? 이 한계는 어떻게 극복될 수 있을까?
- 연구가 지닌 의미와 의의는 무엇인가?

논문, 연구보고서, 저서 등 각 문헌별로 문헌분석지를 만들어서 위 질문들에 대한 답을 작성해 두면 문헌 분석의 결과를 종합, 정리하여 문헌고찰을 쓰는 데 도움이 될 것이다.

## 5) 문헌고찰도

각 문헌별 문헌분석지를 종합적으로 검토하고 '문헌고찰도(文獻 考察圖)'를 만든다. 문헌고찰도란 문헌 분석의 결과를 종합 정리하여 그림으로 나타낸 것을 말한다. 문헌고찰도를 기반으로 논문의 문헌고찰 챕터(chapter)를 작성한다. 일례로 [예시상자 3-3]에 필자의 연구「정의로운 교육을 위한 어느 교사의 분투: 내러티브 탐구」의 문헌고찰도를 제시하였다. 이 문헌고찰도는 문헌고찰 질문을 중심으로 '정의로운 교육'에 대한 문헌고찰 결과를 종합 정리한 것이다.

## 6) 문헌고찰 개요

문헌고찰의 개요를 서술한다. 문헌고찰 개요는 문헌 분석의 결과를 종합 정리하여 논리적으로 구조화한 것이다. 따라서 문헌고찰 개요는 문헌고찰 챕터의 구조와 흐름을 논리적으로 나타낸다. 일례로 [예시상자 3-4]에 필자의 연구 「정의로운 교육을 위한 어느 교사의 분투: 내러티브 탐구」의 문헌고찰 개요를 제시하였다. 논문의 문헌고찰 챕터에서 어떠한 내용이 어떠한 순서로 논의될 것인지 그 구조와 흐름에 대한 아웃라인을 제시한 것이다.

문헌고찰은 담론의 장이라 할 수 있다. 선행연구의 한계를 밝히는 문헌고찰 방식을 취하든, 연구자의 입장과 관점을 개진하는 문헌고찰 방식을 취하든, 문헌고찰은 담론의 장이다. 문헌고찰을 하며 연구자는 자신과 문제의식을 공유하는 선행 연구자들과 담론한다. 그리고 문헌고찰을 쓰며 연구자는 연구자와 선행 연구자들과의 담론에 독자를 초대한다. 독자는 선행 연구자들과 담론을 하는 연구자의 목소리에 귀 기울이고 이를 비판적으로 고찰한다. 그렇게 문헌고찰의 장에서 연구자와 선행 연구자와 독자가 담론한다.

**예시상자 3-1**    **선행연구의 한계를 밝히는 문헌고찰**

1) 20세기에 들어서 교육연구자들은 "효과적인" 교육의 속성을 정의하고 측정할 수 있는 방법을 찾기 위해 많은 연구를 수행해 왔다. 그럼에도 불구하고 효과적인 교육의 기준이나 수치화와 관련하여 어떠한 합의에 이르지 못하고 있다.

2) 효과적인 교육에 대한 연구는 크게 세 가지로 유형화할 수 있다. "효과적인 학교"에 대한 연구, "효과적인 교육 실천"에 대한 연구 그리고 "효과적인 교사"에 대한 연구이다. 이 연구는 효과적인 교사에 대한 연구에 기여할 것이다.

3) 크룩솅크(Cruickshank, 1990)는 1890년대부터 1980년대까지 효과적인 교사(역자: 유능한 교사)에 대한 연구들을 종합적으로 고찰하였는데, 이들 연구를 이론적으로 그리고 방법론적으로 구분하는 역사적으로 중요한 시점을 발견하였다. 1960년대 이전에 수행된 "유능한 교사들"에 대한 연구는 행정가들이 유능하다고 생각하는 교사의 속성과 행동을 서술하기 위해 만들어진 용어들을 사용하였다. 이 같은 연구는 거의 무의미한 것으로 판명되었다.

4) 콜맨 보고서 출간 후 연구자들의 관심은 학생들이 성공했을 때 나타나는 교사의 행동에 쏠렸다(Cruickshanks, 1990). 1970년대와 1980년대 수행되었던 이러한 양적연구들은 교사들의 수업 행위를 기록하고 체계적으로 분석하기 위한 일련의 새로운 도구를 활용하였다. 이 방법론의 목적은 "교사들이 수행하는 행위의 범위와 어떻게 교사의 행위가 바람직한 수업 활동 및 학생들의 학습과 관련되는지를 결정하는 것이다"(Cruickshank, 1990: 68).

5) 크룩솅크(Cruickshank)가 제시한 85개의 "교사 효과성 변인"은 대략 2,350개의 연구를 검토한 10개의 논평에서 발췌한 것으로 각각의 변인들이 효과적인 교수와 밀접하게 관련되어 있음을 보여 준다. 85개의 변인 중 8개만이 최소 네 편의 논평에서 나타나고 있다. 8개 변인은 다음과 같다. 명확함, 행동에 관심을 보이고 돌봄, 학생들의 참여를 적극 활용함, 학

생 참여에 있어 공평함, 구조화, 과제집중시간의 지속성, 효율성, 피드백
과 비평의 활용

6) 위 연구에서 활용된 양적연구방법의 중요한 문제점 중의 하나는 주로 관
측에만 의존하고 있기 때문에 교사의 특정 속성이나 행동이 왜 학생들의
성취와 관련이 있는지를 설명할 수 없다는 것이다. 학생들이 인지하는 교
사들의 행동과 학생들의 동기 및 성취 간의 관계는 관찰자에게 보이지 않
고 그저 추측될 수밖에 없다.

7) "유능한 교사"를 연구하는 연구자들은 문화적 배경이 다른 학생들에게는
어떠한 교사와 교육이 효과적인지에 대해 조사하지 않는다. 대신, 학생들
을 구별할 때 "사회경제적 지위가 낮은", "불리한", "취약한"과 같은 용어
를 사용한다. 선행연구에 밝혀진 유능한 교사 변인들이 라틴계 학생들을
가르치는 교사들에게도 적용될 수 있는지는 여전히 미지수이다. 이 연구
는 다소 이질적인 문화집단인 멕시코계 미국인 학생들을 위한 유능한 교
사에 초점을 맞출 것이다.

8) 크룩솅크(Cruickshank)의 논평에서 언급되지 않은 대규모 양적연구는 '미
국 시민권위원회'(1973)에서 수행한 연구로, 이 연구는 멕시코계 미국인
학생들을 가르치는 교사의 행동에 초점을 맞추고 있다. 연구자들은 430개
학교에서 494개의 교실을 관찰하고 플랜더스의 상호작용분석법(Amidon
& Flanders, 1963)을 활용하여 관찰자료를 분석하였다. 그리하여 교사들
이 "멕시코계 미국인 학생들을 백인 학생들만큼 수업활동에 적극적으로
참여시키지 않음"을 밝혀냈다. 이 연구는 다음과 같이 보고하고 있다.

9) 교사들은 백인 학생들에게 멕시코계 미국인 학생들에게 했던 것보다 40%
가량 더 긍정적으로 반응하였다. 또한 교사들은 멕시코계 미국인 학생들
의 질문보다 백인 학생들의 질문에 21% 이상 더 많은 주의를 기울였다
(U.S. Commission on Civil Right, 1973: 43).

10) "유능한 교사들"의 행동은 멕시코계 미국인 학생들에게 잘 나타나지 않
았다. 멕시코계 미국인 학생들의 낮은 성취는 학생에 대한 교사의 불공
평한 대우와 관련이 있었지만, 연구자들은 교사 행동과 학생 성취 간의
인과관계를 추측할 뿐이다.

11) 이 연구에서 나는 교사의 교수와 학생들의 동기, 학습, 성취, 열망 간의 실질적인 관련성을 학생들의 관점에서 탐구할 것이다.

출처: Locke, L. F., Spirduso, W. W., & Silverman, S. J. (2000). *Proposals that work* (4th ed., pp. 246-248).

**예시상자 3-2    연구자의 입장과 관점을 개진하는 문헌고찰 예시**

정의란 무엇인가. 샌델(Sandel)은 그의 저서 『Justice: What's the Right Thing to Do?(정의: 무엇이 올바른 일인가?)』(2009)에서 정의에 대한 종래 접근방식의 한계를 비판하고 신자유주의시대 정의에 대한 재개념화가 필요함을 주장하였다. 샌델(Sandel)에 따르면, 정의란 무엇인가에 대해 크게 두 가지 접근방식이 지배적이었다. 첫째는 공리주의 접근으로, 정의란 행복을 최대화하는 것이다. 그러나 최대 다수의 최대 행복이라는 미명하에 개인의 자유와 권리가 무시되는 경우가 적지 않으며, 행복이라는 가치를 단일척도로, 예컨대 돈으로 환산하여 가치를 계산하고 비교하는 것, 그리하여 이른바 '최대' 행복을 산출(算出)해 내는 방식에 문제를 제기하지 않을 수 없다.

그 대안으로 등장한 것이 자유주의 접근으로, 개인의 자유를 정의의 핵심으로 삼았다. 즉, 개인이 자신에게 부여한 원칙에 따라 선택하고 행동하도록 하는 것이 정의로운 것이다. 그러나 개인이 자유롭게 선택하도록 내버려두었을 때, 그 선택이 자유롭지 못한 경우가 적지 않다. 특히 불평등한 상황에서 선택은 결코 자유롭지 못하다. 그렇다면 자유로운 선택을 보장하기 위하여 어느 정도의 평등이 필요한가. 롤스(Rawls, 1971)의 해법을 살펴보면, 현실에서 선택은 권력과 지식의 불평등으로 권력이 없는 사람, 지식이 없는 사람에게 불리할 수밖에 없다. 따라서 권력과 지식이 평등한 상태, 이른바 무지의 베일(Veil of Ignorance)을 쓰고 선택을 해야 한다. 무지의 베일을 쓴 상태에서 우리는 불평등 사회에서는 약자에 대한 배려가 필요하다는 데 동의할 것이다. 최소 수혜자들에 대한 특별대우가 일견 불평등해 보일 수 있으나, 이것은 불평등한 상태를 보다 평등하게 조정하기 위한 불평등이다. 롤스(Rawls)는 이를 차등원칙(Difference Principle)이라 명명하고, 불평등 사회에서 자유로운 선택을 보장하기 위해서는 차등원칙이 작동해야 한다고 주장하였다.

샌델(Sandel)은 롤스(Rawls)의 정의론을 기존 정의론의 한계를 넘어서는 이론이라 평가하는 한편, 그럼에도 불구하고 여전히 한계를 안고 있음을 지적하였다. 첫째는 정의의 문제를 분배의 문제로 푼 데 있다. 어떻게 분배할 것인가는 정의를 세우는 데 있어 매우 중요한 문제이다. 그러나 분배의 문제는 단지 '어떻게'라는 방법상의 문제를 넘어서, 근본적으로, 누가 무엇을 가질 자격이 있는가에 관한 문제이다. 예컨대, 대학입학전형에 대해 생각해 보자. 이것은 대학교육 기회분배에 관한 문제로, 그 핵심에는 누가 대학교육 기회를 가질 자격이 있는가 하는 문제가 있다. 그렇다면 대학교육의 목적은 무엇인지 그 목적에 대해 고려하지 않을 수 없다. 요컨대, 분배의 문제는 근본적으로, 우리가 무엇을 가치 있게 여기고 보상할 것인가에 관한 문제이다. 정의란 가치의 문제인 것이다.

샌델(Sandel)에 따르면, 롤스(Rawls)의 분배적 정의론은 정의와 가치의 문제를 분리시키고 중립적 입장에서 분배의 원칙을 세우고자 하였다. 그리하여 가치의 문제는 개인의 선택에 맡겼다. 그러나 정의는 개인의 선택의 문제가 아니다. 선택의 자유를 보장한다고 정의로운 사회가 구현되는 것은 아니다. 정의로운 사회는 사회 구성원들의 덕(德, Virtue), 즉 옳고 그름에 대해 생각하고 옳은 것을 행하고 옳지 않은 것을 행하지 않는 인격적 능력을 고양함으로써 가능하다. 그렇다면 무엇이 옳고 그른 것이며, 누가 옳고 그름을 결정할 수 있는가? 이것은 사회 구성원 모두의 공동체적 노력을 필요로 한다. 샌델(Sandel)은 정의에 대한 공동체적 접근을 제안하며 다음과 같이 주장하였다. 도덕적 문제를 회피하거나 개인의 선택에 맡길 것이 아니라 무엇이 옳은 일인지, 무엇이 가치 있는 일인지 공론화하자. 올바른 삶에 대하여, 우리가 추구하는 가치에 대하여 함께 논의하고 서로의 다름을 존중하고 포용하며 공공선을 추구하는 사회, 정의로운 사회를 세우자. 나아가서 샌델(Sandel)은 공교육도 이에 동참할 것을 촉구하였다. 학생들에게 정의란 무엇인가에 대해 가르치는 교육이 아니라, 교육의 과정이 바로 정의 추구의 과정이어야 함을 강조하였다.

그렇다면 정의 추구의 과정으로서 교육, 정의로운 사회 구현에 동참하는 교육은 어떠한 것인가. 미국의 경우, 사회정의를 위한 교육(Teaching for Social Justice)을 기치로 교육개혁운동이 전개되었고 이것은 여러 다양한 형태로 나타났다. 크게 두 가지로 분류해 볼 수 있다. 하나는 기능적 접근이고, 다른 하나는 비판적 접근이다.

기능적 접근은 사회, 정치, 경제, 문화적으로 취약한 계층의 학생들이 사회에 나가 성공할 수 있도록 필요한 능력과 자격을 갖추도록 하는 데 관심을 기울인다. 예컨대, 취약계층 학생들의 학업성취도를 향상시키고, 대학 진학률을 제고하고, 또는 명문대 진학률을 높이는 데 많은 노력을 기울인다. 여기에는 대학을 나와 좋은 직업을 잡고 그리하여 사회경제적 지위를 향상시킬 수 있을 것이라는 가정과 기대가 자리하고 있다. 요컨대, 교육을 통해 사회경제적 성공의 기회를 제공하는 것이 사회정의에 기여하는 길이라 본다.

그러나 취약계층 학생들의 시험점수를 높이고, 더 많이 대학에 들어가게 하고, 그래서 그들이 좋은 직업을 잡고 계층 상승을 한다 해서 정의로운 사회라 할 수 있는가. 그들은 좀 더 상위계층에 편입됐을 뿐, 사회의 불평등한 계층구조는 여전히 존속된다. 계층사다리는 어찌 보면 불평등한 계층구조를 유지시키는 장치로 기능한다. 계층사다리를 타고 올라간 단 하나의 성공사례만 있어도 그 실낱같은 가능성에 수많은 사람이 희망을 품고 달려들 것이고, 사람들의 관심은 이제 경쟁을 공정하게 하는 데 쏠릴 것이며, 다수가 실패할 수밖에 없는 구조임에도 실패는 고스란히 개인의 탓이 될 것이고, 그리하여 불평등한 계층구조는 존속될 것이다. 결국 기능적 접근은 사회 불평등을 유지, 존속시키는 기능을 하게 된다.

기능적 접근의 한계에 대한 비판 속에서 그 대안으로 비판적 접근이 주목을 받았다. 비판적 접근은 비판적 교육(Critical Pedagogy)에 토대를 두고 있다. 비판적 교육은 우리 삶이 뿌리내리고 있는 사회 현실의 모순을 직시하고 문제제기하는 비판의식(Critical Consciousness)과 나아가 사회적 모순에 대항하고 이를 변혁하고자 실천하는 의식적 실천, 즉 프락시스(Praxis)를 강조한다. 그 대표적인 교육학자로 프레이리(Freire)를 들 수 있다. 프레이리(Freire)는 수동적이고 체제 순응적인 인간을 양성하는 전통적 교육을 은행저금식 교육(Banking Education)이라 비판하고 그 대안으로 문제제기식(Problem-Posing) 해방교육(Liberating Education)을 주장하였다. 교사와 학생들이 대화를 통해 그들 삶의 문제를 비판적으로 성찰하고 해결책을 탐구, 이를 실천에 옮김으로써 그들의 삶을 변화시키고 억압적인 사회를 변혁시켜 나아가는 교육을 강조하였다.

비판적 교육의 관점에서 접근할 때, 사회정의를 위한 교육은 취약계층 학

생들의 학업성취도를 향상시키고 대학 진학률을 제고하고 그리하여 사회경
제적 성공의 기회를 제공하는 교육을 넘어선다. 사회정의를 위한 비판적 교
육은 취약계층 학생들을 위한 정의, 취약계층 학생들을 위한 교육에 그치지
않는다. 사회정의를 위한 비판적 교육은 불평등을 정당화하고 재생산하는
교육에 대한 비판이자 도전이다. 사회정의를 위한 비판적 교육은 차별 없는
세상, 공정하고 평등한 세상을 추구한다. 사회정의를 위한 비판적 교육은 교
사와 학생들이 불의와 불평등에 맞서 싸울 수 있는 힘을 키우고 변혁적 주체
로 서게 한다.

　　그러나 이 같은 비판적 접근이 불평등을 해소하기보다 오히려 재생산한
다는 비판이 제기되었다. 학생들의 비판의식과 프락시스는 고양되었다 하더
라도 여전히 낮은 학업성취도와 낮은 대학 진학률로 결국 사회에 나가 그들
부모처럼 취약계층으로 살아가게 된다는 것이다. 저항이론에서 드러난 저항
의 역설이 떠오르는 대목이다. 예컨대, 윌리스(Wills, 1977)의 연구『노동학
습: 노동계급의 아이들이 어떻게 노동계급의 직업을 잡게 되는가(Learning
to Labor: How Working Class Kids Get Working Class Jobs)』에 따르면, 노
동계급의 학생들이 학교문화를 거부하고 노동계급의 문화를 고수하며 대항
문화를 형성하는데, 이들의 저항은 아버지들의 직업인 육체노동직을 대물림
하는 것으로 귀결되기 때문에 결과적으로는 계급 불평등이 재생산된다는 것
이다. 비판적 접근 또한 이 같은 비판에서 자유로울 수 없다.

　　델핏(Delpit, 1988)은『침묵당한 대화(The Silenced Dialogue)』에서 그 위
험성을 다음과 같이 경고하였다. 학교 지식은 권력을 가진 자들의 지식으로
그들의 문화를 반영하고 있다. 권력을 갖지 못한 자들은 권력자의 지식과 문
화를 배워야 한다. 그래야 권력경쟁(Power Game)에 참여할 수 있고 불평등
한 권력구조에 맞서 대항하고 변혁시킬 수 있다. 권력을 갖지 못한 사람들의
아이들을 가르치는 데 있어 학교 지식을 가르치는 데 소홀하다면 결국 권력
불평등을 재생산하는 결과를 낳게 될 것이다. 이른바 진보적 · 혁신적 교육
이 이 같은 오류를 범하고 있다. 학교 지식을 권력과는 무관한 객관적 · 중립
적 · 보편적 지식처럼 가르치는 것도 문제이지만, 학교 지식을 가르치는 데
소홀한 채, 취약계층 학생들을 불쌍히 여기고 친절을 베푸는 데 급급하거나

그들의 지식과 문화를 예찬하고 기를 살리는 데만 치중하는 것도 문제이다. 취약계층 학생들을 진정으로 위한다면, 보다 정의롭고 평등한 사회를 세우고자 한다면, 취약계층 학생들에게 학교 지식, 즉 권력계층의 지식과 문화를 가르치고 나아가 학교 지식 기저에 깔린 불평등한 권력구조에 대해 직시하도록 가르쳐야 한다. 그리하여 취약계층 학생들이 주류사회에 들어가 권력 경쟁에 참여하고 권력 불평등을 변혁할 수 있도록 가르쳐야 한다.

랫슨 빌링스(Ladson-Billings, 1995)도 이와 유사한 맥락에서 '문화적으로 적절한 교육(Culturally Relevant Pedagogy)'을 주장하였다. 문화적으로 적절한 교육이란 학생들의 문화적 정체성을 존중하고 키워 주는 교육일 뿐 아니라 학생들이 학업을 성공적으로 잘 해낼 수 있도록 이끌어 주는 교육, 나아가 학생들이 기존 사회질서를 직시하고 비판할 수 있도록 지원하는 교육을 의미한다. 이 세 가지 특징이 모두 구현되었을 때 문화적으로 적절한 교육이 이루어졌다 말할 수 있고 보다 정의롭고 평등한 사회로 나아갈 수 있다.

노스(North, 2009) 또한 정의로운 교육에 대한 다각적 접근의 필요성을 강조하며 다섯 가지 접근을 제시하였다. 첫째는 기능적(Functional) 접근으로, 학생들로 하여금 사회에 나가 필요한 지식과 기술을 습득하고 사회 구성원으로서 역할과 책임을 다하도록 가르친다. 특히 취약계층 학생들의 학업 성취도 향상, 대학 진학 등 사회에 나가 성공적인 삶을 살 수 있는 기회를 제공하는 데 많은 노력을 기울인다. 둘째는 비판적(Critical) 접근으로, 교사와 학생들이 그들 삶을 둘러싼 사회 구조적인 불평등 문제를 직시, 비판하고 보다 정의롭고 평등한 사회 건설에 참여하는 교육을 추구한다. 셋째는 관계적(Relational) 접근으로, 사회적 편견, 선입견, 고정관념에서 벗어나서 타인을 존중하고 배려하는 교육을 중시한다. 특히 교사들이 전통적인 교사와 학생의 관계, 예컨대 일방적인 주입식 관계에서 벗어나서, 또는 학생들을 그저 불쌍히 여기고 친절하게 대하는 것에서 벗어나서, 배려와 돌봄의 관계 맺음을 강조한다. 넷째는 민주적 접근으로, 학생들이 서로의 의견을 존중하고 대립과 갈등을 지혜롭게 헤쳐 나가며 조율할 수 있는 능력을 기르고 공공선을 추구하는 민주시민으로 성장할 수 있도록 지원한다. 마지막은 희망적(Visionary) 접근으로, 교사와 학생들이 고난에 굴하지 않고 보다 자유롭고 정의로우며 평등한 사회를 향해 끊임없이 노력하도록 격려한다.

　카크란 스미스(Cochran-Smith, 2010)의 입장 또한 이들과 크게 다르지 않다. 그는 정의로운 교육을 크게 두 가지로 유형화하고 이 두 접근, 이른바 체제내적 접근과 체제변혁적 접근을 동시에 취할 것(Working Simultaneously Within and Against the System)을 주장하였다. 즉, 학생들이 학교교육을 성공적으로 잘 수행하도록 가르치면서 동시에 학교교육 기저의 불평등한 사회질서와 구조를 변혁시켜 나아갈 수 있도록 가르쳐야 한다는 것이다.

　체제내적 접근과 체제변혁적 접근을 동시에 취한다. 이것이 어떻게 가능한가. 그러한 교육은 어떠한 모습일까. 여기 기능적 접근과 비판적 접근의 한계를 넘어 이른바 체제내적 접근과 체제변혁적 접근을 동시에 취하고자 분투하고 있는 교사가 있다. 임교사의 분투를 통해 정의로운 교육의 실천 그리고 그 과정에서 겪는 어려움과 갈등에 대해 고찰해 보고자 한다.

출처: 서경혜(2017). 정의로운 교육을 위한 어느 교사의 분투: 내러티브 탐구. 교육과정연구, 35(3), 129-156.

예시상자 3-3    문헌고찰도 예시

정의로운 교육이란 무엇인가
- 정의 추구의 과정으로서
  교육
- 정의로운 사회 구현에 동
  참하는 교육
- 사회정의를 위한 교육

정의로운 교육에 대한 접근
- 기능적 접근
- 비판적 접근
- 관계적 접근
- 민주적 접근
- 희망적 접근

정의로운 교육

정의란 무엇인가
- 공리주의 관점
- 자유주의 관점
- 공동체적 관점

**예시상자 3-4**  문헌고찰 개요 예시

## 정의로운 교육

1. 정의란 무엇인가
   1) 공리주의 관점
      - 정의란 행복을 최대화하는 것임
      - 벤담(Bentham), 제임스 밀(James Mill), 존 스튜어트 밀(John Stuart Mill)
   2) 자유주의 관점
      - 개인이 자신에게 부여한 원칙에 따라 선택하고 행동하도록 하는 것이 정의로운 것임
      - 롤스(Rawls)
   3) 공동체적 관점
      - 공리주의 관점과 자유주의 관점에 대한 비판
      - 정의란 가치의 문제임
      - 가치의 문제에 대한 공동체적 접근이 필요함
      - 샌델(Sandel)

2. 정의로운 교육이란 무엇인가
   - 교육의 과정이 정의 추구의 과정이어야 함
   - 사회정의를 위한 교육(Teaching for Social Justice)

3. 정의로운 교육에 대한 접근
   - 전통적인 기능적 접근: 취약계층 학생들의 학업 성취도 향상에 중점을 둠
   - 비판적 접근과 비판적 교육(Critical Pedagogy): 프레이리(Freire)의 문제제기식 해방교육
   - 비판적 접근에 대한 비판: 델핏(Delpit)의 '침묵당한 대화', 랫슨 빌링스(Ladson-Billings)의 '문화적으로 적절한 교육'
   - 노스(North)의 정의로운 교육에 대한 다섯 가지 접근: 기능적, 비판적, 관계적, 민주적, 희망적 접근
   - 카크란 스미스(Cochran-Smith)의 체제내적 접근과 체제변혁적 접근

# 연구참여자 선정 및 초대

연구참여자 선정을 표본 추출이라고 오해한다. 표본(sample)이란 모집단을 대표하는 대상을 말한다. 모집단을 대표하는 표본을 추출하는 과정을 표집이라고 한다. 질적연구의 연구참여자 선정은 실증주의적 패러다임의 양적연구의 표집과 다르다. 그렇다면 질적연구에서 연구참여자 선정은 어떻게 하는가?

## 1. 연구참여자의 의미

질적연구자는 연구문제를 탐구하는 데 적절한 사람을 연구참여자로 선정한다. 여기서 '사람'에 방점을 찍고 싶다. 질적연구자는 사람을 대상화, 타자화하지 않는다. 질적연구자는 연구문제를 탐구하는 데 적절한 사람을 선정하여 연구의 참여자로 존중하고 배려한다. 질적연구자는 연구참여자와 연구의 전 과정을 협의하고 조율하며 함께 진행해 나아간다. 그리하여 과거 '연구대상자'로 불리던 사람을 '연구참여자'로 다시 세운다.

그러나 실증주의적 패러다임의 연구자들은 연구참여자의 개념을 받아들이는 데 여전히 어려움을 겪고 있는 것 같다. 실증주의적 패러다임의 연구자들은 다음과 같이 설명한다. 질적연구는 목적 표집을 한다. 목적 표집은 비확률적 표집의 한 방법이다. 비확률적 표집은 전문가의 주관적 판단에 의해서 임의적으로 표본을 선정하는 비무선적 표집방법이다. 비확률적 표집에는 목적 표집, 할당 표집, 눈덩이 표집, 편의 표집 등이 있다. 목적 표집은 연구자의 주관적 판단으로 모집단을 잘 대표할 것이라고 생각되는 연구대상을 의도적으로 표집하는 방법이다. 그래서 목적 표집을 판단 표집 또는 주관적 판단 표집, 유의 표집, 목적적 표집, 유목적 표집이라고도 부른다. 목적 표집은 확률의 개념을 사용하지 않기 때문에 연구대상 추출이 모집단을 대표한다는 보장이 없다. 따라서 연구결과를 일반화하기 어렵다. 또한 연구자의 주관적 판단과 편견이 개입될 수 있어서 연구의 객관성을 보장하기 어렵다.

질적연구자의 관점에서 볼 때, 이 같은 설명은 적절치 않다. 질적연구는 표본조사가 아니다. 모집단을 대표하는 표본을 추출하여 표본조사의 결과를 토대로 모집단의 특성을 추정하는 연구가 아니다. 그러므로 양적연구의 표집의 개념으로 질적연구의 연구참여자 선정을 설명하는 것은 적절치 않다. 나아가서 양적연구의 표집의 논리로 질적연구의 연구참여자 선정에 대해 객관성이나 일반화를 문제삼는 것은 더더욱 적절치 않다. 연구자의 주관을 임의적이고 편견적인 것으로 규정하는 것도 적절치 않고, '통계적 일반화'의 잣대를 질적연구에 들이대는 것도 적절치 않다.

질적연구는 실증주의적 패러다임의 표집 논리와 방법, 즉 통계적 일반화를 목적으로 대표성에 근거하여 표본을 추출하는 표집 논리와 방법에서 탈피한다. 질적연구자는 연구문제를 탐구하는 데 적절한 연구참여자를 선정한다. 그러므로 질적연구의 연구참여자 선정은 목적적이고 전문적이다.

## 2. 연구참여자 선정방법

　질적연구자들은 여러 다양한 방법으로 연구참여자를 선정한다. 먼저 후기실증주의적 패러다임[1]의 질적연구자들이 활용하고 있는 연구참여자 선정방법에 대해 살펴보자.

　후기실증주의적 패러다임의 질적연구자들은 실증주의적 패러다임의 표집방법이 질적연구에 적절치 않음을 인정하고 연구참여자 선정을 위한 여러 가지 방법을 개발하였다. 그 대표적인 연구자로 마일스(Miles)와 휴버만(Huberman)을 들 수 있다. 마일스와 휴버만(Miles & Huberman, 1994)은 그들의 저서 『질적자료분석(Qualitative Data Analysis)』에서 질적연구를 위한 표집방법을 다음과 같이 제시하였다. 〈표 4-1〉에 각 표집방법에 대한 설명이 제시되어 있다.

- 최대변이 표집(maximum variation sampling)
- 동질적 표집(homogeneous sampling)
- 결정적 사례 표집(critical case sampling)
- 이론 기반 표집(theory based sampling)[2]
- 확증적/비확증적 사례 표집(confirming/disconfirming case sampling)

---

1) 제1장에서 질적연구의 탈실증주의적 접근에 대해 논하며 후기실증주의적 패러다임에 대해 살펴보았다. 이를 참고하기 바란다.
2) 이론 기반 표집(theory based sampling)과 이론적 표집(theoretical sampling)을 구별하기 바란다. 이론적 표집은 근거이론연구에서 이론 개발을 목적으로 활용하는 표집방법이다.

- 눈덩이 표집(snowball sampling)/연쇄 표집(chain sampling)
- 극단적/일탈적 사례 표집(extreme/deviant case sampling)
- 전형적 사례 표집(typical case sampling)
- 고강도 표집(intensity sampling)
- 정치적으로 중요한 사례 표집(politically important case sampling)
- 무작위적 유목적 표집(random purposeful sampling)
- 층화적 유목적 표집(stratified purposeful sampling)
- 기준 표집(criterion sampling)
- 기회적 표집(opportunistic sampling)
- 혼합 표집(combination or mixed sampling)
- 편의 표집(convenience sampling)

마지막에 제시된 '편의 표집'에 대해 짚고 넘어가야 할 것이 있다. 질적연구에서는 편의 표집을 한다고 오해하는 경우가 있는데, 질적 연구자들은 편의 표집을 경계한다. 편의 표집은 '텃밭연구(backyard research)'의 위험에 빠질 수 있다. 텃밭연구는 연구자가 자신의 일상의 일부를 연구의 대상으로 삼거나 연구자가 잘 아는 사람을 연구참여자로 삼아 수행하는 연구를 말한다(Glesne & Peshkin, 1991). 예를 들어, 연구자 자신이 근무하는 직장을 연구하다든가, 연구자의 직장 동료나 친구, 가족 또는 연구자가 가르치는 학생 등을 연구의 대상으로 연구하는 것이다.

텃밭연구는 연구자가 연구 대상에 대해 이미 잘 알고 있기 때문에 내부자의 관점을 깊이 이해할 수 있다는 장점이 있다. 게다가 효율적이다. 낯설고 생소한 연구현장에 나가서 필드워크를 하고 연구참여자와의 라포르 형성을 위해 쏟아야 하는 시간과 노력을 절감할 수 있다.

그러나 그 위험성도 크다. 첫째, 연구자와 연구참여자 간의 권력 관계가 연구에 영향을 미치지 않을 수 없다. 예컨대, 연구참여자가 연구자가 근무하는 직장의 관리자라든가 연구자가 가르치는 학생이라면, 그들로부터 수집되는 자료에 의문을 제기하지 않을 수 없다. 둘째, 연구자가 민감한 내부정보를 알고 있기에 이에 따른 윤리적인 문제가 발생할 수 있다. 내부정보 유출에 따른 문제로 연구가 중단되거나 또는 연구보고서나 논문을 발표하지 못하는 경우가 종종 있다. 셋째, 정치적인 문제에 휘말릴 수도 있다. 예컨대, 자신의 직장을 연구하는데, 관리자가 연구자에게 기대하는 것과 동료들이 연구자에게 기대하는 것이 다를 수 있다. 넷째, 연구자 자신의 정체성에 혼란을 겪을 수 있다. 연구자인가, 동료인가, 친구인가… 연구자의 관점은 누구의 관점을 대변하고 있는가.

실천적 패러다임의 실행연구자, 협력적 실행연구자, 참여적 실행연구자 등이 이 같은 어려움을 겪는다. 그럼에도 불구하고 자신의 실천을 개선하기 위하여, 자신이 가르치는 학생, 자신이 돌보는 환자, 자신과 함께하는 사람들이 더 나은 삶을 살 수 있도록 하기 위하여, 차별과 불평등에 맞선 사회적 약자들을 지지, 지원하기 위하여 이 같은 어려움을 헤쳐 나간다. 그러나 그것이 오로지 연구자의 '편의'에 의한 것이라면 텃밭연구의 위험에서 벗어나기 어렵다.

| 표 4-1 | 마일스와 휴버만(Miles & Huberman)의 질적연구의 표집방법

| 표집방법 | 목적 |
|---|---|
| 최대변이 표집 | 다양한 변이를 서술하고 이들 변이 간의 중요한 공통성을 확인하기 위하여 최대한 다양한 변이성을 표집하는 방법 |
| 동질적 표집 | 동질적 특성을 탐구하기 위하여 특정 동질성에 근거하여 표집하는 방법 |
| 결정적 사례 표집 | 일반화에 결정적인 사례, 즉 해당 사례를 다른 많은 사례에 적용할 수 있고 논리적 일반화가 가능한 사례를 표집하는 방법 |
| 이론기반 표집 | 이론적 개념의 예시를 찾아서 예시를 통해 이론적 개념을 심층적으로 탐구하기 위하여 이론에 기반하여 표집하는 방법 |
| 확증적/비확증적 사례 표집 | 초기 분석을 검증하고 정교화하기 위하여 초기 분석을 확증하는 사례, 부정하는 사례 또는 예외적인 사례 등을 표집하는 방법 |
| 눈덩이 표집/연쇄 표집 | 풍부한 정보를 가진 사례에 대해 잘 알고 있는 사람에게 소개를 받아서 사례를 표집하는 방법 |
| 극단적/일탈적 사례 표집 | 연구하고자 하는 현상의 매우 특이한 특성을 탐구하기 위하여 극단적이거나 일탈적인 사례를 표집하는 방법 |
| 전형적 사례 표집 | 정상적이거나 평균적인 속성을 부각하기 위하여 이 같은 속성을 가장 잘 나타내는 사례를 표집하는 방법 |
| 고강도 표집 | 연구하고자 하는 현상을 입체적이고 심층적으로 이해하기 위하여 현상의 전형성과 특이성 등 풍부한 정보를 가진 사례를 표집하는 방법 |

| | |
|---|---|
| 정치적으로 중요한 사례 표집 | 원하던 관심을 끌기 위하여 또는 원치 않는 관심을 끄는 것을 피하기 위하여 정치적으로 사례를 표집하는 방법 |
| 무작위적 유목적 표집 | 유목적 표집의 사례 수가 많을 경우 표집의 신빙성, 신뢰성을 확보하기 위하여 무작위 표집을 추가하는 방법 |
| 층화적 유목적 표집 | 한 집단 내 하위집단을 파악하고 하위집단 간 비교 분석을 위하여 속성에 따라 계층으로 구분해서 표집을 하는 방법 |
| 기준 표집 | 특정 기준을 정하고 이 기준에 맞는 모든 사례를 표집하는 방법 |
| 기회적 표집 | 미리 계획하지는 않았지만 필요한 자료나 추가 자료를 수집할 수 있는 적절한 상황이라고 판단될 때 그 기회를 적극 활용하는 표집방법 |
| 혼합 표집 | 여러 다양한 관심과 요구를 충족시키기 위하여 표집을 다각화, 유연화하는 표집방법 |
| 편의 표집 | 연구자가 쉽게 접근할 수 있는 대상을 표집하는 방법 |

출처: Miles, B. M., & Huberman, A. M. (1994). *Qualitative data analysis* (p. 28).

마일스와 휴버만(Miles & Huberman)이 제시한 16개의 표집방법은, 필자가 생각하기에, 실증주의적 패러다임의 양적연구에서 활용하는 비확률적 표집방법을 세분화, 정교화한 것이다. 말하자면, 실증주의적 패러다임의 양적연구의 표집 논리와 방법에서 탈피했다기보다 몇 가지 방법을 더 추가한 것이다. 과연 이것이 질적연구의 연구참여자 선정방법으로 적절한가?

질적연구자들 사이에서 이에 대해 의견이 분분하다. 한편에서는
비판의 목소리가 높다. 질적연구의 연구참여자 선정은 양적연구의
표집 논리와 방법과는 근본적으로 다르다. 연구참여자 선정에 어
찌 표본 추출의 논리와 방법을 가져올 수 있는가? 마일스와 휴버만
(Miles & Huberman)의 표집방법은 양적연구에 질적연구를 가미하
고자 하는 양적연구자들과 혼합연구자들을 위한 표집방법이다.

다른 한편에서는 실용주의적 목소리도 나오고 있다. 양적연구의
표집 논리에 반대한다 해도 표집방법 중에서 유용한 것은 취해야
하지 않을까? 표집이라는 용어까지 굳이 버릴 필요가 있는가? 대표
성이나 일반화를 내던질 필요가 있는가?

필자는 양적연구의 표집 논리와 방법을 질적연구에 그대로 적용
하는 것은 적절치 않다고 생각한다. 더욱이 19세기 문화기술적 연
구자들로부터 사례연구자들, 구술사 연구자들 그리고 현대 질적연
구자들에 이르기까지 질적연구자들이 활용해 온 방법이 있는데, 왜
양적연구의 표집 논리로 연구참여자 선정을 설명하고 양적연구의
표집방법을 차용해야 하는지 문제를 제기하지 않을 수 없다. 이 절
에서는 질적연구에서 활용하고 있는 연구참여자 선정방법에 대해
살펴보고자 한다.

## 1) 동질성에 근거한 연구참여자 선정

동질적 특성을 탐구하고자 할 때 동질성에 근거한 연구참여자 선
정을 한다. 예컨대, 한 집단의 문화를 탐구하고자 할 때, 특정 집단
이 공유하는 관점, 견해, 신념, 가치 등을 탐구하고자 할 때, 또는 특
정 현상이나 경험의 본질적 의미를 탐구하고자 할 때, 동질성에 근

거하여 연구참여자를 선정한다. 문화기술적 연구, 현상학적 연구, 포커스그룹 면담 등에서 동질성에 근거한 연구참여자 선정방법을 많이 활용한다.

일례로 경력단절여성의 재취업 경험에 대한 현상학적 연구를 하고자 한다면 이를 직접 경험한 사람들을 연구참여자로 선정해야 할 것이다. 그렇다면 다음과 같은 선정 기준을 마련할 것이다. 기혼 여성 중 결혼, 임신, 출산, 육아 등으로 직장을 그만두고 비취업 상태에 있다가 다시 취업을 한 여성, 이때 연령은 30대와 40대, 거주지는 서울과 경기도 거주자로 제한하고, 비취업 상태가 3년 이상이었고 재취업한 지 1년 미만인 기혼 여성. 이 같은 기준으로 연구참여자를 선정하여 경력단절여성들이 재취업을 하며 겪은 경험과 그 의미를 탐구한다.

## 2) 다양성에 근거한 연구참여자 선정

특정 현상이나 경험의 여러 가지 다양한 양상, 속성, 특징 등을 탐구하고자 할 때 다양성에 근거한 연구참여자 선정을 한다. 다중사례연구에서 다양성에 근거한 연구참여자 선정방법을 많이 활용한다.

일례로 필자의 교사학습공동체에 관한 연구 경험을 들면, 2005년 연구를 시작할 당시 최대한 다양한 유형의 교사학습공동체를 연구하고 싶었다. 그래서 교사학습공동체에 관한 국내외 선행 연구들을 고찰하며 교사학습공동체의 유형에 대해 살펴보았다. 아울러 당시 활동하고 있는 교사연구회, 교사모임 등에 연락을 취해서 교사들로부터 교사학습공동체 관련 정보를 얻었다.

그리하여 연구참여자 선정 계획을 다음과 같이 세웠다. 학교 내 교사학습공동체, 학교 단위 교사학습공동체 그리고 학교 밖 교사학습공동체, 이렇게 크게 세 가지 유형으로 구분하고, 학교 내 교사학습공동체는 동학년 교사학습공동체, 동교과 교사학습공동체 그리고 기타 유형의 교사학습공동체로 세분하고, 학교 단위 교사학습공동체는 학교급별로 세분하고, 학교 밖 교사학습공동체는 학교급별, 교과별, 기타 유형의 교사학습공동체로 세분하였다. 이에 따라 각 유형별로 교사학습공동체를 선정하여 우리 교육 현장에서 일고 있는 교사학습공동체 운동의 다양한 양상과 특징에 대하여 탐구하였다.

## 3) 전형성에 근거한 연구참여자 선정

전형적인 모습이나 특징, 형식, 방법 등을 탐구하고자 할 때 전형성에 근거한 연구참여자 선정을 한다. 사례연구, 특히 혼합연구에서 전형성에 근거한 연구참여자 선정방법을 많이 활용한다. 예컨대, 양적연구를 통해 집중경향을 파악하고 최빈치나 중앙치, 평균치 등에 해당하는 사례를 선정하여 대표적인 양상이나 전형적인 특징을 심층적으로 탐구한다.

필자의 교사 협업에 대한 연구 경험을 일례로 들면, 교사학습공동체에 대한 연구를 진행하며 교사 협업에 관심을 갖게 되었다. 그래서 교사 협업의 실태에 대한 설문조사를 실시하였고 이를 통해 수업자료를 나누는 수준의 협업이 가장 일반적인 형태의 협업임을 알게 되었다. 그리하여 자료 공유 수준의 협업 사례들을 선정하였다. 이들 사례연구를 통해 교사 협업의 전형적인 양상과 특징을 심층 탐구하였다.

## 4) 특수성에 근거한 연구참여자 선정

일반적인 것과는 다른 특성 또는 일반적으로 알려진 것과는 다른 양상이나 특징을 탐구하고자 할 때 특수성에 근거한 연구참여자 선정을 한다. 종종 아웃라이어(outlier)라든가, 예외적, 일탈적, 극단적이라는 용어로 특수성을 표현하기도 하는데, 이들 용어는 평균치나 정상범위에서 크게 벗어남의 의미를 내포하고 있다. 특수성에 근거한 연구참여자 선정은 '벗어남'이 아니라 '다름'에 강조점을 둔다.

문화기술적 연구, 사례연구, 생애사 연구 등 특수성에 근거한 연구참여자 선정방법은 질적연구에서 광범위하게 활용된다. 예컨대, 문화기술적 연구의 경우, 하위문화, 저항문화, 소수집단의 주변화된 문화 등을 탐구하고자 할 때 연구참여자 선정의 근거로 특수성을 강조한다. 사례연구의 경우 일반적이고 보편적인 것에 가려진 것, 다수에 묻힌 소수의 목소리를 탐구하고자 할 때 특수성을 연구참여자 선정의 근거로 삼는다. 생애사 연구의 경우 사회에서 소외된 삶, 주변화된 삶을 탐구하고자 할 때 특수성에 근거하여 연구참여자를 선정한다. 이처럼 특수성에 근거한 연구참여자 선정은 일반화와 대표성에 치중한 표집 논리와 방법에서 탈피하여 '다름'에 주목한다.

## 5) 중요성에 근거한 연구참여자 선정

개념화 나아가서 이론화를 목적할 때 중요성에 근거한 연구참여자 선정을 한다. '중요성'이란 개념화, 이론화의 가능성을 지니고 있음을 함의한다. 일반적으로 사례연구에서 중요성에 근거한 연구참여자 선정방법을 많이 활용한다. 근거이론연구에서도 최초 표집은 중요성에 근거하여 연구참여자를 선정한다.

근거이론연구는 데이터에 근거하여 이론을 개발하는 연구이다 (서경혜, 2023). 데이터로부터 이론을 개발하기 위하여 근거이론연구에서는 이론적 표집을 한다. 이론적 표집은 수집한 데이터로부터 도출된 이론을 토대로 다음 데이터를 수집하는 방법이다. 이때 최초 표집은 유목적 표집방법을 활용하는데, 중요성을 선정의 근거로 삼는다. 이론화의 가능성이 있는 집단을 선정하여 데이터를 수집, 분석해서 이론을 도출하고, 이를 토대로 이론적 표집방법을 활용하여 다음 집단을 표집해서 데이터를 수집, 분석한다. 이어 계속해서 이론적 표집방법을 통해 3차, 4차, 수차례에 걸쳐 '이론적 포화'[3]에 이를 때까지 데이터를 수집, 분석하며 이론을 개발한다.

필자의 연구 경험을 예로 들면, 교사학습공동체 연구를 하며 교사들의 '집단자율성'을 목격할 수 있었다. 이에 이를 개념화하기 위한 연구를 진행하였다. 집단자율성에 대한 문헌고찰을 하며 개념화를 위한 기반을 세웠다. 그리고 집단자율성을 탐구할 수 있는 사례를 선정하여 현장연구를 수행하였다(서경혜, 2019a, 참고). 이를 통해 학교 현장에서 교사들의 집단자율성이 어떻게 발현되는지 그 양상과 집단자율성의 특성을 탐구할 수 있었다.

---

3) 이론적 포화(theoretical saturation)란 더 이상 새로운 범주의 속성이 도출되지 않는 상태를 의미한다(서경혜, 2023). 데이터를 계속해서 수집, 분석해도 유사한 속성이 계속 도출된다면, 해당 범주는 이론적 포화에 이르렀다고 할 수 있다. 이론적 표집은 이론적 포화에 이를 때까지 계속된다.

## 6) 현시성에 근거한 연구참여자 선정

기존 연구에서 다루어지지 않은 문제, 현상, 경험 등을 탐구하고
자 할 때 현시성에 근거한 연구참여자 선정을 한다. '현시성'이란 새
로운 것을 알게 함을 말한다. 그러므로 현시성에 근거한 연구참여
자 선정은 새로운 지식, 새로운 통찰의 가능성을 강조한다.

질적연구 전반에 걸쳐 현시성에 근거한 연구참여자 선정방법이
광범위하게 활용된다. 예를 들어, 학교폭력 피해 경험에 대한 초기
질적연구는 기존 연구에서 통계치로만 보고되었던 피해 경험을 피
해 학생의 목소리로 들려주었고 피해 학생의 치유와 회복에 더 많
은 관심과 노력을 기울이도록 하였다.

최근 활발히 이루어지고 있는 포토보이스(photovoice) 연구에서
도 현시성에 근거한 연구참여자 선정방법이 많이 활용되고 있다.
설문조사나 면담방법을 주로 활용하는 기존 연구에서 배제된 사람
들의 목소리를 사진이라는 시각적 자료를 통해 탐구하는 것이다.
예컨대, 교육정책에 가장 큰 영향을 받음에도 불구하고 교육정책
연구에서 배제된 아동들의 목소리에 대한 포토보이스 연구, 글로
쓰는 것이 편하지 않거나 언어적 표현에 어려움을 느끼는 사람들이
자신의 삶의 경험을 사진에 담아 표현하도록 하여 우리에게 알려지
지 않은 삶의 경험을 탐구한 포토보이스 연구 등이 주목받고 있다
(서경혜, 2023).

지금까지 연구참여자 선정의 여섯 가지 방법에 대해 살펴보았다.
질적연구의 연구참여자 선정은 실증주의적 패러다임의 표집과 다
르다. 질적연구자는 연구문제를 탐구하는 데 적절한 사람을 연구참

여자로 선정한다. 이때 동질성, 다양성, 전형성, 특수성, 중요성, 현시성 등을 연구참여자 선정의 근거로 삼는다.

한편, 이 같은 연구참여자 선정방법에 대해 이의를 제기하는 질적연구자들도 있다. 이들 질적연구자들은 연구참여자 '선정'도 '표집'의 논리와 방법에서 완전히 벗어나지 못한 것이라고 비판하며 '초대'의 개념을 주장한다. 이에 대해 다음 절에서 살펴보자.


## 3. 연구참여자 초대

생애사 연구자 콜과 놀스(Cole & Knowles)는 패튼(Patton, 1990), 쿠즐(Kuzel, 1992), 마일스와 휴버만(Miles & Huberman, 1994) 등 일련의 연구자들이 제시한 질적연구의 표집방법, 예컨대 [표 5-1]에 제시된 바와 같은 최대변이 표집, 확증적 사례 표집, 고강도 표집, 층화적 유목적 표집, 혼합 표집 등에 대해 다음과 같이 주장하였다.

왜 이렇게 과학 기술적이고 뭔가 전문적으로 보이는 라벨을 붙이는가? … 지극히 상식적인 생각들을 이런 과학적 용어로 포장해야 하는가? 실증주의적 이상을 도저히 포기할 수 없기 때문인가? 자신들이 주장하는 바를 학문적으로 보이게 하고 싶어서인가? 일찍이 숀(Schon, 1987)이 기술적 합리성 패러다임(technical rationality paradigm)을 신랄하게 꼬집어 말했듯, 실천세계의 늪에서 빠져나와 저 높은 고상한 이론세계에 끼고 싶어서인가? 우리는 인간의 삶에 대한 연구에 있어 이러한 과학화를 더 이상 영속화하고 싶지 않다(Cole & Knowles, 2001: 66,

서경혜, 2023: 250-251에서 재인용).

  실증주의적 패러다임의 표집의 논리에서 빠져나오지 못한 연구자들은 '어떻게'라는 실증주의적 질문에 골몰한다. 과학적 절차를 내놓아야 하는데, '어떻게 연구참여자를 선정하는가'를 어떻게 과학적으로 설명할 수 있을까 고민한다. 궁여지책으로 과학적 전문용어로 포장한 방법들을 내놓는다.

  그러나 '어떻게'라는 실증주의적 질문에서 벗어나서 더 중요한 질문을 해야 한다. 연구참여자는 누구인가?

  연구자가 연구하고자 하는 문제에 대해 많은 것을 배울 수 있는 사람. 그가 바로 연구참여자이다. 이 사람과 연구하면 연구하고자 하는 문제에 대해 많은 것을 배울 수 있기에 그를 연구참여자로 초대한다. 여기에 그 무슨 과학적 표집방법이며 과학적으로 보이는 선정방법들이 필요하겠는가?

  사례연구자 스테이크(Stake, 1995)는 이를 '배움의 기회'로 설명하였다. 연구자가 연구하고자 하는 바에 대해 가장 많이 배울 수 있는 사례. 바로 그 사례를 사례연구자는 연구한다.

  그렇다면 연구참여자 초대는 어떻게 이루어지는가? 필자의 연구경험을 예로 들면, 「정의로운 교육을 위한 어느 교사의 분투: 내러티브 탐구」의 경우 연구참여자를 찾아 나섰다. 그간 교사학습공동체에 관한 학교현장연구를 해 왔던 터라 이 연구에 참여한 교사들에게 필자의 문제의식, 연구계획 등에 대해 설명하고 적절한 교사를 추천해 달라고 부탁하였다. 그리고 교사들이 추천한 교사들에게 이메일로 연구를 소개하고 연구 참여 의사가 있으면 연락을 주십사 부탁을 드렸다. 연구에 관심을 보인 교사들과 이후 여러 차례 만나서 필자가 왜 이 연구를 계획하게 되었는지, 이 연구를 어떻게 진행할 생각인지 등에 대해 설명하고 서로 의견을 나누었다. 여러 교사와 여러 차례에 걸친 만남과 대화를 통해 최종적으로 임교사와 내러티브 탐구를 함께 하게 되었다.

이처럼 질적연구자는 많은 사람을 만나고 많은 시간을 들이고 많은 노력을 기울여 연구에 적절한 사람을 찾는다. 그리하여 '이 사람과 연구를 하면 내가 연구하고자 하는 문제에 대해 많이 배울 수 있겠다'고 생각되는 사람을 연구에 초대한다.

연구자의 초대에 바로 응하는 사람도 있고, 연구자의 초대를 거절하는 사람도 많다. 연구자의 초대에 응했다고 그가 자동적으로 연구참여자가 되는 것은 아니다. 그도 연구자를 자신의 세계에 초대해야 한다. 연구자에게 자신의 세계를 보여 주고 싶은 마음이 생겨야 하고, 연구자에게 자신의 세계를 보여 주어도 괜찮다는 신뢰가 생겨야 한다. 그래야 연구자를 자신의 세계에 초대할 수 있다. 진정한 의미의 연구참여자가 되는 것이다.

그러므로 질적연구자는 연구참여자를 연구에 초대하고 서로 신뢰하는 관계를 형성하는 데 많은 시간과 노력을 쏟는다. 이를 라포르(rapport) 형성이라고 한다. 질적연구자는 연구자의 초대에 연구참여자가 응했다고 바로 자료수집에 달려들지 않는다. 연구참여자와 신뢰관계를 쌓아 가며 연구참여자의 초대를 기다린다. 그리하여 연구참여자가 자신의 세계에 연구자를 초대하고 자신의 세계 속으로 연구자를 이끌 때 질적연구의 자료수집이 시작된다.

제**5**장  **질적자료수집**

질적연구는 질적자료를 수집한다. 질적자료란 무엇인가? 질적자료는 어떻게 수집하는가?

## 1. 질적자료

질적연구에서 자료를 수집한다는 것은 연구참여자의 세계로 들어감을 의미한다. 연구참여자의 세계에 들어가서 연구참여자의 눈으로 세상을 본다는 것을 의미한다. 그러나 그렇다고 연구자가 연구참여자의 관점을 연구자 자신의 관점으로 취해야 한다는 뜻은 아니다. 연구자가 연구참여자의 세계를 그대로 재현해내야 한다는 뜻은 아니다. 연구자가 연구참여자의 세계에 들어가서 연구참여자의 눈으로 세상을 본다는 것은 '공감적 이해'를 뜻한다. 연구자가 연구참여자의 입장에서 연구참여자의 관점으로 연구참여자의 경험을 이해하는 것을 뜻한다.

그래서 '데이터(data)'라는 용어가 적절치 않다고 주장하는 질적연구자들도 있다. 데이터라는 용어가 가지고 있는 객관주의적 전제때문이다. 데이터의 어원은 라틴어 '주어진 것'에서 유래한다. 전통적으로 데이터라는 용어는 '수학 문제에서 계산을 위한 기초로 주어진 사실'을 의미하였다. 이후 '계산, 분석, 의사결정을 위해 활용되는 사실이나 정보'의 의미로 자리 잡았다. 근래에는 '컴퓨터에서 처리할 수 있도록 전자 형태로 된 정보'의 의미로도 쓰인다.

인간의 삶의 경험을 어찌 데이터로 취급할 수 있겠는가. 인간의 경험을 어찌 객관적으로 존재하는 사물 현상으로 다룰 수 있겠는가. 질적연구자들은 이른바 '데이터'라고 하는 것이 객관적으로 존재한다고 믿지 않을뿐더러 주어진 것을 발견하는 것이 질적연구자의 역할이라고 생각하지 않는다.

인간의 경험이라는 것은, 우리가 잠시 멈춰서 그것을 들여다보고 그것이 무엇인지 이해했을 때 비로소 '경험'이 된다. 의미를 부여한 것이다. 그리하여 그것은 그냥 흘러가 버린 일상이 아니라 '경험'으로 우리의 기억 속에 살아간다. 그리고 우리는 기억 속에서 그것을 꺼내서 다시 들여다보고, 그에 대해 다시 이야기하고, 그에 새로운 의미를 부여하고… 그렇게 경험은 끊임없이 재해석되고 재구성된다. 세상 경험이 쌓일수록 우리의 해석도 깊고 풍부해진다.

삶의 어느 한 시점에서 연구참여자는 연구자를 만나 그를 자신의 경험세계에 초대한다. 자신이 겪은 경험에 대해 연구자에게 이야기를 하며 그는 자신의 삶의 경험을 다시 들여다보고 재해석한다. 연구자는 연구참여자의 이야기에 귀 기울이고 연구참여자가 자신의 경험을 어떻게 해석하는지, 어떠한 의미를 부여하는지 연구참여자의 관점에서 이해하고자 한다. 이렇게 질적연구자는 질적자료를 수집한다.

그러므로 데이터라는 용어가 적절치 않다는 주장이다. '데이터(data)'라는 용어 대신 '텍스트(text)'라는 용어를 사용하는 질적연구자들도 있다. 예를 들어, 내러티브 탐구자 클랜디닌과 카늘리(Clandinin & Connelly, 2000)는 '현장 텍스트(field text)'라는 용어를 사용한다. 텍스트란 해석해야 할 그 무엇을 의미한다. 인간의 경험은 마치 텍스트와 같이 끊임없이 재해석된다는 의미에서 텍스트라는 용어를 사용한다.

그러나 다른 한편으로 '데이터'라는 용어를 그 전통적인 의미에서 벗어나서 '연구의 바탕이 되는 자료'의 의미로 사용하는 질적연구자들도 있다. 용어라고 하는 것이 시대와 사회의 변화에 따라 그 의미도 계속해서 변화하기에 용어의 어원적 의미에 고착될 필요가 없다는 주장이다.

질적연구의 바탕이 되는 자료, 질적자료는 문자, 음성, 영상 등으로 기록된 자료이다. 질적자료의 예를 들면, 연구참여자와의 면담을 녹음한 음성자료나 면담을 녹화한 영상자료, 면담 내용을 글로 옮겨 기록한 녹취록, 또는 연구참여자의 일상을 관찰하며 녹화한 영상자료, 관찰 내용을 기록한 관찰기록지나 필드노트(fieldnotes), 또는 연구참여자가 쓴 일기, 편지, 이메일, 문자 메시지, SNS 게시글, 연구참여자가 찍은 사진이나 동영상자료 등이 있다. 이처럼 면담, 관찰, 기록물 수집 등 여러 다양한 방법을 활용하여 질적자료를 수집한다.

그렇다고 자료수집방법이 자료의 성격을 규정하는 것은 아니다. 예컨대, 관찰법은 질적자료 수집방법이고 설문조사는 양적자료 수집방법이라고 오해하는 경우가 있다. 관찰을 한다고 꼭 질적자료를 수집하는 것도 아니요, 설문조사를 한다고 꼭 양적자료를 수집하는 것도 아니다. 관찰을 하며 양적자료를 수집하는 경우도 많다. 연구자가 관찰 전에 관찰하고자 하는 행동을 미리 체크리스트로 만들고 관찰을 하며 해당 행동이 나타났을 때 체크리스트에 표시하는 방식으로 수량화된 자료를 수집한다. 또한 설문조사의 경우 양적자료뿐만 아니라 질적자료를 수집하기도 한다. 서술식 문항, 자유반응 질문, 개방형 질문 등을 통해 질적자료를 수집한다. 다만, 수집한 질적자료를 양화해서 양적분석을 하기 때문에 일반적으로 양적연구의 자료수집방법으로 알고 있다. 요컨대, 질적자료는 양적자료와 달리 수량화되지 않은 자료로 문자, 음성, 영상 등으로 기록된 자료를 말한다.

## 2. 풍부한 자료

질적자료를 수집하든 양적자료를 수집하든 중요한 것은 풍부한 자료를 수집하는 것이다. 그렇다면 풍부한 자료란 어떠한 것인가? 근거이론 연구자 샤매즈(Charmaz, 2006)는 풍부한 자료(rich data)를 수집하기 위해 다음과 같은 질문을 자문(自問)하라고 조언하였다. 말하자면 풍부한 자료수집을 위한 점검 질문이다.

- 연구하고자 하는 바에 대한 충분한 배경자료를 수집하였는가? 예컨대, 연구하고자 하는 현상과 관련된 상황과 맥락 그리고 관련된 사람들에 대한 배경자료를 수집하였는가?
- 연구참여자들의 관점과 행위에 대해 상세히 서술할 수 있을 만큼 자료를 수집하였는가?
- 표면적으로 보이는 것 기저의 심층을 들여다볼 수 있는 자료를 수집하였는가?
- 시간의 경과에 따른 진행 과정 및 변화를 보여 주는 자료를 수집하였는가?
- 연구참여자의 행위에 대한 여러 다양한 관점을 담고 있는 자료를 수집하였는가?

요컨대, 풍부한 자료란 연구하고자 하는 바에 대한 충분한 배경 자료, 상세한 서술자료, 심층적 자료, 과정적 자료, 다양한 관점을 담은 자료를 말한다. 질적연구자들은 여러 다양한 방법을 활용하여 풍부한 자료를 수집한다. 질적연구자들이 활용하는 자료수집방법에는 어떠한 것들이 있는지 알아보자.

## 3. 질적자료 수집방법

질적자료는 다양한 방법으로 수집된다. 일반적으로 관찰, 면담, 기록물 수집 등의 방법이 많이 활용된다. 문화기술적 연구자 월콧 (Wolcott, 2008)은 이를 3E로 설명하였다. Experiencing 경험하기, Enquiring 질문하기, Examining 검토하기이다. 경험하기는 연구 현장에 나가서 현장에서 일어나는 일들을 관찰하는 것이다. 질문하기는 현장에서 일어나는 일들에 대해 연구참여자들에게 물어보는 것이다. 검토하기는 현장에서 일어나는 일들과 관련된 기록물들을 찾아보는 것이다.

이 책에서는 질적자료수집에 많이 활용되는 세 가지 방법, 즉 질적관찰, 질적면담, 기록물 수집에 대해 살펴볼 것이다. 그 주요 내용은 다음과 같다.

- 질적관찰
  - 참여관찰
  - 비참여관찰
- 질적면담

　　　　-심층면담

　　　　-현상학적 면담

　　　　-내러티브 면담

　　　　-초점집단면담

　　• 기록물 수집

　　　　-공적 기록물 수집

　　　　-개인적 기록물 수집

다음 제6장에서는 질적관찰, 제7장에서는 질적면담, 제8장에서는 기록물 수집에 대해 자세히 살펴보겠다.

## 4. 연구참여자의 동의

질적자료수집 전에 반드시 연구참여자의 동의를 받아야 한다. 기관생명윤리위원회의 권고 서식에 따르면, 연구대상자용 설명문 및 동의서에는 다음과 같은 사항에 대한 정보가 명시되어야 한다(기관생명윤리위원회 정보포털 www.irb.or.kr 참고).

- 연구과제명과 연구책임자
- 연구의 배경과 목적: 연구참여자가 이해하기 쉽도록 상세히 기술함
- 연구 참여 대상: 참여 연구대상자 수, 연구대상자 선정 및 제외 기준, 연구참여자 선정방법 등을 구체적으로 기술함
- 연구방법: 연구 절차 및 방법에 대한 구체적인 사항과 연구 참

여 횟수, 횟수당 소요 시간, 전체 소요 시간, 면담, 관찰, 실험 등이 이루어지는 장소 등을 기술함

- 연구 참여 기간: 연구대상자가 참여하는 전체 연구 참여 기간 및 참여 횟수를 기술함
- 연구대상자에게 예상되는 위험(불편함) 및 부작용: 연구에 참 여함으로써 예상되는 위험 및 부작용, 위험 및 부작용 발생 시 조치 방안을 마련하여 기술함
- 연구대상자에게 예상되는 이득: 연구에 참여함으로써 기대되는 이익 또는 기대되는 이익이 없는 경우 해당 사실을 기술함
- 연구 참여에 따른 보상 또는 비용: 연구에 참여함으로써 발생하는 보상에 대하여 보상 제공방법을 상세히 기술함
- 개인정보와 비밀보장: 연구대상자에게 수집하려는 개인정보의 항목을 나열하고, 각 개인정보의 보유 및 이용 기간, 개인정보 보관 장소, 개인식별정보의 처리방법 등을 기술함
- 자발적 연구 참여와 중지: 연구 참여 여부 결정이 자발적으로 이루어진다는 사실과 함께 자발적 연구 참여 중지 및 포기가 가능하다는 점을 명시하고, 참여 중지 시 수집된 개인정보 혹은 조사자료의 처리방법을 기술함
- 연구문의: 연구 담당자의 이름과 전화번호를 제시함

기관생명윤리위원회 정보포털 자료실에 연구대상자용 설명문 및 동의서 권고서식 및 예문이 있으니 이를 참고로 연구참여자 설명문 및 동의서를 작성하도록 한다. 연구자는 연구참여자에게 설명문과 동의서를 제공하고, 연구참여자가 설명문을 읽고 설명문의 내용을 이해하고 연구 참여에 대해 충분히 생각하고 결정할 수 있도

록 한다. 연구참여자의 동의를 획득한 후 자료수집을 시작한다.

질적자료수집을 어떻게 할 것인가? 이제 그 구체적인 방법에 대해 살펴보자.

질적연구자는 여러 다양한 방법으로 질적자료를 수집한다. 이 장에서는 질적관찰(qualitative observation)을 통해 질적자료를 수집하는 방법에 대해 살펴보자.

## 1. 질적관찰의 특징

질적관찰은 연구자가 연구참여자의 삶의 세계에 들어가서 연구하고자 하는 현상을 관찰하는 방법이다. 예를 들어, 교사 문화를 연구하기 위하여 연구자는 학교 현장에 들어가서 교사들의 일상을 관찰한다. 교직원 회의, 동학년 교사회의, 동교과 교사회의, 그 외 여러 교사모임 등을 관찰하고 또 교사들의 수업도 참관하고 학생 지도 활동도 관찰하며 교사 문화를 연구한다. 이처럼 질적관찰은 양적연구에서 활용하는 '통제적 관찰법'이나 '체크리스트 관찰법'과 구별된다.

통제적 관찰법은 연구자가 관찰 장면을 설정해 놓고 연구대상자의 행동을 관찰하는 방법이다. 예를 들면, 유아의 놀이행동을 연구하기 위하여 연구자가 연구의 목적에 맞게 놀이공간을 설정해 놓고 유아의 놀이행동을 관찰한다. 이때 관찰하고자 하는 행동이 일어날 때마다 그 빈도를 기록하는 '사건표집법'이나 정해진 시간 동안 일정한 시간 간격으로 반복적으로 관찰하며 특정 행동의 출현 빈도를 기록하는 '시간표집법' 등을 활용한다. 통제적 관찰은 관찰 조건을 통제함으로써 관찰하고자 하는 행동에 관찰의 초점을 맞출 수 있

다. 또한 동일한 조건하에서 연구대상자들이 어떠한 행동을 보이는
지 연구대상자들 간의 비교도 가능하고, 연구대상자의 행동이 어떻
게 변화하는지 행동의 변화 추이도 연구할 수 있다.

체크리스트 관찰법은 수량화된 관찰자료를 수집하는 방법이다.
관찰하고자 하는 행동이나 행동의 특성을 목록으로 만들고 이에 기
초하여 연구대상자의 행동을 관찰한다. 예를 들어, '행동목록법'은
관찰하고자 하는 특정 행동이 나타나는지를 기록하는 방식으로 수
량화된 관찰자료를 수집한다. '평정척도법'은 특정한 행동의 출현
여부뿐만 아니라 행동의 특성, 정도, 수준 등을 연속성이 있는 단계
로 평정하여 수량화된 관찰자료를 수집한다. 예컨대, 특정 행동의
정도를 5점 척도로 평정하거나 그 수준을 낮다에서 높다까지 연속
적 단계로 평정하는 것이다.

이와 달리 질적관찰은 '비통제적 관찰'이다. 연구자가 관찰 상황
과 조건을 통제하지 않는다. 질적관찰은 '자연적 관찰'이다. 연구자
가 연구참여자의 일상세계에 들어가서 연구참여자를 관찰한다. 비
통제적 자연적 관찰을 통해 질적관찰자는 '서술적 자료'를 수집한
다. 연구참여자의 행위는 물론이고 그 상황과 맥락 그리고 당시 관
찰자의 생각과 느낌 등을 상세하게 기록한다.

그러므로 질적관찰은 연구자가 관찰 장면을 의도적으로 설정해
놓고 관찰 조건을 통제하며 연구자가 보고 싶은 행동만 보는 통제
적 관찰, 표준화된 관찰방법을 이용하여 수량화된 관찰자료를 수집
하는 양적관찰과 구별된다. 요컨대, 질적관찰은 비통제적 관찰, 자
연적 관찰, 서술적 관찰을 특징으로 한다.

그러면 왜 질적관찰을 하는가? 질적관찰을 하는 중요한 이유는
연구하고자 하는 현상을 내부자적 관점[1]에서 이해하기 위해서이

다. 그러려면 연구참여자의 삶의 세계에 들어가야 한다. 연구참여자의 삶의 상황과 맥락 속에서 현상을 관찰해야 한다. 연구참여자와 그의 삶의 세계 속에 사는 사람들, 즉 내부 구성원들이 현상을 어떻게 이해하는지 그 의미를 탐구해야 한다.

앞서 제1장에서 언급한 눈 깜박임과 윙크(wink)를 생각해 보라. 윙크라는 행위가 통용되지 않는 문화에서 온 외부 관찰자에게 아이들의 윙크는 눈을 깜박이는 생리적인 행동으로 보일 것이다. 그래서 별 의미 없는 행동으로 보아 넘길 것이다.

이것은 비단 행위뿐만이 아니다. 가령 인식 연구를 한다 하자. 필자의 연구경험을 일례로 들면, 좋은 수업에 대한 교사들의 인식 연구(서경혜, 2004)를 하며 질적관찰의 필요성을 절감하였다. 인식 연구를 한다고 하면 일반적으로 설문조사나 면담을 고려한다. 연구참여자에게 물어보면 된다는 생각이다. 필자도 그러했다. 그래서 면담 질문을 만드는 데 온 힘을 쏟았다. 무턱대고 교사들에게 '좋은 수업에 대해 어떻게 생각하세요?'라고 물을 수는 없지 않는가. 교사들이 좋은 수업에 대해 어떻게 생각하는지를 알아내기 위해 어떠한 질문을 해야 할까? 고심 끝에 몇 가지 질문을 만들어서 파일럿 면담을 해 보았다. 교사들의 대답은 피상적이고 형식적이었다. 교사들의 대답을 들으면 들을수록 이 연구를 할 필요가 있는가 하는 회의에 빠졌다.

그때 파일럿 면담에 참여한 한 교사의 수업을 관찰하게 되었다. 수업 관찰 후 관찰한 수업에 대해 교사와 이야기를 나누며 그제야

1) 제1장에서 질적연구의 중요한 특징 중의 하나로 '내부자적 관점'에 대해 논하였다. 이를 참고하기 바란다.

이 교사가 좋은 수업에 대해 어떻게 생각하는지 이해하게 되었다. 탈맥락적 면담의 한계를 깨달은 순간이었다. 연구자가 질문만 잘하면 연구참여자의 마음속을 들여다볼 수 있으리라 생각했었다. 그래서 연구참여자의 마음의 문을 열고 그 속을 들여다볼 수 있는 질문을 찾았다. 그러나 그런 마법 같은 질문은 없었다.

이후 연구는 달리 진행하였다. 교사의 수업을 관찰하고 수업 관찰을 토대로 교사와 나누고 싶은 이야기, 궁금한 사항 등을 면담 질문으로 만들었다. 그리고 관찰한 수업에 대해 이야기를 나누는 방식으로 교사 면담을 진행하였다. 연구자가 미리 준비한 질문을 묻고 연구참여자가 답하는 질의응답식 면담과는 다른 방식으로 면담을 진행한 것이다. 그러자 교사들이 자신의 수업에 대해 이야기를 하며 왜 이렇게 하였는지, 의도는 무엇이었는지, 무엇을 기대하였는지, 무엇이 보람되고 무엇이 아쉬운지 등에 대해 자신의 생각을 풀어놓았다. 이를 통해 좋은 수업에 대한 교사의 인식을 이해할 수 있었다.

나아가서 인간의 행위와 인식에 관한 연구뿐 아니라 삶의 경험에 대한 질적연구에서도 질적관찰이 중요하다. 예컨대, 생애사 연구자들의 경우 면담을 주요 자료수집방법으로 활용하는데, 이때 면담만 하는 것이 아니라 관찰도 병행한다. 연구참여자가 살아온 삶과 삶의 맥락을 더 깊이 이해하기 위하여 연구자는 연구참여자의 일상을 관찰한다. 연구참여자가 하루를 어떻게 보내는지, 그가 가족들과 어떻게 지내는지, 그의 직장생활은 어떠한지, 연구참여자를 따라다니며 그의 일상을 관찰한다. 때로는 한발 물러서서 그를 지켜보고, 또 때로는 자연스럽게 그의 가족들, 친구들, 동료들과 이야기를 나누며 그의 일상을 참여관찰한다.

2. 현장 들어가기    123

이 같은 관찰을 통해 연구자는 연구참여자가 살아온 삶의 상황과 맥락을 이해하고 연구참여자의 위치에서 연구참여자의 시각으로 연구참여자가 살아온 삶을 바라본다. 나아가서, 연구참여자가 맺고 있는 관계망 속에서 그의 가족의 시각으로, 그의 친구의 시각으로, 그의 동료의 시각으로, 여러 다양한 관점에서 그가 살아온 삶을 바라본다. 그리하여 연구참여자가 살아온 삶의 궤적에 대해 깊이 이해할 수 있게 된다.

자, 질적관찰이란 무엇이고, 왜 질적관찰을 하는지 이해가 되었다면 이제 질적관찰을 어떻게 하는지 살펴보자. 연구참여자의 삶의 세계에 어떻게 들어갈 수 있을까?


## 2. 현장 들어가기

질적연구자는 연구참여자의 초대를 받아 연구참여자의 삶의 세계에 들어간다. 연구참여자의 삶의 세계, 이를 일반적으로 '현장(field)'이라고 지칭한다. 현장에 들어가기 위해서는 연구참여자의 초대뿐만 아니라 연구참여자의 삶의 세계에 사는 사람들, 즉 내부 구성원들의 허락도 받아야 한다.

필자의 연구경험을 공유하자면, 좋은 수업 연구에 적절한 교사들을 선정하고 이들 교사들을 연구에 초대하였다. 초대를 받은 교사들 대부분이 수업 참관을 허락하였다. 그러나 필자가 실제로 수업 참관을 할 수 있었던 학교는 과반 정도였다. 학교장의 허락을 받지 못했기 때문이었다. 이른바 수문장(gatekeeper), 즉 외부인의 접근을 허락하는 권한을 가진 사람의 허락을 받지 못한 것이었다. 거절의 이유는 다양했다. 필자가 반추해 보니 '당신의 연구가 우리 학교 학생들과 교직원들에게 어떤 도움을 줄 수 있는가'라는 질문에 연구자가 만족할 만한 답을 주지 못했기 때문이었다. 이후 필자는 연구참여자는 물론이고 내부 구성원들과 연구의 필요성 및 목적에 대해 공감대를 형성하기 위하여 더 많은 노력을 기울였고, 연구 참여가 그들에게 도움이 될 수 있도록 더욱더 많은 노력을 기울였다.

한편, 여러 난관을 헤치고 현장에 들어갔으나 몸만 들어갔을 뿐 진짜 들어간 것이 아닌 경우도 있었다. 필자가 교사학습공동체 연구를 하며 겪은 경험이었다. 학교장을 통해서 들어간 학교에서는 교사들이 거리를 두었고, 교사를 통해 들어간 학교에서는 이 교사와 가깝게 지내는 교사들 속에서 지냈다. 학교 안에 마치 눈에 보이지 않는 벽들이 겹겹이 쳐져 있는 것 같았다. 현장에 몸만 들어갔을 뿐 들어간 것이 아니었다.

현장에 '들어간다'는 것은 밖에서 안으로 들어간다는 공간적 의미뿐만 아니라 외부에서 내부로 들어간다는 사회적 의미를 내포하고 있다. 연구자에게 현장에 들어간다는 것이 어떠한 것인지 조은(2012)은 다음과 같이 서술하였다.

> 지난 25년간 나는 내가 속한 일상과 내가 속하지 않으면서 연구 대상이 된 사람들의 일상을 오가야 했다. 계속 두 세계를 왔다 갔다 한 셈이다. 처음 사당동으로 갈 때는 학교가 있는 장충동에서 출발해서 이태원을 거쳐 동작대교를 넘어 이수교를 거쳐 남부순환로를 따라가다가 남성시장을 통해 사당2동으로 들어섰다. 거기서 한나절을 보내고 다시 나의 일상으로 '복귀'할 때에는 대체로 저녁 여섯 시가 지나서 그곳을 나오게 되는데 남

성시장을 거쳐 이수교를 지나 제1한강교를 거쳐 서울역과 광화
문에 들어서면 '다른 세상'에 다녀왔음을 실감하고는 했다….
　　연구자에게 연구자가 속한 일상과 다른 일상을 경험하고 연
구한다는 것은 어떤 의미인가를 수시로 자문해야 했다(조은,
2012: 13-14).

'두 세상을 오가다', 조은은 그렇게 말하였다. 연구자에게 현장에
들어간다는 것은 연구자의 세계에서 나와서 타자의 세계에 들어감
을 의미한다. 연구자의 일상과는 다른 일상을 살아감을 의미한다.
예컨대, 조은 연구의 연구진처럼 공사판을 따라 나가기도 하고, 일
나가지 못한 날은 아저씨들과 근처 소줏집에 가서 어울리기도 하고,
동네 미장원에 가서 아주머니들과 시간을 보내기도 하고, 가내 부업
하는 데 끼어서 일을 도와주기도 하고, 마실도 같이 다니는 등, 새로
운 일상을 살아감을 의미한다. 새로운 일상에 적응하는 데에는 많은
시간과 노력이 든다. 그리고 그 일상을 살아가며 자연스럽게 자료를
수집하고 연구를 수행하는 데에는 더 많은 시간과 노력이 든다.

## 3. 질적관찰자의 역할

연구자가 현장에 들어가서 관찰을 한다고 할 때, 이론상으로 네
가지 역할이 가능하다. 완전참여자(complete participant), 관찰적 참
여자(participant as observer), 참여적 관찰자(observer as participant),
완전관찰자(complete observer)이다(Gold, 1958). 먼저 이 네 가지 역
할에 대해 살펴보자.

## 1) 완전참여자

완전참여자로서 관찰자는 관찰 대상 집단의 일원이다. 말하자면 내부자인 것이다. 완전참여자로서 관찰자는 자신이 속한 집단 구성원들을 관찰 대상으로 삼는다. 이때 자신의 관찰활동을 구성원들에게 알리지 않는다. 그래서 구성원들은 관찰자가 자신들을 관찰하고 있다는 것을 알지 못한다. 구성원들에게 관찰자 신분을 숨기는 이유는 구성원들의 자연스러운 행위를 관찰하기 위해서이다.

그러나 이것은 심각한 윤리적 문제를 안고 있다. 연구대상자의 동의 없이 관찰을 진행하는 것이기 때문이다. 더욱이 연구자 자신의 구성원들을 속이는 기만적 행위이다.

완전참여자로서 관찰자의 역할은 개념적 수준에서 논의할 수 있겠으나, 윤리적으로 바람직하지 않다. 내부자로서 구성원들의 자연스러운 행위를 관찰하고자 한다면 윤리적으로 적절한 접근과 방법을 취해야 할 것이다.

## 2) 관찰적 참여자

관찰적 참여자는 관찰 대상 집단의 일원으로서 관찰을 수행한다. 다시 말해, 관찰적 참여자는 내부자로서 자신이 속한 집단 구성원들에 대한 관찰을 수행하는 것이다. 이때 관찰자는 구성원들에게 관찰자로서 자신의 역할과 활동에 대해 알리고 구성원들의 동의를 받고 관찰을 진행한다. 그리하여 내부자로서 일상에 참여하며 관찰을 수행한다.

관찰적 참여자는 내부자의 관점에서 연구 현상을 바라볼 수 있다. 그리하여 외부자들로 하여금 내부자의 관점에서 현상을 이해할 수 있도록 한다. 동시에 관찰적 참여자는 외부자적 관점에서 현상을 바라볼 수 있다. 내부자들이 당연시해 왔던 것들을 새로운 관점에서 재조명함으로써 내부자들로 하여금 자신들이 당연시해 왔던 것들에 대해 비판적으로 성찰하게끔 한다.

허나 관찰적 참여자는 내부자라는 태생적 한계로 '낯설게 보기'에 어려움을 겪을 수 있다. 내부자들이 당연시하는 가치, 규범, 신념, 관습 등을 외부자적 관점에서 낯설게 보기를 하는 데에는 한계가 있을 수 있다.

## 3) 참여적 관찰자

참여적 관찰자는 외부자로서 관찰을 수행한다. 이때 관찰 대상자들의 일상에 참여하며 관찰을 수행한다. 즉, 참여적 관찰자는 관찰자이면서 참여자의 역할을 수행하는 것이다. 따라서 그의 참여는 제한적이다. 애들러와 애들러(Adler & Adler, 1994)는 참여적 관찰자의 참여자 역할을 '주변적 참여'라고 특징지었다. 주변적 참여는 집단에서 이루어지는 활동에 다 참여하지 않고 일부 참여하는 것을 말한다(서경혜, 2015). 주변이라 해서 중요하지 않은 하찮은 일에 참여한다는 뜻이 아니라 부분적으로 참여함을 뜻한다. 일반적으로 신입은 주변적 참여자로 집단에 참여한다. 주변적 참여를 통해 집단이 축적해 놓은 지식과 기술을 배우고 집단의 가치와 규범을 습득하며 구성원으로서 역량을 계발한다. 참여적 관찰자의 참여가 바로 그러하다.

참여적 관찰자는 참여를 통해 내부자적 관점에서 연구 현상을 바라볼 수 있다. 그리고 동시에 관찰자의 위치에서 외부자의 관점으로 현상을 바라볼 수 있다. 그리하여 현상의 의미를 다각적으로 심층 분석, 해석할 수 있다.

허나 참여적 관찰자의 역할은 타자 이해의 본질적인 한계를 안고 있다. 외부인 연구자가 내부자의 관점에서 타자의 세계를 이해할 수 있을까? 오직 내부자만이 내부자의 관점에서 이해할 수 있지 않을까?

## 4) 완전관찰자

완전관찰자는 외부자로서 관찰 대상자들에 대한 관찰을 수행한다. 이때 관찰 대상자들은 관찰자가 자신을 관찰하고 있음을 알지 못한다. 일반적으로 공공장소에서 이러한 관찰이 행해진다. 예를 들어, 지하철, 도서관, 공원 등 관찰자가 그곳에 가서 그곳에 있는 사람들을 관찰하는 것이다. 관찰 대상자들의 자연스러운 행위를 관찰하기 위하여 이러한 관찰방법을 활용한다.

그러나 앞서 완전참여자로서 관찰자의 역할에서 언급한 바와 같이, 관찰 대상자의 동의를 받지 않고 관찰을 진행하는 것은 윤리적 문제를 일으킬 수 있다. 더욱이 이러한 방법으로는 질적관찰이 지향하는 바를 구현하기 어렵다. 즉, 관찰자가 연구참여자의 삶의 세계에 들어가서 내부자적 관점으로 연구 현상을 바라보기 어렵다. 완전관찰자는 단지 현장에 있을 뿐이다. 연구자가 현장에 나가서 관찰을 한다고 질적관찰을 하는 것은 아니다.

질적관찰은 완전참여와 완전관찰, 양 끝점 사이에 위치한다. 질적관찰자가 내부자인가 외부자인가에 따라 그리고 참여와 관찰, 어디에 얼마나 더 중점을 두는가에 따라 질적관찰자의 역할은 달라진다. 질적관찰자의 역할에 대해 고려하였다면 다음으로 질적관찰의 유형에 대해 살펴보자.

## 4. 질적관찰의 유형

질적관찰자는 연구참여자의 삶의 세계에 들어가서 연구하고자 하는 현상을 관찰한다. 이때 연구참여자의 일상에 참여하며 관찰을 할 수도 있고, 참여하지 않고 관찰을 할 수도 있다. 전자를 참여관찰(participant observation), 후자를 비참여관찰(non-participant observation)이라고 지칭한다. 이 절에서는 이 두 가지 유형의 질적관찰에 대해 살펴보고자 한다.

### 1) 비참여관찰

비참여관찰은 연구자가 연구참여자의 삶의 세계에 들어가서 연구 현상을 관찰하는 질적관찰의 한 방법으로 연구자는 연구참여자의 일상에 참여하지 않고 관찰을 수행한다. 비참여관찰을 하는 이유는 여러 가지가 있다. 가장 중요한 이유는 관찰의 목적에 비참여관찰 방법이 적절하기 때문이다. 바꾸어 말하면 연구자의 참여가 관찰의 목적에 적절치 않기 때문이다.

비참여관찰자는 연구참여자의 일상에 관여하거나 개입하지 않는다. 연구참여자와 어떠한 상호작용도 하지 않는다. 연구참여자에게 영향을 미칠 수 있기 때문이다.

그럼에도 관찰자의 존재 자체가 연구참여자에게 영향을 미칠 수 있다. 예컨대, 관찰자가 보고 있기 때문에 연구참여자가 평소와는 다른 행동을 하는 경우가 있다. 어떻게 비참여관찰을 해야 연구참여자에게 영향을 미치지 않고 연구참여자의 자연스러운 행위를 관찰할 수 있을까? 비참여관찰에 관한 지침서들을 보면 '마치 벽에 붙은 파리처럼 드러나지 않게 조용히 관찰하라'라든가 '그곳에 있어도 없는 것처럼 있어라'라는 등의 조언을 한다. 투명인간이라도 되란 말인가.

필자의 경험에 비추어 볼 때, 비참여관찰을 벽에 붙은 파리나 투명인간에 비유하여 설명하는 것은 적절하지 않다. 비참여관찰자는 연구참여자의 일상에 녹아들어야 한다. 그리하여 관찰자의 관찰이 연구참여자의 일상이 되어야 한다.

필자의 연구경험을 일례로 들면, 아주 오래전 박사과정생 때 필자는 유아들의 일상인지(everyday cognition)에 대한 관찰연구에 참여하였다(Ginsburg, Inoue, & Seo, 1999). 이 연구는 아이들이 일상에서 자연스럽게 수행하는 인지적 활동에 대한 관심에서 비롯되었다. 연구진은 특히 유아들의 놀이에 관심을 가졌다. 학교 교육을 받기 전 유아들이 일상에서 자연스럽게, 어른들의 지도나 지원 없이, 자발적으로 수행하는 인지적 활동에 관심을 주목하였다. 그리고 인지적 활동 중 수학적 사고에 초점을 두었다. 그리하여 아이들이 놀이를 하며 자연스럽게 수행하는 수학적 사고에 대해 탐구하고자 하였다. '아이들이 놀면서 수학을 한다고?' 연구진의 연구계획에 대한 반응은 의심, 우려, 기대 등 다양하게 나타났다. 다행히 스펜서재단(The Spencer Foundation)의 연구비 지원을 받아 연구를 실행할 수 있었다.

연구진은 다음과 같은 관찰 계획을 세웠다. 관찰 대상은 학령 이전 5~6세 아동, 관찰 장소는 어린이집, 관찰 시간은 자유놀이 시간, 관찰방법은 비참여관찰 방법을 활용하여 아이들의 자연스러운 놀이활동을 관찰한다. 관찰 계획을 세운 후 어린이집을 섭외하였다. 인종과 사회경제적 지위를 고려하여 여러 다양한 어린이집을 연구지(研究地)로 선정하였고, 부모와 교사의 동의를 받은 90여 명의 아동을 관찰 대상으로 선정하였다.

자료수집을 위해 연구자 두 명이 어린이집에 방문하여 한 명은 아이들의 놀이활동을 관찰하며 관찰 내용을 기록하였고 다른 한 명은 아이들의 놀이활동을 비디오카메라로 녹화하였다. 연구진의 관찰이 시작되자 아이들의 관심이 연구진에게 쏠렸다. 몇몇 아이들은 연구진을 힐끗힐끗 쳐다보았고, 몇몇 아이들은 연구진에게 다가와서 이런저런 질문을 하였고, 몇몇 아이들은 같이 놀자고 청하였다. 아이들의 관심에 비참여관찰을 진행할 수가 없었다. 그래서 연구진은 교사의 허락을 받아 아이들의 놀이에 참여하였다. 아이들의 질문에 대답도 하고, 아이들의 이야기도 들어 주고, 아이들이 놀자고 하면 같이 놀았다. 아울러 아이들이 비디오카메라와 촬영에 익숙해지도록 비디오 녹화도 계속 진행하였다. 물론 이때 수집한 영상자료는 데이터로 활용하지 않았다. 그렇게 몇 달을 참여관찰하였다.

아이들이 관찰자와 비디오카메라에게 더 이상 관심을 보이지 않고 관찰자의 존재를 자연스럽게 여기게 되었을 때 본격적으로 비참여관찰을 시작하였다. 그리하여 일상에서 자연스럽게 일어나는 유아들의 인지활동에 대한 자료를 수집할 수 있었다.

질적관찰방법으로서 비참여관찰은 단지 참여하지 않고 관찰만

하는 것을 의미하지 않는다. 몰래 하는 관찰은 더더욱 아니다. 비참여관찰은 연구자가 연구참여자의 일상에 녹아들어 연구자의 관찰이 연구참여자의 일상이 되어야 가능하다. 그래야 연구자가 연구참여자에게 영향을 미치지 않고 연구 현상의 자연스러운 모습을 관찰할 수 있다. 비참여관찰을 하는 데에도 많은 시간과 노력이 들지만, 비참여관찰을 하기 위해서도 많은 시간과 노력을 들여야 한다. 힘들고 어려운 방법이지만, 현상에 대한 깊은 이해와 통찰을 얻을 수 있다.

## 2) 참여관찰

참여관찰은 연구자가 연구참여자의 삶의 세계에 들어가서 연구 현상을 관찰하는 질적관찰의 한 방법으로 연구자는 연구참여자의 일상에 참여하며 관찰을 수행한다. 예컨대, 앞서 언급한 조은 연구의 연구진처럼 연구참여자가 하는 일을 같이하며 연구참여자를 관찰하고, 또 그러면서 연구참여자와 자연스럽게 이야기를 나누며 면담도 하고, 또 연구참여자의 가족들, 친구들, 동료들과도 만나서 함께 시간을 보내며 그 관계 속에서 연구참여자를 관찰한다.

그런데 참여하면서 관찰한다는 것이 가능한가? 이것은 모순적이라고 주장하는 연구자들이 있다. 또한 참여관찰은 관찰의 객관성을 저해한다고 비판하는 연구자들도 있다. 참여관찰이 가능하냐, 참여관찰이 객관적인 방법이냐를 따지기에 앞서 참여한다는 것이 무슨 뜻인지 생각해 볼 필요가 있다.

예를 들어, 교사 문화를 연구하기 위하여 연구자가 학교 현장에 가서 교사들의 일상을 참여관찰한다고 하자. 교사들의 일상에 참여한다고 하면, 연구자도 교사처럼 학생들을 가르쳐야 하는가? 교사의 직무를 수행하는 것이 참여인가? 참여의 의미를 연구참여자가 수행하는 역할을 따라서 한다는 뜻으로 이해하는 것은 경계할 필요가 있다.

　그렇다면 참여관찰에서 '참여'는 무슨 뜻인가? 관찰자가 연구참여자의 일상에 참여하는 중요한 이유는 내부자적 관점을 갖기 위해서이다. 내부자적 관점을 갖기 위해서는 내부 구성원들과 상호작용하며 그들의 생활양식과 규범, 가치 등을 배워야 한다. 그러므로 참여관찰에서 참여는 연구참여자의 삶의 세계에 들어가서 그 세계에 사는 사람들과 상호작용하며 새로운 생활양식과 규범, 가치 등을 배우는 것을 의미한다.

　이것은 실증주의적 패러다임의 연구자들에게는 객관성과 중립성의 원칙에 어긋나는 일일 것이다. 데이터를 오염시키는 해악으로 금하거나 연구자 오류로 통제하려 들 것이다. 그러나 타자의 세계에 참여하지 않고 어떻게 내부자적 관점을 가질 수 있겠는가. 타자의 세계에 참여해야 새로운 생활양식과 규범, 가치 등을 배울 수 있고 내부자적 관점을 습득할 수 있다.

　그러므로 참여관찰에서 참여는 연구자가 현장에 있다거나 연구참여자가 하는 일을 같이한다거나 또는 내부 구성원들과 잘 어울린다는 것 이상의 의미가 있다. 참여관찰에서 참여는 내부자적 관점을 습득하는 것을 의미한다. 외부인 연구자가 내부자적 관점을 갖는다는 것은 결코 쉬운 일이 아니다. 일견 이율배반적으로 보일 수도 있다.

　　참여관찰은 말 자체만큼 이율배반적이다. 참여란 인류학자

가 연구하는 사회의 일상생활에 참여하면서 내부인으로서의 시
각을 얻는 것을 말한다. 관찰은 인류학자가 외부인으로서 그 사
회에 거리를 두고 객관적으로 바라보는 것을 말한다. 따라서 참
여관찰은 현지민들의 삶에 참여하면서 동시에 거리를 유지하는
매우 어려운 딜레마를 가지고 있다(윤택림, 2013: 31).

참여관찰은 외부자의 위치에서 내부자의 시각으로 본다는 것을
의미한다. 그렇다고 내부자가 되어야 한다는 뜻은 아니다.

한편, 인류학적 현장조사에서 내부자적 시각을 얻는 것을 강
조한다고 해서 참여관찰을 실시하는 연구자가 직접 내부자가
되는 것이라고 오해해서는 안 된다. 현장을 관찰하고 자료를 수
집하기 위해 연구자는 전문적 관찰자로서의 거리를 유지하면서
연구현장에 있는 사람들의 삶에 참여해야 한다. 따라서 참여관
찰은 삶이 '내부자'에게 어떤 의미를 갖는지를 그들의 일상에 참
여하여 내부자적 시각을 중심으로 배우는 동시에 '외부자'의 위
치에 남는 과정이기도 하다. 내부자적 입장이 결여될 경우 현지
인의 관점에서 연구를 수행할 수 없으며, 외부자적 입장이 결여
될 경우 현지인이 되어 버려 관찰과 분석 과정에서 요구되는 성
찰성과 분석 능력을 잃기 쉽다. 그런데 참여와 관찰을 동시에,
균형 있게 하는 것은 쉽지 않은 작업이다(이용숙 외, 2012: 107).

외부자의 위치에서 내부자의 시각으로 본다는 것, 그것이 바로
참여관찰이 의미하는 바이다. 쉽지 않은 일이다. 참여관찰자는 자
신이 외부자이어야 하는지 내부자이어야 하는지 정체성의 혼란을

겪기도 하고, 참여를 해야 할지 관찰을 해야 할지 늘 망설이고, 어느 정도 참여를 해야 할지 끊임없이 고민한다. 그러나 다른 한편으로는 타자의 세계에 들어가는 신비함, 낯선 세계에 대한 경외감, 깊은 공감, 새로운 깨달음 등을 체험한다. 그래서 참여관찰은 특별하다. 타자의 세계를 연구하는 질적연구자들이 그 많은 어려움에도 불구하고 참여관찰을 고수하는 이유이다.

## 5. 질적관찰의 방법

질적관찰은 어떻게 하는가? 질적관찰은 연구자가 보고 싶은 것만 보고 나오는 관찰과 다르다. 필자의 경험에 비추어 볼 때, 질적관찰방법을 설명하는 데 '녹아든다'는 표현이 적절할 것 같다. 질적관찰자의 관찰은 연구참여자의 일상에 서서히 녹아든다. 그리하여 연구자의 관찰은 연구참여자의 일상이 된다.

질적관찰은 현장의 전반적인 상황과 맥락을 파악하는 것으로 시작된다. 그리고 현장 상황과 맥락에 대한 이해를 토대로 연구 현상에 대한 관찰이 수행된다. 현상에 대한 집중관찰은 보다 미시적인 수준의 관찰로 이어진다. 그리하여 연구 현상을 더 깊이 들여다본다. 이 같은 열린 관찰, 집중관찰, 미시관찰을 통해 질적관찰자는 겉으로 보이는 현상 그 심층의 의미를 내부자적 관점에서 이해하고자 한다.

그럼 질적관찰의 세 가지 방법에 대해 자세히 살펴보자.

## 1) 열린 관찰

열린 관찰은 현장의 전반적인 상황과 맥락을 파악하기 위한 관찰이다. 열린 관찰을 통해 질적관찰자는 연구하고자 하는 현상이 벌어지는 상황과 맥락에 대한 전반적인 이해를 얻고자 한다. 열린 관찰은 내부 구성원들의 일상, 현장의 공간 구성 등에 대한 관찰에서 시작하여 구성원들의 특성, 구성원들 간의 관계 등에 대한 관찰로 점점 더 깊이 내부로 들어간다. 다음과 같은 질문이 열린 관찰을 하는 데 도움이 될 것이다.

- 구성원들의 일상: 연구참여자 및 내부 구성원들의 일상은 어떠한가? 내부 구성원들에게는 무엇이 일상적인 일인가? 내부 구성원들이 비일상적인 일로 여기는 것들은 무엇이며 왜 그것을 비일상적이라고 여기는가?
- 현장의 공간 구성: 현장의 건물 구조와 공간 구성은 어떠한가? 어떠한 원칙, 기준, 방식으로 공간이 구성되어 있는가?
- 구성원들의 특성: 연구참여자의 세계에 사는 사람들은 누구인가? 내부 구성원들의 연령, 성별, 배경, 성격, 성향 등은 어떠한가?
- 구성원들의 관계: 각 구성원들의 지위와 역할은 어떠한가? 구성원들 간의 권력관계는 어떠한가? 구성원들의 친소관계는 어떠한가? 구성원들의 사회적 관계 구조는 어떻게 형성되어 있는가?

## 2) 집중관찰

집중관찰은 현장의 전반적인 상황과 맥락에 대한 이해를 토대로 연구 현상을 집중적으로 관찰하는 것이다. 일례로 필자의 학교 단위 교사학습공동체에 관한 연구(서경혜, 2019b)를 들면, 연구자는 먼저 교사들의 일상을 관찰하며 학교의 전반적인 상황과 맥락을 파악하고자 하였다. 학교에서 이루어지는 여러 다양한 교사 회의와 모임 등을 관찰하였고, 교사들의 수업도 참관하였고, 교사들의 학생 지도, 창의적 체험활동 지도 등도 관찰하였다.

이 같은 열린 관찰을 토대로 이후 관찰은 학교의 교사학습공동체 활동에 집중하였다. 특히 집중관찰은 동학년 교사회의에 주목하였다. 동학년 교사들이 교사학습공동체를 형성하여 수업을 공동으로 설계, 진행, 평가, 개선하는 공동수업개발 활동을 집중적으로 관찰하였다. 이를 통해 학교 단위 교사학습공동체의 특징을 탐구하고자 하였다.

## 3) 미시관찰

연구 현상에 대한 집중관찰은 보다 미시적인 수준의 관찰로 이어질 수 있다. 미시관찰은 연구 현상을 더 깊이 들여다보는 관찰을 말한다. 예컨대, 앞서 예시한 필자의 연구에서는 집중관찰을 통해 교사학습공동체의 특징을 도출할 수 있었다. 필자는 그 특징 가운데 집단전문성에 대해 보다 깊이 탐구하고 싶었다.

이에 3학년 교사들의 공동수업개발 활동을 미시관찰의 대상으로 삼았다. 3학년 교사회의에 참여하여 교사들이 함께 수업지도안을 마련하고, 공동 설계한 수업지도안을 각자의 교실에서 실행한 경험을 공유하고, 함께 분석, 평가하고 이를 토대로 수업지도안을 수정, 보완하는 일련의 활동들을 관찰하며 교사들이 공동수업개발 활동을 통해 어떻게 집단 수준의 전문성을 개발하는지 탐구하였다. 그리하여 학교 중심의 교사 집단전문성 개발의 양상과 특징을 도출하고자 하였다.

질적관찰이 반드시 이 세 가지 방법을 포함해야 하는 것은 아니다. 열린 관찰, 집중관찰, 미시관찰의 순서로 해야 하는 것도 아니다. 질적연구자는 질적관찰의 목적에 맞게 이 세 가지 방법을 유연하게 활용한다.

## 6. 질적관찰 기록방법

관찰한 것을 기록해야 자료로 활용할 수 있다. 그런데 관찰을 하면서 기록한다는 것이 쉽지 않다. 그래서 이런 질문을 한다. 기억하고 있으면 되지 기록까지 해야 하는가? 관찰을 하면서 어떻게 기록을 하는가?

먼저 첫 번째 질문에 대하여 논하자면, 우리는 기억할 것이라고 자신하지만, 또 기억하겠다고 다짐하지만, 시간이 흐를수록 기억은 사라진다. 기록해 두지 않으면 관찰한 것들 대부분이 기억 속에서 사라질 것이다. 기억 속에 남아 있는 것들은 아마 내게 중요한 것, 의미 있는 것들일 것이다. 내부자의 관점을 이해하기 위하여 시작한 관찰이었는데, 오히려 연구자의 관점을 강화하는 결말로 끝날 수 있다.

그래서 기록을 해야 한다. 또한 기록은 기억을 돕는다. 관찰하면서 기록을 해 둠으로써 그것을 기억할 수 있도록 하고, 관찰한 것을 기록하면서 그때를 다시 떠올리고 더 많은 것을 기억해 낼 수 있다. 나아가서 기록은 자료 해석에도 도움이 된다. 기록한다는 것 자체가 해석적 활동이다. 연구자는 자신이 관찰한 것을 기록하며 관찰한 것에 대해 생각하고 또 자신의 관찰에 대해 성찰한다. 그리고 자신의 생각과 성찰도 기록에 담는다. 연구자는 이 기록들을 다시 또 읽고 생각하고 성찰한다. 그렇게 연구자의 해석은 더 깊고 더 풍부해진다.

이와 같이 기록은 기억의 한계를 보완할 뿐 아니라 기억을 돕고 해석에도 도움이 된다. 그리고 내부자의 관점을 이해하는 데에도 도움이 된다. 그렇다면 관찰을 하면서 어떻게 기록을 하는가? 앞서도 말한 바와 같이 쉽지 않은 일이다. 이용숙 등(2012)은 다음과 같이 조언한다.

연구현장에서 무엇을 어떻게 기록해야 할지를 판단하기는 쉽지 않다. 연구계획서의 연구주제나 연구목적, 연구내용 등이 지침이 되기는 하지만 순간적으로 우선순위를 판단하기도 어렵고, 기록하지 않았다가 나중에 후회할 것 같아 불안한 마음이 들기도 한다. 이로 인해 초보 연구자는 스트레스를 받기도 하는데, 이는 대부분의 현장연구자가 경험하는 일이므로 의기소침해질 필요는 없다. 연구의 목적과 내용에 비추어 중요한 것이 무엇인가에 대한 자신의 판단을 믿는 것이 중요하다. 눈에 들어오거나 귀에 들리는 수많은 것 중 어떤 것이 연구에 도움이 되는

자료인지를 즉석에서 판단하여 기록하고, 돌아간 후에 그 기록
내용을 반복하며 읽으면서 중요한 주제나 반복되는 패턴 등을
찾다 보면 연구 후반부로 갈수록 점차 기록에 자신감이 생기게
된다….
　　연구 초기에는 보이고 들리는 대로 정신없이 기록하는 경우
가 많은데 '시간 여유가 있다면 이런 경험을 하는 것도 나쁘지
않다'는 것이 인류학자들의 공통된 의견이다. 시간이 지나면서
비슷한 상황이 반복되는 것에 대해서는 기록하지 않게 되며, 더
열심히 기록해야 하는 것은 무엇인가에 대해서도 생각해 볼 여
유를 갖게 되기 때문이다(이용숙 외, 2012: 186-187).

　　이용숙 교수의 오랜 현장연구 경험에서 나온 조언이 '무엇을 어
떻게 기록할 것인가'를 고민하는 연구자들에게 큰 도움이 되리라
생각한다. 이 절에서는 질적관찰을 기록하는 네 가지 방법에 대해
살펴보고자 한다.

## 1) 녹음 및 녹화

　　요즘은 휴대폰으로 사진 촬영, 녹음, 동영상 촬영 등을 쉽게 할 수
있어서 시청각 자료수집이 급증하는 추세이다. 연구자는 현장에서
관찰을 하며 중요한 대상이나 장면을 사진으로 찍어서 영상으로 기
록한다. 연구참여자와 구성원들의 말, 대화 등을 녹음하여 그들의
소리를 기록한다. 또는 현장에서 일어나는 일을 녹화하여 동영상으
로 기록한다.
　　이 같은 시청각 자료는 현장을 생생하게 기록하여 현장에 대한

풍부한 정보를 담고 있다. 연구자가 현장에서 관찰할 때 보지 못했던 것들을 사진이나 동영상을 통해 보기도 하고 현장에서는 미처 포착하지 못했던 미묘하고 모호한 것들을 사진이나 동영상을 다시 보며 그제야 알아차리기도 한다. 나아가서 시청각 자료는 연구참여자의 관점을 이해하는 데에도 도움이 된다. 연구참여자와 사진이나 동영상을 같이 보며 당시의 상황에 대한 연구참여자의 견해를 듣고 연구참여자의 관점에서 현장에서 일어난 일을 이해할 수 있다.

사진 촬영이나 녹음, 동영상 촬영을 위해서는 반드시 연구참여자와 구성원들의 동의를 얻어야 한다. 이때 촬영 및 녹음의 목적, 대상, 장소, 기간, 방법 등에 대해 연구참여자와 구성원들에게 명확하게 알려 주어야 하고, 아울러 수집된 시청각 자료가 어떻게 활용될 것인지에 대해서도 명확히 알리고 동의를 얻어야 한다.

## 2) 현장 메모

메모란 다른 사람에게 말을 전하거나 자신의 기억을 돕기 위하여 짤막하게 글로 남김 또는 그 글을 뜻한다. 현장 메모는 연구자가 연구 현장에서 자신이 관찰한 것을 짤막하게 글로 기록하는 것을 말한다.

현장 메모로 기록하는 방식은 다양하다. 휴대하기 편한 메모장이나 수첩을 가지고 다니면서 여기에 중요한 사항을 핵심 단어나 요점으로 간단히 기록하거나, 휴대폰이나 태블릿 PC의 메모 기능을 이용하여 메모를 하기도 한다. 필자의 경우, 휴대폰의 음성 녹음 기능을 이용하여 쓰는 대신 말로 연구자가 기록하고 싶은 것을 음성으로 남긴다.

사실 현장에서 관찰을 하며 기록을 한다는 것이 쉽지 않다. 연구자의 기록 행위가 연구참여자에게 의도치 않게 영향을 미칠 수도 있고, 특히 참여관찰의 경우 연구참여자의 일상에 참여하면서 관찰하고 그것을 기록한다는 것은 쉽지 않은 일이다. 이와 관련하여 이용숙 교수는 다음과 같은 조언을 한다.

> 기록이 연구에 방해가 되는 상황이라면 연구대상 사회의 구성원들과 자연스럽게 어울리는 데 신경 써야 한다…. 이런 경우에는 중요한 상황을 기억하려고 노력했다가, 틈틈이 기록이 가능한 곳에서 핵심 단어만이라도 써 놓고, 가능한 한 빨리 보완하는 것이 바람직하다. 현장에서 급히 쓰느라고 부정확하게 적었거나 단어의 일부만 적어 놓은 내용을 보완하는 일은 반드시 그날 중으로 하거나 늦어도 다음 날까지는 마쳐야 한다….
>
> 언제 어떤 수준으로 기록하는가는 연구자가 현장 상황에 맞추어서 융통성 있게 결정한다. 때로는 기록에서 해방되어 현장 구성원들과 함께 즐기면서 편하게 대화함으로써 더 좋은 자료를 수집할 수도 있다(이용숙 외, 2012: 185, 187).

관찰, 참여, 기록의 균형을 현장 상황에 맞추어서 유연하게 조율할 필요가 있다. 관찰을 마친 후 질적관찰자는 현장에서 관찰을 하며 작성한 현장 메모를 토대로 관찰일지를 작성한다.

## 3) 관찰일지

관찰일지는 관찰을 마친 후 당일 관찰에 대하여 기록한 것을 말한다. 관찰일지를 작성하는 방식은 다양하다. 필자가 관찰일지를 작성하는 방식을 소개하면 다음과 같다.

- 관찰을 마치고 바로 관찰한 내용을 기록한다. 관찰후기를 작성하는 것이다. 이때 형식이나 문법 등에 대해서는 크게 신경 쓰지 말고 생각나는 대로 기록한다. 필자의 경우, 쓰는 것보다 휴대폰 녹음 기능을 이용하여 관찰한 것에 대해 생각나는 대로 말하고 음성 녹음하는 방식을 선호한다. 관찰을 마치고 현장을 나오면서부터 관찰한 것에 대해 음성 녹음을 하는데, 연구자가 보고 들은 것뿐만 아니라 연구자의 생각, 느낌 등 기억나는 것, 생각나는 것들을 자유롭게 말하고 녹음한다.
- 관찰을 마치고 집에 돌아와서 현장 메모와 관찰후기를 검토하고 이를 토대로 관찰일지를 작성한다. 필자의 경우, 음성 녹음한 관찰후기를 워드 프로그램을 사용하여 글로 옮겨 기록하고, 현장 메모를 참고하여 관찰후기를 보완하고 재구성하는 방식으로 관찰일지를 작성한다.
- 연구자가 관찰한 내용뿐만 아니라 연구자의 생각과 느낌, 현장에서의 경험 등을 다 담아 관찰일지를 작성한다. 이때 관찰 내용과 연구자의 견해를 구분하여 기록한다. 관찰일지를 두 칸으로 나누어서 왼쪽에는 관찰 내용을, 오른쪽에는 연구자의 견해를 기록하는 방식도 있고, 관찰 내용을 중심으로 기록하며 이에 대한 연구자의 견해를 괄호 안에 쓰는 방식도 있다. 또는 연구자의 견해를 쓸 때 다른 글자 모양이나 글자 색으로 구분하기도 한다.
- 그런데 사실 관찰 당일 관찰일지를 작성하는 일이 쉽지 않다.

당일 관찰일지를 쓸 수 없는 상황이라면 현장 메모를 읽고 녹음한 관찰후기를 다시 들으며 드는 생각들을 술회해서 음성 녹음힌다. 그리고 다음 날 시간을 내서 관찰일지를 작성한다.

많은 연구자가 질적관찰을 하는 것만큼 관찰일지를 쓰는 것도 힘들었다고 회고한다. 그럼에도 불구하고 연구자들이 관찰 당일 관찰 경험이 생생할 때 성실히 관찰일지를 쓰는 이유는 관찰일지가 연구 현상을 그 상황과 맥락 속에서 내부자의 관점으로 이해하는 데 중요한 자료이기 때문이다.

## 4) 관찰요약

관찰요약은 관찰을 하고 나서 관찰한 내용을 요약한 것을 말한다. 관찰요약은, 첫째, 관찰 내용의 요점을 파악하고, 둘째, 연구자의 관찰을 비판적으로 검토하고, 셋째, 다음 관찰을 계획하는 데 도움이 된다. 관찰요약에는 다음과 같은 사항이 포함된다.

- 관찰 일시, 장소, 대상자
- 관찰 내용 중 가장 중요하고 중심이 되는 내용
- 관찰을 통해 새롭게 알게 된 것
- 관찰에서 제기된 문제나 이슈
- 다음 관찰에서 주의 깊게 살펴보아야 할 것과 유의해야 할 점

관찰요약은 분석적 활동이라 할 수 있다. 분석은 관찰을 다 끝내고 하는 것이라고 생각하는 연구자들도 있는데, 이 때문에 낭패를

보는 경우가 종종 있다. 관찰을 다 마치고 관찰 내용을 분석하다 보
니 관찰했어야 하는 것들이 하나둘씩 속속 보이기 시작하는 것이
다. 현장에 다시 나갈 수도 없고, 그렇다고 자료가 불충분한데 분석
을 계속 진행할 수도 없고, 이러지도 저러지도 못하는 어려운 처지
에 빠지게 된다.

관찰요약을 하며 연구자는 연구 현상에 대해 무엇을 관찰했고
무엇을 알게 되었는지 확인하고 이를 토대로 무엇을 알아야 하고
무엇을 관찰할 것인지 계획한다. 관찰요약은 연구자가 수집한 자
료의 요지를 파악하는 일이자 다음 자료수집을 위한 계획을 세우
는 일이다.

자, 이제 관찰 계획을 세우고 현장에 들어가 보자. 연구자의 세계
에서 나와서 타자의 세계를 탐험해 보자.

제**7**장 **질적면담**

이 장에서는 질적연구의 자료수집방법 중 질적면담(qualitative interview)에 대해 살펴보고자 한다. 먼저 질적면담의 특징에 대해 알아보자.

## 1. 질적면담의 특징

일반적으로 면담은 면담자가 피면담자에게 미리 준비한 질문을 하고 피면담자가 면담자의 질문에 답하는 방식으로 진행된다. 질적면담은 일방적인 질의응답식 면담에서 탈피한 탈실증주의적 면담 방법이다.

질적면담은 연구자와 연구참여자가 이야기를 나누는 대화의 형식으로 진행된다. 그렇다고 연구자가 질문을 안 한다는 뜻은 아니다. 질적연구자도 다른 면담자와 마찬가지로 면담 전에 미리 질문을 준비한다. 또 면담을 하며 연구참여자의 이야기에 맞추어 사전에 준비된 질문을 그때그때 수정, 변경하거나 즉석에서 새로운 질문을 추가하며 연구자가 알고 싶은 것들에 대해 질문한다. 그러나 연구자는 묻고 연구참여자는 답하는 일방적인 방식이 아니라 연구자의 질문이 연구자와 연구참여자 간의 대화를 촉진하는 역할을 한다. 질적면담은 질문으로 시작해서 대화로 나아간다.

질적연구자는 연구참여자와 대화를 나누며 연구참여자의 이야기 속으로 들어간다. 연구참여자의 이야기 속으로 깊이 들어가서 연구참여자의 입장에서 연구참여자의 관점으로 연구참여자의 이야기를 이해하고자 한다.

　그렇다면 질적면담은 어떻게 하는가? 질적면담의 방법에는 여러 가지가 있다. 이 장에서는 심층면담(in-depth interview), 현상학적 면담(phenomenological interview), 내러티브 면담(narrative interview), 초점집단면담(Focus Group Interview, FGI) 방법에 대해 살펴보고자 한다.


## 2. 심층면담

　심층면담은 연구하고자 하는 현상에 대한 심층 탐구를 목적으로 하는 면담방법이다. 이를 위해 연구 현상을 직접 경험한 사람을 연구참여자로 선정하여 면담을 통해 연구참여자의 경험을 심층 탐구함으로써 현상에 대한 깊은 이해와 통찰을 얻고자 한다. 심층면담의 특징을 자세히 살펴보면 다음과 같다.

### 1) 심층면담의 특징

　심층면담은 연구참여자의 경험을 심층 탐구하는 면담방법으로 연구참여자가 자신의 경험에 대해 연구자와 이야기를 나누는 대화 형식으로 진행된다. 연구참여자가 주로 이야기를 하고 연구자는 경청한다. 그렇다고 연구자가 질문을 하지 않는 것은 아니다. 그러나 연구자의 질문은 종래 일방적인 질의응답식 면담에서 면담자가 하는 질문과 다르다.

　연구자의 질문은 연구참여자가 자신의 경험을 자유롭게 이야기할 수 있도록 한다. 나아가서 연구참여자가 자신의 경험을 어떻게 이해하고, 어떠한 의미를 부여하는지 진솔하게 이야기할 수 있도록 한다.

요컨대, 심층면담은 다음과 같은 특징을 띤다(Charmaz, 2014).

- 연구하고자 하는 현상을 직접 경험한 사람을 연구참여자로 선정함
- 연구참여자의 경험과 그 상황 및 맥락에 대해 심층 탐구함
- 열린 질문을 활용함
- 면담 중에 필요하다면 면담 질문을 변경하거나 새로운 질문을 추가하는 등 유연하게 면담을 진행함
- 연구참여자로부터 자신의 경험에 대한 구체적인 서술, 해석, 성찰 자료를 수집함
- 연구참여자의 관점에서 연구참여자의 경험과 그 의미를 이해하고자 함

자, 그럼 심층면담은 어떻게 하는가? 먼저 면담 질문 만들기에 대해서 살펴보자.

## 2) 면담 질문 만들기

면담 질문 만들기는 연구문제를 탐구하기 위하여 어떠한 자료가 필요한지 확인하고, 필요한 자료를 수집하기 위해 무엇을 어떻게 질문해야 할지에 대해 구체적인 계획을 마련하는 연구활동이다. 물론 계획대로 되지 않는 경우가 다반사이다. 면담을 하다 보면 미리 준

비한 질문들이 생각만큼 잘 작동하지 않는 경우도 있고, 연구참여자의 이야기를 들으며 그때그때 즉석에서 새로운 질문을 하는 경우도 많다. 그럼에도 불구하고 면담 질문을 사전에 잘 만들어 놓는 것은 중요하다. 그래야 그 위에서 유연성을 발휘할 수 있다. 사전에 준비한 질문들을 토대로 새로운 질문을 추가하거나 사전 질문을 수정 변경하는 등 면담 상황에 맞추어 유연하게 면담을 진행할 수 있다.

심층면담의 질문은 크게 세 부분으로 구성된다. 먼저 면담을 시작하는 단계의 질문이다. 시작 단계의 질문들은 연구참여자의 경험세계로 들어가는 문을 여는 질문이다. 연구참여자가 편한 마음으로 자유롭게 이야기할 수 있도록 '열린 질문'으로 구성한다.

그다음은 연구참여자의 경험세계에 들어가서 그의 경험을 심층탐구하는 질문이다. 진행 단계의 탐구 질문은 크게 두 가지로 구성된다. 하나는 '서술 질문'으로, 연구참여자가 자신의 경험에 대해 구체적으로 서술하도록 하는 질문들이다. 다른 하나는 '해석 질문'으로, 연구참여자가 자신의 경험을 어떻게 해석하고 이해하는지를 묻는 질문들이다.

끝으로 면담을 끝마치는 단계의 질문이다. 종결 단계의 질문은 '성찰 질문'으로 구성된다. 성찰 질문은 연구참여자가 자신의 경험을 돌아보고 그 의미와 의의에 대해 깊이 생각하도록 하는 질문이다.

[예시상자 7-1]에 세 단계로 구성된 심층면담 질문을 예시하였다. ○○는 연구자가 면담을 통해 탐구하고자 하는 현상이나 경험을 나타낸다. 면담 질문들을 보면 내용 면에서 겹치는 질문들이 있다. 이는 시간 간격을 두고 다시 질문하여 보다 구체적이고 풍부한 정보를 얻기 위함이다. 예시상자에 제시된 질문들을 읽어 보고 본인 연구의 면담 질문들을 구상해 보기 바란다.

**예시상자 7-1**  심층면담 질문 예시

### 삶의 변화에 대한 심층면담 질문

* ○○은 면담을 통해 연구하고자 하는 현상이나 경험 등을 나타냄

〈면담 시작 단계의 열린 질문〉

- 무슨 일이 있었는지 말씀해 주시겠어요?
- 언제 ○○을 처음 경험하셨는지요?
- ○○을 경험했을 때 어떠했는지 말씀해 주시겠어요? 그때 무슨 생각을 하셨어요?
- 무엇이 ○○을 유발하였는지요?
- ○○의 원인은 무엇이었습니까?
- 그 후 당신의 삶은 어떠했는지요? ○○이 일어나기 전에는 ○○에 대해 어떠한 관점을 가지고 있었는지요? ○○이 당신의 관점을 어떻게 변화시켰는지요?
- 그 당시 당신을 묘사해 보시겠어요?

〈면담 진행 단계의 탐구 질문〉

- ○○에 대해 무엇을 알고 있는지요?
- ○○에 대해 알게 되었을 때 당신의 생각과 감정은 어떠했는지요?
- 그다음에 무슨 일이 있었는지요?
- 그 일에 누가 관련되어 있는지요? 어떻게 그 사람들이 관련되게 되었는지요?
- ○○에 대처하는 것을 어떻게 배우게 되었는지요?
- ○○ 이후에 ○○에 대한 당신의 생각과 감정이 어떻게 변화했는지요?
- ○○ 이후에 당신의 삶에 어떤 긍정적인 변화가 있었는지요?
- ○○ 이후에 당신의 삶에 어떤 부정적인 변화가 있었는지요?
- ○○을 어떻게 하는지 말씀해 주시겠어요?
- 당신이 ○○일 때 일상은 어떠한지 기술해 주시겠어요?
- 지금 당신은 어떠한 사람인지 묘사해 주시겠어요? 이러한 변화의 가장 중요한 계기는 무엇인가요?

−○○을 되돌아볼 때 가장 기억에 남는 사건들은 무엇인지요? 이 사건들 각
각에 대해 말씀해 주시겠어요? 이 사건들이 어떠한 영향을 미쳤는지요?

−○○을 경험하면서 당신이 배운 가장 중요한 교훈은 무엇인지요?

−2년 후 당신의 모습을 상상해 보세요. 어떤 사람이 되고 싶은지요? 그 모습
과 지금의 당신 모습과 비교해 보시겠어요?

−○○을 관리하는 데 도움이 되는 것은 무엇인가요? 당신이 부딪힐 수 있는
문제는 무엇인가요? 이러한 문제의 근원에 대해 설명해 주시겠어요?

−이 기간 동안 누가 가장 도움이 되었는지요? 그들은 어떤 도움을 주었는
지요?

−도움이 되었던 조직이 있는지요? 이 조직들은 어떤 도움을 주었는지요?

〈면담 종결 단계의 성찰 질문〉

−○○에 어떠한 방법으로 대응하시는지요? 그 방법은 어떻게 알게 되었는
지요? ○○ 전의 당신의 경험이 당신이 ○○에 대응하는 데 어떻게 영향
을 미쳤는지요?

−○○이후 당신의 관점(또는 행동)은 어떻게 변화하였는지 말씀해 주시겠
어요?

−○○ 이후 당신은 어떠한 사람으로 성장하였는지요? ○○을 통해 당신이
발견한 또는 갖게 된 힘(또는 당신의 강점)에 대해 말씀해 주시겠어요? 지
금 당신이 당신 자신에 대해 가장 높이 평가하는 것은 무엇입니까? 다른 사
람들은 당신의 무엇을 가장 높이 평가하는지요?

−이러한 경험을 하고 나니 이 같은 경험을 하고 있는 사람들에게 어떤 조언
을 해 주고 싶은지요?

−면담을 하며 전에는 생각지 못한 것이 떠올랐다면 이에 대해 말씀해 주시
겠어요?

−○○에 대해 충분히 이해하기 위해 제가 더 알아야 할 것이 있다면 말씀해
주시겠어요?

−제게 물어보고 싶은 것이 있는지요?

출처: Charmaz, K. (2012). *Constructing grounded theory* (pp. 66–67)

면담 질문을 만들고 나서 질문들을 하나하나 꼼꼼히 검토한다. 면담 질문 검토 시 유용하게 활용할 수 있는 검토 항목을 몇 가지 제시하면 다음과 같다(Charmaz, 2014).

- 연구의 목적 및 면담의 목적에 적절한 면담 질문인가?
- 면담 질문은 연구참여자의 경험 이야기를 이끌어 내는 질문들로 구성되어 있는가?
- 면담 질문이 연구참여자의 경험보다는 연구자의 관점과 관심을 더 반영하고 있지는 않은가?
- 면담 질문 기저에 깔린 가정은 무엇인가?
- 면담 질문은 연구참여자가 사용하는 말 또는 이해하기 쉬운 말로 제시되었는가?
- 면담 질문은 간결하고 명확한가?
- 면담 질문의 개수와 순서는 적절한가?
- 추가 질문, 예컨대 구체화 질문, 후속 질문, 탐사(probe) 질문 등을 미리 생각해 보고 마련해 두었는가?

면담 질문을 검토한 후 파일럿 면담(pilot interview) 또는 모의면담을 수행한다. 모의면담을 통해 면담 질문들을 점검한다. 면담 대상자가 편치 않아 하는 질문, 대답하기 어려워하는 질문, 이해하지 못하는 질문 등은 없는지 확인하고 면담 질문을 수정, 보완한다. 또 필요하다면 새로운 질문을 추가하고 질문을 변경, 삭제한다. 이 같은 과정을 통해 면담 질문을 보다 적절하게 개선한다.

모의면담은 또한 실제 면담을 준비하는 데에도 큰 도움이 된다. 모의면담을 동영상 촬영하여 면담자의 목소리, 표정, 자세, 태도 등을 확인하고 부자연스러운 점이나 변화가 필요한 점을 개선한다. 또 모의면담 후 면담 대상자와 면담이 어떠했는지, 혹 불편한 점은 없었는지 등에 대해 자연스럽게 이야기를 나누며 모의면담 대상자들의 의견을 수렴하여 필요한 부분을 개선한다.

면담 질문을 완성하고 면담 준비를 마치면 이제 실제 면담에 들어간다.

## 3) 심층면담 수행

심층면담의 오랜 경험을 바탕으로 샤매즈(Charmaz, 2006, 2014)는 심층면담을 계획하고 있는 연구자들에게 여러 가지 유용한 조언을 하였다. 이 절에서는 그의 조언을 바탕으로 심층면담 수행에 지침이 될 만한 방법들을 제시하고자 한다. 먼저 심층면담의 원칙을 제시하면 다음과 같다.

- 데이터 수집에만 급급하지 말고 연구참여자의 편안을 최우선으로 한다. 데이터보다 연구참여자가 우선한다.
- 연구참여자의 관점에서 연구참여자의 경험을 이해하려고 노력한다. 그리고 그 경험이 연구참여자에게 어떤 의미인지 공감적 이해를 한다.
- 심층면담은 심문이 아니라 탐색이다. 연구참여자를 심문하는 것이 아니라 연구참여자의 경험세계를 탐색하는 것이다.

그다음, 심층면담에서 '해야 할 것'과 '하지 말아야 할 것'을 살펴보자. 먼저 면담자가 '해야 할 것'은 다음과 같다.

- 듣고 또 듣고 더 듣는다.
- 연구참여자가 서술한 그의 경험, 신념, 감정 등을 연구자의 관점이 아니라 연구참여자의 관점에서 이해하려고 노력한다.
- 공감하고 지지한다.
- 신뢰를 쌓는다.
- 연구참여자가 자신의 경험, 생각, 느낌 등을 자신의 방식과 언어로 표현하도록 한다.
- 연구참여자가 자신의 경험을 구체적으로 자세히 이야기하도록 한다.
- 추가 질문(예컨대, 구체화 질문, 후속 질문, 탐사 질문 등)을 할 때는 연구참여자의 이야기를 충분히 다 듣고 적절한 시점에 조심스럽게 한다. 때로는 그저 가만히 듣고 있는 것이 낫다.
- 면담이 진행되는 동안 연구참여자의 비언어적 반응에도 세심한 주의를 기울인다.
- 면담 질문이 연구참여자나 면담 상황에 안 맞는다고 판단되면 그 자리에서 수정, 변경한다.
- 면담 중에 예상치 않은 새로운 주제가 대두되었을 때, 시간을 갖고 새로운 주제를 탐색해 본다. 연구참여자의 경험 이야기가 연구자가 미처 생각지 못했던 새로운 연구문제나 주제로 이끌 수 있다.
- 연구참여자가 면담 경험과 자신에 대해 긍정적인 감정을 갖고 면담을 마치도록 한다. 면담을 갑자기 끝내거나 연구참여자가 불편한 감정, 부정적인 감정을 지닌 채 끝내지 않도록 한다.
- 연구참여자에게 자신의 경험을 공유해 준 것에 대해 진정한 감사를 표한다.

다음으로, 심층면담에서 면담자가 '하지 말아야 할 것'은 다음과 같다.

- 연구참여자의 말을 끊는다.
- 연구참여자의 말이나 관점, 경험, 감정 등을 바로잡는다. 연구자 생각에 틀린 말이나 적절치 않은 표현, 올바르지 않은 생각이나 감정 등을 바르게 고치려 한다.
- 자세히 따져 묻거나 반박한다.
- 탐사 질문을 '예, 아니요'로 답하게 하는 심문 방식으로 진행한다. 탐사 질문을 심문이나 취조하듯이 할 경우 연구참여자의 경험 속으로 깊이 들어갈 수 없다.
- '왜요?'라고 묻는다. '왜요?'라는 질문은 부정의 뉘앙스를 담고 있다. 연구참여자로 하여금 '내가 뭘 잘못 말했나'하는 생각을 하게 할 수 있다. 정말 이유를 알고 싶다면 '이유가 무엇인지 말씀해 주시겠어요?'라고 묻는 것이 적절하다.
- 한꺼번에 질문을 쏟아 놓는다. 한 번에 여러 개 질문을 하지 말고, 질문을 어떤 순서로 할 것인지 구조화해서 하나하나 차근차근 묻도록 한다.
- 연구자 자신도 답하기 싫은 질문을 연구참여자에게 묻고 답해 달라고 한다.
- 권위적인 태도를 취한다. 타자의 사적인 경험과 생각을 탐구한다는 것은 특권이다. 연구자에게 그 같은 특권을 부여한 연구참여자를 존중하고 연구참여자와 평등한 관계를 맺는다.
- 연구자가 원하는 것만 연구참여자가 이야기하도록 통제한다. 연구참여자가 하고 싶은 이야기는 무시하거나 대충대충

넘긴다.

- 추가 질문(예컨대, 구체화 질문, 후속 질문, 탐사 질문 등)을 하지 않는다. 미리 준비한 질문만 한다.
- 제시간에 끝내기 위해 면담을 서둘러 마친다. 연구참여자와 약속한 시간을 지키는 것은 중요하다. 그러나 약속한 시간 내에 면담을 다 못하는 경우가 있다. 이러한 경우 다음 면담 일정을 연구참여자와 논의하도록 한다.
- 연구참여자가 불편함을 느끼는 상태에서 면담을 끝낸다. 면담을 어떻게 마칠 것인지 미리 세심하게 계획하고 연구참여자가 긍정적인 마음으로 면담을 마치도록 한다.

깊이 들어가라. 샤매즈(Charmaz)는 힘주어 말한다. 심층면담은 연구참여자의 경험 속으로 깊이 들어가는 면담방법이다. 타자의 경험세계에 들어간다는 것은 특권이다. 연구참여자가 연구자에게 부여한 특권을 의미 있게 활용하기 바란다.


## 3. 현상학적 면담

현상학적 면담은 연구참여자의 체험과 그 의미를 탐구하는 면담방법이다. 연구자가 연구하고자 하는 경험을 직접 체험한 사람을 연구참여자로 선정하여 현상학적 면담을 통해 연구참여자의 체험과 그 의미를 탐구한다. 그럼, 현상학적 면담은 어떻게 하는가? 이 절에서는 현상학적 면담의 특징, 과정, 방법 등에 대해 살펴보고자 한다.

## 1) 현상학적 면담의 특징

현상학적 면담은 현상학적 연구에 바탕을 두고 있다. 현상학적 연구는 현상의 본질을 탐구하는 데 그 궁극적인 목적이 있다(서경혜, 2023). 현상의 본질을 탐구하기 위하여 현상을 직접 경험한 사람들의 체험을 연구한다. 그리고 여러 다양한 개별 체험 속에서 공통된 것, 불변하는 것을 탐구한다. 개개인의 체험은 서로 다를지라도 그 다양성을 관통하는 것이 있다. 변화무상하게 보여도 불변하는 것이 있다. 이것이 바로 본질이다.

현상학적 연구자는 체험자의 체험을 통해 그 본질에 다가가기 위하여 현상학적 환원[1]을 수행한다. 현상학적 환원이란 현상에 대한 통념, 고정관념, 선입견 등을 더 이상 자명한 것으로 받아들이지 않고 일체의 판단을 유보한 채 오로지 현상 그 자체에 집중함을 의미한다(서경혜, 2023). 다시 말해, 현상학적 환원은, 첫째, 현상을 체험한 대로 받아들이는 데 방해가 되는 주관적 견해, 신념, 가치 등을 극복하는 것이고, 둘째, 현상을 체험한 대로 보는 것을 가로막고 있는 이론, 개념 등을 걷어 내는 것이다.

현상학적 연구자는 현상학적 환원을 통해 오로지 현상 그 자체에 집중한다. 연구참여자가 현상을 어떻게 경험하는지 연구참여자의 체험에 집중한다. 그리하여 체험자의 체험을 통해 그 본질에 다가가고자 한다.

현상학적 연구에 바탕을 둔 현상학적 면담은 연구자가 연구하고

---

1) 현상학적 환원(phenomenological reduction)은 판단중지(suspension), 에포케 (epoché), 괄호치기(bracketing) 등으로도 지칭된다.

자 하는 경험에 대한 기존의 이론, 통념, 선입견 등을 다 뒤로하고 일체의 판단을 중지한 채 연구참여자의 체험에 집중하는 면담방법이다. 현상학적 면담자는 연구참여자의 체험에 집중하여 연구참여자가 자신의 체험을 어떻게 이해하고 어떠한 의미를 부여하는지 탐구한다. 그리하여 연구참여자의 관점에서 연구참여자의 체험과 그 의미를 이해하고자 한다.

현상학적 면담은 현상학적 연구뿐만 아니라 질적연구 전반에 걸쳐 광범위하게 활용되고 있다. 연구참여자의 체험에 집중하여 연구참여자의 관점에서 연구참여자의 체험을 이해하기 위한 면담방법으로 질적연구들 사이에서 폭넓게 활용되고 있다.

## 2) 현상학적 면담의 과정

현상학적 면담은 연구참여자의 체험을 깊이 탐구하는 면담방법이다. 현상학적 면담자는 연구참여자가 어떠한 체험을 하였고 자신의 체험을 어떻게 이해하고 어떠한 의미를 부여하는지 탐구한다. 따라서 현상학적 면담은 한두 번으로 끝나지 않는다. 질적연구자 싸이드맨(Seidman, 2019)[2]은 세 단계에 걸친 현상학적 면담을 제시하였다. 첫 번째 단계는 '체험에 초점을 맞춘 생애사 서술', 두 번째 단계는 '체험에 대한 구체적 서술', 세 번째 단계는 '체험의 의미 성찰'로 이루어진다. 각 단계를 자세히 살펴보면 다음과 같다.

----

2) 싸이드맨(Seidman)의 저서 『Interviewing as Qualitative Research』(2019) 또는 한글 번역본 『질적 연구방법으로서 면담』(2022)을 참고하기 바란다.

### ① 현상학적 면담 1단계: 체험에 초점을 맞춘 생애사 서술

현상학적 면담 시작 단계에서는 연구하고자 하는 경험과 관련하여 연구참여자의 지나온 삶에 대해 이야기를 나눈다. 이때 연구참여자의 생애사 서술은 생애 전반에 걸친 서술이 아니라 연구하고자 하는 체험에 초점을 맞춘다.

가령 초임교사의 교직경험에 대한 현상학적 면담을 한다고 하자. 현상학적 면담자는 연구참여자에게 지금 여기 교사로 서기까지 지나온 삶을 되돌아보고 교사로서의 삶의 여정에 대해 이야기해 달라고 청한다. 이때 '왜'라는 질문보다는 '어떻게'라는 질문을 통해[3] 연구참여자의 삶의 궤적을 이해하는 데 중점을 둔다. 예를 들면, '왜 교직을 선택했는가'라는 질문보다 '어떻게 교직을 선택하게 되었는지'에 대해 묻는 방식으로 연구참여자의 삶의 여정을 탐구한다. 1단계 현상학적 면담이 목적하는 바는 연구참여자의 체험을 그의 삶의 맥락 속에서 그리고 그의 생애사를 통해 깊이 이해하는 것이다.

### ② 현상학적 면담 2단계: 체험에 대한 구체적 서술

연구참여자의 생애사에 대한 이해를 토대로 연구참여자의 체험에 대한 면담을 진행한다. 연구참여자가 자신의 체험을 구체적으로 상세하게 이야기할 수 있도록 면담 질문을 구체화, 상세화한다.

예를 들어, 초임교사의 교직경험에 대한 현상학적 면담의 경우, 오늘 학교생활이 어떠했는지에 대한 질문으로 시작해서 연구참여자의 하루 일과에 대해 자세히 듣는다. 이어 연구참여자에게 학생들과의 관계, 동료 교사들과의 관계, 학부모들과의 관계 등에 대해

---

3) 앞서 2절 심층면담에서도 '왜'라는 질문에 신중을 기할 것을 강조하였다.

질문하고 이들 관계 속에서 자신의 교직경험을 이야기하도록 한다.
나아가서 교직생활을 하며 기쁘고 보람찼던 경험, 힘들고 어려웠던
경험 등에 대해 이야기를 나눈다. 2단계 현상학적 면담은 연구참여
자의 체험에 초점을 맞추고 그의 체험을 자세히 들여다보는 데 중
점을 둔다.

### ③ 현상학적 면담 3단계: 체험의 의미 성찰

현상학적 면담을 하며 연구참여자는 자신이 겪은 경험에 대한 이
야기를 들려준다. 현상학적 면담자는 이제 연구참여자를 한 걸음
더 깊이 들어가도록 한다. 연구참여자로 하여금 그가 겪은 체험의
의미를 성찰하도록 한다.

예컨대, 현상학적 면담자는 다음과 같은 질문을 통해 연구참여자
를 성찰로 이끈다. 교직은 당신에게 어떤 의미입니까? 교직생활을
통해 알게 된 것, 깨닫게 된 것은 무엇입니까? 달라진 것은 무엇입
니까? 교사로 산다는 것은 당신에게 어떤 의미입니까?

현상학적 면담자는 연구참여자로 하여금 자신이 겪은 체험의 의
미에 대해 성찰하도록 하고 연구참여자가 자신의 체험을 어떻게 이
해하는지, 어떠한 의미를 부여하는지 탐구한다.

## 3) 현상학적 면담의 방법

현상학적 면담을 어떻게 하는지 그 방법을 보다 구체적으로 살펴
보면 다음과 같다(Seidman, 2019).

### ① 현상학적 면담의 구조

현상학적 면담은 세 단계의 구조를 가지고 있다. 첫 번째 단계는 '체험에 초점을 맞춘 생애사 서술', 두 번째 단계는 '체험에 대한 구체적 서술', 세 번째 단계는 '체험의 의미 성찰'로 이루어진다. 각 단계는 그 자체로 목적이 있고, 또 세 단계로 이어지는 면담을 통해 성취되는 목적도 있다.

첫 번째 단계의 현상학적 면담은 연구참여자의 체험을 그의 삶의 맥락 속에서 그리고 그의 생애사를 통해 이해하는 것을 목적으로 하고, 두 번째 단계의 면담은 연구참여자의 체험을 깊이 탐구하는 데 목적이 있다. 세 번째 단계의 면담은 연구참여자가 자신의 체험을 어떻게 이해하는지, 어떠한 의미를 부여하는지 고찰하는 것을 목적으로 한다. 이 같은 세 단계의 면담을 통해 현상학적 면담자는 연구참여자의 관점에서 연구참여자의 체험과 그 의미를 이해하고자 한다.

그러므로 이러한 면담 구조에 따라 현상학적 면담을 수행하는 것이 중요하다. 사실 면담을 하다 보면 연구참여자가 이끄는 대로 따라가고 싶은 마음이 생기기도 한다. 그러나 자칫 면담의 목적과 초점을 잃을 수도 있다. 현상학적 면담자는 연구참여자의 이야기에 개방적이면서도 동시에 면담의 구조를 유지한다.

### ② 현상학적 면담의 횟수와 시간

현상학적 면담은 세 단계로 이루어진다. 그렇다고 세 번의 면담을 뜻하는 것은 아니다. 1단계의 면담이 두세 차례에 걸쳐 진행될 수도 있고, 2단계 면담은 그보다 더 많이 서너 차례에 걸쳐 진행될 수 있다. 각 단계의 면담을 한 번에 끝내려 하지 말고 연구참여자가 자신의 체험 이야기를 충분히 다 할 수 있도록 여러 차례에 걸쳐 진행한다.

그러나 간혹 세 번의 면담조차 어려운 경우가 있다. 그럴 경우 회당 면담 시간을 늘려서 1단계와 2단계의 면담을 한 회에 순서대로 하거나, 2단계와 3단계의 면담을 한 회에 순서대로 할 수 있다. 중요한 것은 구조이다. 다시 말해, 현상학적 면담의 구조를 유지하는 것이다. 두 번이든 세 번이든 또는 열 번이든 스무 번이든 세 단계로, 즉 체험에 초점을 맞춘 생애사 서술, 체험에 대한 구체적 서술, 체험의 의미 성찰의 세 단계로 현상학적 면담을 진행한다.

현상학적 면담은 일반적으로 90분 정도 진행된다. 현상학적 면담자는 90분을 기준으로 면담을 어떻게 시작하고 어떻게 마칠지에 대한 계획을 세우고 또 어떠한 질문을 어떠한 순서로 할지에 대한 계획도 마련한다. 물론 면담이 연구자의 계획대로 진행되지 않는 경우가 있다. 90분이 다 되어 가는데도 준비한 면담 질문을 다 못하는 경우도 있고, 흥미로운 이야기가 나와서 90분 넘게 면담을 계속 진행하고 싶은 유혹에 빠지기도 한다. 또 때로는 연구참여자가 더 이야기하고 싶어 하기도 한다.

면담 시간은 연구참여자와 융통성 있게 조율하도록 한다. 가능한 한 연구참여자와 약속한 시간 내에 면담을 마치도록 하고, 다음 면담에서 이야기를 이어 가도록 한다.

### ③ 현상학적 면담의 간격

현상학적 면담의 간격은 최소 3일, 최대 1주일을 넘지 않도록 한다. 면담의 흐름을 유지하면서 연구자와 연구참여자 모두가 성찰의 시간을 갖는 것이 필요하기 때문이다. 현상학적 면담자는 면담 후에 면담을 녹음한 동영상이나 음성 파일을 여러 차례 보고 듣는다. 또 녹취록을 작성해서 면담 내용을 꼼꼼히 읽고 검토한다. 연구참여자가 들려준 이야기에 대해 그리고 그 의미에 대해 곰곰이 생각한다. 이를 토대로 다음 면담을 구상하고 계획을 세운다.

연구참여자 또한 면담 후에 자신이 한 이야기에 대해 생각해 볼 것이고, 자신의 체험도 다시 되돌아보게 될 것이다. 면담 당시 기억하지 못했던 것들을 떠올릴 수도 있고, 자신의 체험을 다른 각도에서 볼 수도 있다. 다음 면담에서는 아마 연구참여자가 먼저 말을 꺼낼지도 모른다. 지난 면담에서 하지 못했던 이야기에 대해 이야기할 것이다.

요컨대, 면담 간 간격은 연구자와 연구참여자에게 성찰의 시간을 제공한다. 면담의 흐름 속에서 적절한 간격으로 주어지는 성찰의 시간은 면담을 더욱 풍부하고 깊게 할 것이다.

## 4) 현상학적 면담의 기법

현상학적 면담의 오랜 경험을 바탕으로 싸이드맨(Seidman, 2019)은 현상학적 면담을 계획하고 있는 연구자들에게 여러 가지 유용한 조언을 하였다. 이 절에서는 그의 조언을 바탕으로 현상학적 면담 기법을 제시하고자 한다.

### ① 라포르 형성하기

현상학적 면담은 연구참여자의 체험을 깊이 탐구하는 면담방법이다. 연구참여자의 체험 속으로 깊이 들어가기 위해서는 면담자와 연구참여자 간의 라포르(rapport) 형성이 중요하다. 연구참여자가

생면부지의 면담자에게 자신의 체험을 진솔하게 이야기할 수 있겠
는가. 처음 보는 낯선 사람에게 자신의 속 깊은 이야기를 할 수 있
겠는가. 연구참여자가 면담자를 신뢰해야 자신이 겪은 체험을 면담
자와 공유할 것이다. 그러므로 현상학적 면담자는 연구참여자와 라
포르 형성에 많은 시간과 노력을 쏟는다. 그래서 면담이 한두 번으
로 끝나지 않는 경우가 많다. 면담을 하며 계속해서 라포르를 형성
해 나가기 때문이다. 그리하여 연구참여자의 체험 속으로 깊이 들
어간다.

라포르 형성과 관련하여 면담자의 상호작용에도 주의를 기울일
필요가 있다. 예컨대, 면담자가 연구참여자가 하는 말에 계속해서
'그렇죠', '네', '맞아요'라고 하며 맞장구를 치거나 긍정적인 반응을
보이는 것이 연구참여자의 이야기를 끌어내는 방법이라고 오해하
는 경우가 있다. 이는 오히려 면담을 왜곡시킬 수 있다. 면담자가
연구참여자의 이야기를 주의 깊게 잘 듣고 있다는 메시지를 전하고
싶다면 다른 방법을 찾아야 할 것이다. 경청의 자세를 보이는 것이
더 중요할 것이다.

### ② 경청하기

귀를 기울여 듣는 것, 경청은 면담의 가장 중요한 기술이다. 간혹
면담자가 준비한 질문을 하는 데 급급해서 연구참여자의 이야기를
듣지 않는 경우가 있다. 연구참여자가 말하고 있는데, 다음 질문을
생각하느라 연구참여자의 이야기가 들리지 않는 경우도 있다. 사실
면담을 처음 시작하는 연구자들에게 경청은 생각만큼 쉽지 않다. 경
청도 연습이 필요하다. 모의면담을 통해 먼저 질문하기를 연습하고,
질문하기에 어느 정도 자신감이 생기면 경청하기를 연습한다. 예컨

대, 모의면담 대상자의 이야기를 듣고 그의 이야기를 바탕으로 다음 질문을 하는 것이다. 충분한 연습으로 경청의 기술을 개발한다.

### ③ 연구참여자의 말에 끼어들지 않기

면담을 하다 보면 연구참여자의 이야기 중에 특별히 관심이 가는 대목이 있다. 그 이야기를 더 듣고 싶은데 연구참여자가 다른 이야기로 넘어갈 때 면담자는 끼어들고 싶은 충동을 느낀다. '잠깐만요, 그 이야기를 좀 더 해 주시겠어요?'라든가 '아니, 좀 전에 이야기를 더 듣고 싶은데요.'라며 연구참여자의 말을 끊고 면담자가 듣고 싶은 이야기를 계속 하게끔 하는 경우가 있다. 그러나 이럴 경우 연구참여자의 이야기의 흐름이 끊겨서 연구참여자의 체험 속으로 깊이 들어가기 어렵다. 차라리 연구참여자가 이야기를 할 때, 면담자가 더 알고 싶은 내용이 있으면, 그것을 간단하게 적어 놓는다. 그리고 연구참여자가 자신의 이야기를 다 마치고 나서 면담자가 더 알고 싶은 것을 추가 질문한다.

### ④ 추가 질문하기

타인이 말하는 것을 다 이해하기란 쉽지 않은 일이다. 도대체 어떤 맥락에서 이 말을 하고 있는 것인지 이해되지 않는 경우도 있고, 무엇을 말하고 있는지 정확히 알 수 없는 경우도 있다. 일상적인 대화에서는 흔히 이해하지 못한 채 흘려보내곤 한다. 그러나 면담은 다르다. 면담자가 연구참여자가 한 말을 이해하지 못했을 때, 연구참여자가 한 이야기에서 더 알고 싶은 것이 있을 때, 또는 연구참여자의 이야기를 더 듣고 싶을 때, 추가 질문을 한다. 이때 연구참여자의 이야기를 충분히 다 듣고 연구참여자의 이야기를 바탕으로 추가 질문을 한다.

　추가 질문에는 구체화 질문, 명확화 질문, 후속 질문, 탐사 질문 등이 있다. 예컨대, 연구참여자의 이야기를 듣고 '그것에 대해 좀 더 구체적으로 말씀해 주시겠어요?' '예를 들어 설명해 주시겠어요?' '그것이 무슨 뜻인지 좀 더 명확하게 말씀해 주시겠어요?' '그것에 대해 좀 더 말씀해 주시겠어요?' '그 이후는 어떠했는지 말씀해 주시겠어요?' 등의 질문을 통해 연구참여자의 체험 속으로 더 깊이 들어 간다.

　한편, 싸이드맨(Seidman, 2019)은 '탐사(probe)' 질문이라는 용어에 부정적인 의견을 제시하였다. 그에 의하면, "탐사라는 단어를 들으면 부드러운 살을 찌르는 날카로운 도구가 떠오른다. 또한 탐사라는 단어는 연구참여자를 연구의 대상으로 관리, 통제하는 면담자의 이미지를 떠올리게 한다"(Seidman, 2019: 86).[4] 그는 '탐사하지 (probe) 말고 탐색하라(explore)'고 주장한다.[5] 연구참여자의 이야기를 탐사하려 들지 말고, 연구참여자와 함께 탐색하라고 강조한다.

## ⑤ 침묵을 자연스럽게 받아들이기

　면담 중에 침묵이 흐르는 순간이 있다. 면담을 처음 시작하는 연구자들은 침묵을 참지 못하고 물었던 질문을 다시 하거나 부연 설명을 하며 다시 묻거나 또는 아예 다음 질문으로 넘어가곤 한다. 그

---

4) 사실 탐사(probe)라는 용어에는 '의사들이 인체 내부 검사에 이용하는 길고 가느다란 탐침', '과학적인 조사에 쓰이는 길고 가느다란 기구', '길고 가느다란 기구로 살피다'라는 뜻이 담겨 있다.

5) 2절 심층면담에서 '심문하지 말고 탐색하라'는 샤매즈(Charmaz)의 주장과 비교해 보기 바란다.

런데 침묵의 순간을 재 보면 몇 초도 안 된다. 면담자가 연구참여자에게 질문을 하고 몇 초도 기다리지 못하는 것이다. 면담 상황에 있는 면담자에게는 매우 길게 느껴지는 시간일 수도 있다. 그러나 연구참여자에게 충분히 생각할 시간을 주어야 한다. 특히 현상학적 면담은 연구참여자의 체험을 깊이 탐구하는 면담방법이므로 연구참여자가 면담 질문에 대해 충분히 생각하고 답변할 시간을 주는 것이 중요하다. 침묵을 연구참여자의 체험 속으로 깊이 들어가기 위한 시간이라고 생각한다면 침묵이 그리 불편하게 느껴지지 않을 것이다.

현상학적 면담은 연구참여자의 체험에 집중하여 체험자의 관점에서 체험의 의미를 탐구하는 면담방법이다. 연구자가 가지고 있는 이론, 주관적 견해, 신념, 가치 등을 다 뒤로하고 일체의 판단을 중지한 채 연구참여자의 체험에 집중해 보기 바란다.

## 4. 내러티브 면담

내러티브 면담은 연구참여자의 서사를 통해 연구참여자의 경험과 그 의미를 탐구하는 면담방법이다. 이 절에서는 내러티브 면담의 특징과 방법에 대해 살펴보고자 한다.

### 1) 내러티브 면담의 특징

내러티브(narrative), 즉 서사란 복잡다단한 인간의 경험을 구조화한 이야기이다. 경험은 우리가 잠시 멈춰서 그것을 들여다보고 그것이 무엇인지 이해했을 때 비로소 '경험'이 된다. 의미를 부여한 것이다. 우리는 그것을 이야기의 형태로 표상한다. 흘러가는 일상에 의미를 부여하고 그 의미를 중심으로 일상의 조각조각들을 유기적으로 엮어 이야기를 구성한다. 이것이 내러티브, 서사이다. 그리하여 그것은 그냥 흘러가 버린 일상이 아니라 '경험'으로 우리의 기억 속에 살아간다.

우리는 기억 속에서 과거의 경험을 꺼내서 다시 들여다보고 그것이 무엇이었는지 다시금 새로이 깨닫는다. 새로운 의미를 부여하는 것이다. 과거의 경험은 현재 속에서 끊임없이 재해석된다. 그렇게 우리는 각자 자신의 삶의 서사를 써 간다.

내러티브 면담은 연구참여자의 서사를 통해 연구참여자의 경험과 그 의미를 탐구하는 면담방법이다. 다시 말해, 내러티브 면담은 연구참여자의 서사에 주목한다. 서사에 주목한다는 것은 무슨 뜻인가? 서사를 통해 경험을 탐구한다는 것은 무슨 뜻인가?

내러티브 면담자는 현재의 삶을 살아가고 있는 연구참여자가 자신의 경험을 돌아보고 그에 대해 들려주는 이야기에 귀를 기울인다. 연구참여자가 자신의 경험을 어떻게 이해하는지, 어떠한 의미를 부여하는지에 관심을 기울인다. 연구참여자가 현재의 시점에서 자신의 경험을 어떻게 해석하는지 그리고 그 경험을 어떻게 유기적으로 엮어서 이야기로 풀어내는지에 주목한다. 그리하여 내러티브 면담자는 연구참여자의 서사를 통해 연구참여자의 경험을 깊이 이해하고자 한다.

## 2) 서사의 주체로서 연구참여자

내러티브 면담은 연구참여자의 서사세계 속으로 들어가서 연구참여자의 경험을 깊이 탐구하는 면담방법이다. 이는 곧 전통적인 면담자/피면담자의 관계에서 탈피함을 의미한다. 내러티브 면담은 연구참여자를 서사의 주체로 세운다. 연구참여자는 그저 질문에 답하는 사람, 물어야 말하는 사람이 아니라, 자기 스스로 말하는 사람이다. 누군가의 궁금증을 풀어 주기 위해서가 아니라, 무엇을 말해 달라는 요청에 따라서가 아니라, 자기 스스로 이야기한다.

내러티브 면담자는 면담 전에 연구참여자와 연구의 목적 및 면담의 목적, 나아가서 연구에 대한 서로의 생각, 기대, 계획 등에 대해 충분히 이야기를 나눈다. 실증주의적 패러다임의 연구자들 중에는 연구에 대해 연구참여자와 이야기를 나누는 것에 우려를 표하는 연구자들도 있다. 연구자가 연구참여자에게 영향을 미쳐 연구의 객관성을 잃게 될 것이라고 우려한다. 그러나 연구참여자가 연구의 목적을 충분히 이해했을 때 그리하여 연구자와 연구참여자가 연구의 목적을 공유하고 있을 때, 연구참여자 스스로 무엇을 이야기할지 결정할 수 있다. 서사의 주체로 서는 것이다.

## 3) 내러티브 면담 준비

내러티브 면담을 시작하기 전에 고려해야 할 것들을 살펴보면 다음과 같다.

### ① 면담 질문 구성

내러티브 면담자는 연구참여자와 함께 면담 질문을 구성한다. 연구자가 먼저 면담 질문을 구상하고 이를 연구참여자와 의논하며 면담 질문을 구성하기도 하고, 또는 연구참여자가 먼저 자신이 하고 싶은 이야기들을 연구자에게 말하고 연구자가 이를 목록화하여 면담 질문의 항목을 구성한 후 이에 대해 연구자와 연구참여자가 함께 의논하며 면담 질문을 구성하기도 한다.

### ② 모의면담

내러티브 면담자는 면담 질문을 구성한 후 면담에 앞서 모의면담을 한다. 면담 질문을 다듬고 면담 기예(技藝)를 숙련하기 위함이다. 연구참여자와 유사성이 있는 사람과 모의면담을 해 보는 것이 가장 좋지만, 여건이 허락하지 않을 경우, 면담이 가능한 사람을 찾아 모의면담을 한다. 면담자가 준비한 질문을 하고, 그 질문에 대해 면담 대상자가 어떠한 이야기를 어떻게 하는지 주의 깊게 살핀다. 또 면담 후에는 면담에 대한 면담 대상자의 의견을 듣고 이를 반영하여 면담 질문을 수정, 보완한다. 필요하다면 새로운 질문을 추가한다. 아울러 모의면담을 녹화하여 면담 동영상을 보며 면담자의 자세, 태도, 표정, 목소리 등을 확인하고 변화가 필요한 부분을 개선한다. 모의면담을 토대로 실제 면담을 어떻게 할 것인지 세심하게 면담 준비를 한다.

### ③ 면담 장소

내러티브 면담 장소도 고려해야 한다. 면담 장소가 면담 내용에 영향을 미칠 수 있기 때문이다. 연구자의 연구실에 하는 면담, 또는 연구참여자의 집이나 직장에서 하는 면담, 혹은 '제3의 공간', 예컨 대 카페나 스터디룸 등에서 하는 면담, 각기 다를 수 있다. 특히 내 러티브 면담의 경우 연구참여자가 자신의 경험을 이야기하는 자리 이기에 면담 장소를 고려하지 않을 수 없다. 특정 장소가 특정 기 억을 자극해서 더 많은 이야기를 하게 할 수 있기 때문이다(Cole & Knowles, 2001).

　　내러티브 면담자는 늘 같은 곳에서 면담을 하기보다 여러 다른 장소에서 면담을 진행한다. 연구참여자의 직장, 연구참여자가 자 주 가는 곳 등 면담 장소를 달리하여 여러 다양한 이야기를 끌어낼 수 있는 여건을 조성한다. 이때 가장 중요한 조건은 연구참여자가 편하게 이야기할 수 있는 곳이어야 한다는 것이다. 내러티브 면담 자는 연구참여자가 편하게 이야기할 수 있는 자유로운 구술 공간을 마련한다.

## 4) 대화 형식의 면담

　　내러티브 면담은 대화의 형식으로 진행된다. 일반적으로 면담은 연구자가 알고 싶은 것을 묻고 연구참여자가 연구자의 질문에 답하 는 방식으로 진행된다. 이와 달리 내러티브 면담은 연구참여자가 하고 싶은 이야기를 자유롭게 하고 연구자는 연구참여자의 이야기 를 경청하는 방식으로 면담이 시작된다. 연구참여자가 하고 싶은 이야기를 다 하고 나서 이를 바탕으로 면담자가 궁금한 것들, 더 알 고 싶은 것들에 대해 연구참여자에게 질문한다. 연구자의 질문에 연구참여자는 그의 경험을 더 자세히 들여다보고 더 깊이 성찰하고 그리고 다시 이야기를 한다. 그렇게 연구참여자는 자신의 이야기를 다시 이야기하며 연구자를 그의 삶의 서사 속으로 더 깊이 이끈다.

연구자는 연구참여자가 다시 이야기하는 이야기를 들으며 연구자 자신의 생각과 해석을 연구참여자와 나눈다. 면담법에 관한 일반적인 지침서들을 보면, 면담자는 피면담자의 응답에 어떠한 반응도 보이지 말라고 권고한다. 면담자의 언어적 반응은 물론이고 면담자가 고개를 끄덕이거나 갸우뚱하는 것조차도 피면담자에게 영향을 줄 수 있고, 그로 인해 데이터가 오염될 수 있다는 것이다. 면담자의 반응을 데이터 오염의 요인으로 보는 것이다.

그러나 내러티브 면담자는 객관의 가면을 쓰고 연구참여자를 타자화하는 실증주의적 패러다임의 면담을 거부한다. 내러티브 면담자는 연구참여자의 이야기를 듣고 연구참여자의 이야기에 대한 자신의 생각, 연구참여자의 경험에 대한 자신의 해석을 연구참여자와 나눈다. 연구참여자의 이야기에 연구자와 연구참여자가 서로의 생각과 해석을 나누는 것이다. 그렇게 연구자와 연구참여자가 서로의 생각과 해석을 나누며 삶의 경험에 대한 깊은 이해에 이르게 된다.

내러티브 면담은 우리가 일반적으로 알고 있는 면담의 형식을 파괴한다. 내러티브 면담은 연구참여자의 경험을 깊이 이해할 수 있는 새로운 길을 제시한다. 그 길은 연구참여자의 서사 속으로 깊이 들어가는 길이다. 내러티브 면담자는 연구참여자의 서사 속으로 깊이 들어가서 연구참여자의 경험과 그 의미를 탐구한다.

## 5. 초점집단면담

초점집단면담 또는 포커스그룹 면담(Focus Group Interview, FGI)
은 앞서 살펴본 심층면담, 현상학적 면담, 내러티브 면담과는 다른
특성을 가지고 있다. 이 절에서는 초점집단면담의 특징과 방법에
대해 살펴보고자 한다.

### 1) 초점집단면담의 특징

초점집단면담은 참여자들이 특정 주제에 대해 의견을 나누는 토
론식 집단면담방법이다. 일반적인 질의응답식 면담이나 앞서 살펴
본 심층면담, 현상학적 면담, 내러티브 면담은 연구자와 연구참여
자의 일대일 개별면담으로 진행된다. 이와 달리 초점집단면담은 연
구참여자들이 특정 주제에 대해 자유롭게 의견을 나누는 토론 방식
으로 진행된다.

그런 점에서 초점집단면담은 일반적인 집단면담과도 구별된다.
일반적으로 집단면담은 연구자가 여러 명의 연구참여자들에게 질
문을 제시하고 연구참여자들이 각자 연구자의 질문에 답변하는 방
식으로 진행된다. 이와 달리 초점집단면담은 연구참여자들 간의 상
호작용을 기반으로 한다. 초점집단면담은 집단 내 상호작용을 통해
다양하고 풍부한 정보를 수집하는 면담방법이다.

예전에는 주로 광고와 마케팅 분야에서 초점집단면담이 많이 활
용되었다. 제품 구매와 사용 동기, 제품과 브랜드에 대한 태도, 신
제품에 대한 아이디어, 브랜드와 광고 콘셉트의 도출, 기존 광고물

과 신규 광고물 시안에 대한 평가 등에 초점집단면담을 활용하여
소비자의 의견과 새로운 아이디어를 수집하였다. 예를 들어, 신제
품을 출시하기 전에 신제품이 타깃으로 하는 특정 소비자군을 대상
으로 적절한 참여자들을 선정하여 초점집단을 구성한다. 그리고 이
들을 초대하여 신제품에 대해 소개하고 자유롭게 의견을 나누도록
한다. 참여자들은 신제품에 대해 여러 다양한 의견을 자유롭게 제
시하고 논의한다. 이때 제품 개발자들도 생각하지 못한 새로운 아
이디어들이 나오기도 한다. 또한 생생한 소비자 언어를 수집할 수
있다. 이처럼 초점집단면담에서 나온 의견을 종합, 분석하여 신제
품 광고 및 마케팅에 이용한다.

　요즘은 학계에서도 초점집단면담을 폭넓게 활용하고 있다. 특정
주제에 대해 특정 집단이 어떠한 생각을 가지고 있는지 그리고 왜
그렇게 생각하는지를 심층적으로 탐구하기 위하여 초점집단면담을
활용한다(Krueger & Casey, 2009, 2015). 예를 들어, 교직문화에 대한
교사들의 인식 연구를 한다면 초임교사들을 한데 모아 놓고 교직문
화에 대해 자유롭게 이야기를 나누는 방식으로 초점집단면담을 진
행할 수 있다. 연구자가 초임교사와 일대일로 개별면담을 할 때보
다 더 다양하고 풍부한 이야기를 들을 수 있을 것이다. 초점집단면
담을 통해 동질집단의 경험, 그들이 가지고 있는 생각, 신념, 가치
등을 보다 심층적으로 연구할 수 있다.

## 2) 초점집단 구성

　초점집단면담은 참여자들의 상호작용을 기반으로 하기에 초점
집단 구성에 각별히 주의를 기울여야 한다. 가령 학교의 교직문화

에 대한 연구를 하는데, 교장, 교감, 부장교사 한 명, 고경력 교사 한 명, 저경력 교사 한 명, 초임교사 한 명을 초점집단으로 구성해서 초점집단면담을 진행했다 치자. 과연 교사들이 자신의 의견을 자유롭게 말할 수 있었을까? 아마 초임교사의 경우 자신이 경험한 교직문화에 대하여 솔직하게 이야기하기가 쉽지 않았을 것이다. 차라리 개별면담을 하는 것이 더 나았을 것이다. 초점집단을 어떻게 구성하느냐에 따라 초점집단면담의 내용과 그 깊이가 크게 달라질 수 있다.

일반적으로 초점집단은 동질집단으로 구성된다. 이때 동질성을 어떻게 규정하는가는 연구의 목적 및 연구자의 전문적 판단에 달려 있다(Morgan, 1997). 예컨대, 교직문화에 대해 연구한다면 교직경력을 동질성의 기준으로 삼을 수 있다. 연구하고자 하는 문제나 현상, 경험에 따라 연령이나 경력이 동질성의 기준이 될 수도 있고, 성별, 소득수준, 학력, 거주지역, 또는 사회적 관계나 권력 관계 등이 동질성의 기준이 될 수도 있다. 중요한 것은 연구문제나 현상, 경험 등에 대해 풍부한 정보를 제공할 수 있는 사람들을 초점집단으로 구성하는 것이다.

초점집단은 보통 여섯 명에서 열 명 정도로 구성한다. 참여자들이 골고루 의견을 말할 수 있는 기회가 주어져야 하고 또 상호 의견교환이 충분히 이루어져야 하기 때문에 이에 적정한 인원으로 초점집단을 구성한다.

## 3) 초점집단면담 진행자의 역할

초점집단면담은 진행자의 주재로 참여자들이 특정 주제에 대해 서로 의견을 나누는 토론식 집단면담이다. 따라서 진행자 (moderator)의 역할이 매우 중요하다. 크루거와 케이시(Krueger & Casey, 2015)는 진행자의 역할을 다음과 같이 설명하였다.

- 초점집단면담 진행자는 집단토론을 이끌어 가는 사회자이자, 참여자들 간의 상호작용을 북돋우는 촉진자이며, 동시에 집단 내 상호작용을 모니터링하고 관리하는 조정자이다.
- 초점집단면담 진행자는 참여자들이 편하고 자유롭게 이야기할 수 있는 분위기, 서로 존중하고 경청하는 분위기를 조성한다.
- 초점집단면담 진행자는 참여자들이 한 명도 빠짐없이 모두 자신의 의견을 말할 수 있도록 한다. 간혹 한두 사람이 주도권을 쥐고 발언권을 독점하는 경우가 생길 수 있다. 이때 다른 참여자들에게 의견을 묻거나 발언 기회를 주는 등의 방법으로 참여자들에게 발언의 기회를 골고루 제공한다. 특히 아무 말도 안 하는 사람이나 소극적으로 참여하는 사람에게는 의견을 말할 수 있는 기회를 적극 제공하고 참여를 북돋운다.
- 초점집단면담 진행자는 참여자들 간의 상호작용을 촉진한다. 참여자들이 자유롭게 자신의 의견을 말하고 서로 다른 의견이라도 솔직하게 내놓고 이야기할 수 있도록 한다. 그리하여 여러 다양한 의견이 제시, 논의될 수 있도록 한다.
- 초점집단면담 진행자는 참여자들의 의견이 일치로 가는 경향을 경계해야 한다. 자칫 집단사고에 빠질 위험이 있기 때문이다. 아울러 참여자들의 의견이 대립으로 가는 경향 또한 경계해야 한다. 집단 내 갈등을 유발할 수 있기 때문이다.

초점집단면담 진행자는 이처럼 다양한 역할을 수행한다. 그래서 진행자를 사회자라고 부르기도 하고, 조력자, 또는 조정자라고 부르기도 한다. 개인연구의 경우 일반적으로 연구자가 초점집단면담 진행자의 역할을 수행한다. 공동연구의 경우에는 연구자들 중에서 적절한 사람을 진행자로 선정하고 보조 진행자도 추가한다. 보조 진행자는 초점집단면담에서 논의되는 내용의 핵심을 요약, 정리하고 이를 진행자와 공유하여 진행자가 효과적으로 토론을 진행할 수 있도록 지원하는 역할을 수행한다. 그 외 원활한 토론 진행을 위해 필요한 일들을 수행하는 보조 진행자를 추가하기도 한다.

## 4) 초점집단면담의 질문

초점집단면담의 질문은 연구하고자 하는 문제나 현상, 경험 등에 대해 연구참여자들로부터 다양하고 풍부한 정보를 수집하는 것을 목적으로 한다. 그러므로 연구목적 및 연구문제에 기반하여 탐구하고자 하는 바를 열린 질문의 형태로 구성한다. 열린 질문으로 시작하여 그에 대한 연구참여자들의 의견과 논의를 바탕으로 연구자가 더 알고 싶은 것, 더 탐색하고 싶은 것 등을 추가 질문으로 제시한다.

초점집단면담은 보통 1시간에서 2시간 정도 진행되므로 면담 시간을 고려하여 면담 질문의 수를 조정한다. 토론식 집단면담이기에 일대일 개별면담의 질문 수보다 훨씬 적은 수의 질문을 하지만 훨씬 다양하고 풍부한 자료를 수집할 수 있다.

## 5) 초점집단면담 진행

초점집단면담의 질문 구성, 연구참여자 선정, 초점집단 구성, 면담 장소 및 일정 확정 등 초점집단면담에 필요한 모든 준비를 마치고 이제 초점집단면담을 진행한다.

### ① 초점집단면담의 도입부(15분 정도)

초점집단면담의 진행자는 면담 장소에서 연구참여자들을 맞이하고 원탁으로 안내한다. 연구참여자의 이름표가 놓여 있는 자리에 각자 앉도록 하고 연구참여자들이 원탁에 둘러앉아 서로 자연스럽게 눈인사를 나누도록 한다.

면담 시간이 되면 면담 시작을 알리고 먼저 참여자들에게 감사의 인사를 전한다. 그리고 진행자를 소개하고 오늘 면담의 목적과 주제에 대해 설명한다. 그다음 초점집단면담에 대해 안내한다. 오늘 면담이 어떤 순서로 어떻게 진행될 것인지 안내하고, 면담 시 지켜야 할 면담의 규칙을 설명한다. 몇 가지 예를 들면 다음과 같다.

진행자의 질문에 정답, 오답이 있는 것이 아니다. 서로 다른 의견이 있을 뿐이다. 상대의 의견에 동의하지 않더라도 상대의 발언을 존중한다. 상대의 발언 중에 끼어들거나 방해하지 않는다. 서로 자유롭게 의견을 교환한다.

참여자들이 면담의 규칙을 이해했다면 이제 본격적으로 초점집단면담에 들어간다.

### ② 집단토론(40~90분 정도)

초점집단면담은 진행자의 주재로 참여자들이 논제에 대해 서로 의견을 나누는 토론 방식으로 진행된다. 먼저 진행자가 면담을 시작하는 질문을 제시한다. 시작 질문은 참여자들이 논제에 대해 자유롭게 이야기할 수 있도록 열린 질문들로 구성한다. 예를 들어, AI 기반 교육 프로그램 활용 경험에 대한 초점집단면담의 경우, 참여 교사들에게 어떻게 이 프로그램을 활용하게 되었는지를 묻는 질문으로 시작할 수 있다. 진행자는 시작 질문을 통해 참여자들을 자연스럽게 토론의 장으로 이끈다.

시작 질문에 이어 탐색 질문이 제시된다. 탐색 질문은 논제에 대한 참여자들의 생각과 경험을 심층적으로 탐색하기 위한 질문들로 구성한다. 진행자는 탐색 질문을 통해 참여자들이 자신의 생각과 경험을 이야기하고 서로 자유롭게 의견을 교환하도록 한다. 그리하여 다양하고 풍부한 의견이 제시, 논의될 수 있도록 한다.

참여자들의 토론은 보통 40분에서 90분 정도 진행된다. 진행자는 토론이 갑자기 끝나지 않도록 토론 시간을 관리, 조정해야 한다. 토론의 마지막 부분은 종결 질문을 제시하여 토론을 정리, 마무리한다. 진행자는 오늘 토론에서 논의된 내용을 요약하고, 혹시 빠뜨린 내용이 있는지 참여자들에게 확인한다. 참여자들이 추가하고 싶은 내용, 강조하고 싶은 내용이 있는지도 확인하고 토론을 마무리한다.

### ③ 초점집단면담의 종결부(10분 정도)

이제 초점집단면담을 종결한다. 진행자는 참여자들에게 감사의 인사를 전하고 초점집단면담의 내용이 어떻게 활용될 것인지 설명한다. 관련하여 참여자들이 궁금한 사항이 있으면 참여자들의 질문에 답변한다. 2차 면담이 계속될 경우 다음 면담에 대해 안내하고 면담을 종결한다.

### ④ 초점집단면담을 마친 후

초점집단면담을 마친 후 바로 면담을 녹화한 동영상 촬영본이나 음성 녹음본을 확인한다. 가능하면 면담 녹취록을 작성한다. 면담 동영상을 시청하거나 녹음을 청취하며 또는 녹취록을 읽으며 연구자는 면담 내용을 검토한다. 초점집단면담에서 논의된 내용, 주요 이슈 등을 파악하고 이 같은 조기분석(early analysis)을 토대로 다음 면담 계획을 구체화한다. 예컨대, 면담 질문을 수정, 보완하거나 삭제, 추가할 수도 있고 면담 질문의 순서를 바꿀 수도 있다. 이와 같이 일련의 초점집단면담을 마친 후 본격적으로 분석에 들어간다.

초점집단면담은 일반적인 면담과 확연히 구별되는 면담방법이다. 광고와 마케팅에서 이용하는 면담방법을 학술연구에 활용하는 것에 대해 여전히 비판의 목소리가 제기되고 있지만, 초점집단면담은 이제 질적연구에서 폭넓게 활용되고 있다. 특히 최근에는 소수집단이 특정 이슈에 대해 가지고 있는 생각과 의견을 탐구하기 위하여 초점집단면담을 활용하는 질적연구가 늘고 있다. 이들 연구는 초점집단면담을 통해 다수 의견에 묻힌 소수자들의 목소리를 들려준다.

초점집단면담을 연구에 활용하고자 한다면, '어떻게'라는 질문보다 '왜'라는 질문을 먼저 해야 할 것이다. 왜 초점집단면담인가? 일대일 개별면담이 아니라 초점집단면담을 하는 이유는 무엇인가? 한 명 한 명 만나서 면담을 해야 하는 수고와 시간을 줄이기 위해 초점집단면담을 활용하고자 한다면, 다시 생각해 보아야 할 것이다.

초점집단면담은 집단 내 상호작용을 통해 다양하고 풍부한 정보를 수집하는 면담방법이다. 다시 말해, 집단 상호작용을 통해 연구하고자 하는 문제나 현상, 경험 등에 대해 심층적으로 탐구하는 면담방법이다. 초점집단면담에 참여하며 연구참여자들은 논제에 대해 자신의 의견을 말하고 또 상대의 의견을 들으며 자신의 생각을 성찰하고 나아가 자신의 생각을 수정하고 재구성한다. 또한 논제에 대해 서로의 의견을 나누며 새로운 의견을 형성하기도 한다. 이처럼 초점집단면담은 역동적이다. 초점집단면담은 연구참여자들 간의 상호작용을 통해 인간의 생각과 경험을 깊이 탐구할 수 있는 역동적인 질적면담방법이다.


## 6. 면담 녹취록 작성

요즘은 녹취록 작성 프로그램을 이용하여 비교적 손쉽게 녹취록을 작성하는 추세이다. 그러나 음성 인식 기술이 완벽하지 않아서 그 정확도와 신뢰도를 제고할 필요가 있다. 녹취록 작성 프로그램을 이용하여 작성된 녹취록은 면담자가 반드시 확인하고 교정해야 한다. 이 절에서는 면담 녹취록 작성에 대해 알아보고자 한다.

면담자는 면담 후 바로, 여의치 않다면 최대한 빠른 시일 내에 영상 촬영본 또는 음성 녹음본을 문서화하여 녹취록을 작성한다. 이때 면담자가 녹취록을 직접 작성하는 것이 원칙이다. 어떤 사람들은 면담 녹취록 작성을 말을 글로 옮기는 단순한 기계적인 작업으로 생각한다. 그러나 어디에 마침표를 찍느냐, 어디에 쉼표를 넣느냐, 간투사를 어떻게 할 것인가, 침묵을 표기할 것인가 등 녹취록을 어떻게 작성하느냐에 따라 면담이 다르게 읽힐 수 있다. 그러므로 면담자, 즉 연구참여자와 직접 만나서 면담을 한 사람, 면담 상황과 면담 내용의 맥락을 가장 잘 알고 있는 사람이 녹취록을 작성해야 한다.

면담 녹취록 작성의 기본 원칙에 대하여 윤택림(2019: 196-197)은 다음과 같이 제시하였다.

- 녹취자는 들리는 대로 적는다. 자의적인 편집은 절대로 해서는 안 된다.
- 한 연구참여자의 면담 내용은 한 사람이 녹취하는 것이 더 일관성 있는 녹취문을 만들 수 있다. 녹취자가 연구참여자의 특정한 단어 사용, 사투리, 은어, 축약어 등에 적응하여 일관성 있게 녹취를 할 수 있기 때문이다.
- 면담이 여러 회차에 걸쳐서 진행되는 경우에는 회차 순서대로 녹취한다. 그래야 면담의 전체적인 흐름에 맞추어서 녹취록을 작성할 수 있다.
- 면담자가 녹취를 하지 않았을 경우에는 면담자가 반드시 녹취문을 검독해야 한다. 그래야 녹취문의 정확도를 확보할 수 있다.
- 아울러 면담자는 면담 후기를 작성, 면담 시 상황을 기록해 둔다. 이때 면담 날짜, 장소, 시간뿐만 아니라 어떤 분위기 속에서 어떤 라포르 상태에서 면담이 이루어졌는지를 기록한다. 또한 연구참여자의 표정과 몸짓 등 연구참여자의 비언어적 행위도 기록한다. 그래야 면담 당시의 상황을 최대한 재구성할 수 있다.

한편, 면담 녹취록 작성에 대하여 한국구술사연구회(2005: 141-142)는 다음과 같은 지침을 제시하였다.

- 녹취록 상단에 면담 주제, 연구참여자, 면담자, 면담 일자, 면담 장소, 면담 차수를 기록하고 연구참여자의 신상에 대하여 간략하게 기입한다.
- 녹취록 작성 전에 동영상 촬영본 전체를 시청하고 또는 음성 녹음본 전체를 청취하고, 전체 내용을 숙지한 후 녹취록 작성에 들어간다.
- 녹음된 내용은 '하나도 빠짐없이 있는 그대로, 생생하게' 녹취물로 표현한다. 다시 말해, 녹음된 음성의 음가와 정황을 원상태 그대로 텍스트로 전환한다. 면담자가 생각하기에 문법적으로 틀린 말이라도 그대로 적어야 한다. 사투리도 마찬가지이다. 면담자가 녹취를 하는 과정에서 취사선택을 하게 되면 면담 자료의 통합성을 해치게 된다.
- 가능한 한 음가를 살리기 위해 노력한다(예컨대, 하아아얀, 허~, 에휴~ 등).
- 반복적으로 나타나는 구술자의 간투사도 일일이 기록한다. 간투사란 말하는 사람의 본능적인 놀람이나 느낌, 부름, 응답 따위를 나타내는 말의 부류로 감탄사나 느낌씨라고 지칭하기도 한다. 음성자료를 문서로 텍스트화하는 과정에서 가장 많이 편집되는 부분이 간투사와 동어반복이다. 녹취를 하는 사람의 입장에서는 "그냥, 뭐."라든가 "그니까." 등과 같이 끊임없이 반복되는 간투사를 일일이 기록하는 것이 무의미하게 여겨질 수 있다. 그러나 간투사는 녹취록을 읽는 독자로 하여금 말하고

있는 구술 주체의 흐름과 리듬을 따라갈 수 있도록 해 준다. 아울러 언어화할 수 없는 느낌이나 경험을 의미하기도 한다. 그러므로 간투사는 반드시 기록되어야 한다.
- 외래어 원문 표기가 필요한 경우 괄호를 통해 표시한다.
- 녹취문을 대화체로 표현한다. 면담은 면담자와 연구참여자 간의 대화이므로 녹취록도 대화 형식으로 작성되어야 한다. 면담자의 질문 내용을 생략한 것은 녹취록이라고 할 수 없다.

녹취록 작성 후 면담자는 녹취록을 검독(檢讀)한다. 이때 연구참여자도 검독에 참여한다. 연구자는 연구참여자에게 녹취록을 보내서 검토하도록 한다. 연구참여자가 녹취록을 읽고 확인하면 최종본을 작성한다. 만약 연구참여자가 일부 삭제나 수정 요청을 하면 이에 대해 연구자와 연구참여자가 함께 논의한다. 이때 연구참여자의 요청에 따라 녹취문의 일부를 삭제하거나 수정해야 하는가, 아니면 녹취록을 원문 그대로 유지해야 하는가에 대해 의견이 분분하다.

콜과 놀스(Cole & Knowles, 2001)는 다음과 같은 예시를 들며 녹취문의 수정에 찬성하는 입장을 밝혔다. 그들에 의하면, 연구참여자가 녹취록에서 자신의 어머니에 대한 면담 내용을 읽고 오해의 소지가 있는 부분을 일부 삭제하고 수정하고 싶다고 요청하였다. 이에 연구자는 연구참여자에게 우려가 되는 부분이 무엇인지 물어보고 이에 대해 의견을 나누었다. 그런데 의견을 충분히 나눈 후에도 연구참여자가 '여전히 우려가 남아 있어 수정을 하고 싶다'고 하였고, 연구자는 연구참여자에게 녹취록에서 삭제하고 싶은 부분, 수정하고 싶은 부분을 표시하고 어떤 내용을 어떻게 수정하고 싶은지 수정 사항을 서술해서 보내도록 하였다. 그리고 이를 반영하여 녹취록을 수정, 보완하였다.

그러나 이 같은 수정에 반대하는 연구자들도 많다. 예컨대, 한국 구술사연구회(2005: 142)에서 제시한 검독의 원칙에 따르면, "검독 작업 과정에서 구술자의 교정 요청 및 이의 제기사항은 원문은 그대로 유지하여 녹취문을 작성하되 각주에서 그 사유, 이의 제기 일시 장소 등을 명기하여 교정"해야 한다.

필자는 콜과 놀스(Cole & Knowles, 2001)와 같이 연구참여자에게 녹취록을 검독하도록 하고 연구참여자와 녹취록에 대해 충분히 의견을 나누고 연구참여자의 의견을 반영하여 녹취록 최종본을 작성한다. 녹취록이 완성되면 이제 본격적으로 분석에 들어간다.

자, 이제 면담 계획을 세우고 연구참여자의 세계에 들어가 보자. 연구참여자의 세계에 들어가서 연구참여자가 들려주는 이야기에 귀 기울여 보자.

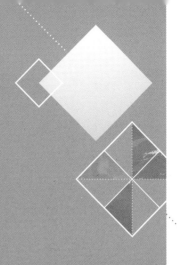

제**8**장 **기록물 수집**

　질적연구자는 관찰, 면담, 기록물 수집 등 다양한 방법을 활용하여 질적자료를 수집한다. 이 장에서는 기록물 수집에 대해 살펴보자.

## 1. 기록물 수집의 목적

　질적연구자는 연구하고자 하는 현상에 관한 다양한 기록물을 광범위하게 수집한다. 가령 초임교사의 교직경험에 관한 연구를 한다면, 질적연구자는 다양한 배경의 초임교사들을 연구참여자로 선정하여 연구참여자와 그의 교직경험에 대해 이야기를 나눌 것이다. 이 같은 질적면담뿐 아니라 연구참여자가 근무하는 학교에 방문하여 연구참여자의 일상을 참여관찰할 것이다. 연구참여자의 수업을 참관하고 연구참여자가 가르치는 학생들과도 자연스럽게 이야기를 나눌 것이다. 또한 연구참여자가 참석하는 교직원 회의, 동학년 교사회의, 교사 모임 등도 관찰하고 동료 교사들과도 자연스럽게 이야기를 나눌 것이다.

　아울러 연구참여자가 작성한 교육과정 계획서, 수업지도안, 교수·학습자료 등도 수집할 것이다. 그리고 학교장 및 동료 교사들의 허락을 받아 학교의 교육활동에 관한 자료들도 수집할 것이다. 나아가서 연구참여자가 쓴 일지, SNS 게시글, 연구참여자가 간직하고 있는 사진, 동영상, 추억물 등도 수집할 것이다. 왜 이 같은 자료들을 수집하는가?

　　기록물을 수집하는 중요한 이유는 연구하고자 하는 현상을 그 상황과 맥락 속에서 이해하기 위해서이다. 앞서 예시한 초임교사의 교직경험에 관한 연구의 경우 면담만으로도 충분하다고 생각하는 연구자들이 있을 것이다. 초임교사들로부터 그들의 교직경험에 관한 체험담을 듣는 것만큼 중요한 일이 있겠는가. 그러나 연구자가 연구참여자가 근무하는 학교에 직접 가서 연구참여자의 일상을 참여관찰 한다면 연구참여자의 이야기를 보다 깊이 이해할 수 있을 것이다. 왜냐면 이야기의 상황을 이해하기 때문이다. 나아가서 연구참여자의 경험과 관련된 기록물을 수집, 검토한다면 연구참여자의 이야기를 보다 더 깊이 이해할 수 있을 것이다. 왜냐면 이야기의 맥락을 이해하기 때문이다. 겉으로 드러나는 이야기 기저의 상황과 맥락을 이해함으로써 그 심층의 의미를 이해할 수 있다.

　　기록물 수집은 연구하고자 하는 현상을 맥락화하는 데 중요하다. 기록물 수집을 통해 질적연구자는 연구 현상을 연구참여자의 개인적인 상황과 맥락, 나아가서 사회적 · 문화적 · 정치적 · 경제적 · 역사적 상황과 맥락 속에서 탐구한다. 맥락화를 통해 겉으로 드러나는 표면적인 현상 심층의 의미를 이해할 수 있다. 이것이 바로 질적연구자들이 기록물 수집을 하는 중요한 이유이다.

## 2. 기록물의 유형

　　기록물은 그 성격에 따라 공적 기록물과 사적 기록물로 구분할 수 있다. 공적 기록물은 공식적인 기록을 말한다. 예컨대, 정부기관에서 작성한 열람 가능한 공공자료, 학교나 교육기관에서 작성한 공식 기록부, 회사나 조직에서 작성한 공식 서류 등을 들 수 있다. 사적 기록물은 연구참여자가 개인적으로 소장하고 있는 기록물을 말한다. 생산 주체에 따라 연구참여자가 직접 생산한 기록물과 다른 사람에 의해 생산된 기록물로 구분할 수 있다. 그리고 매체 특성에 따라 문서류, 시청각 기록물, 전자 기록물, 제작물(artifacts) 등으로 구분할 수 있다.

예를 들어, 연구참여자가 직접 생산한 문서류에는 일기나 일지, 메모, 편지 등이 있고, 시청각 기록물에는 사진이나 동영상 등, 전

표 8-1 질적연구 기록물의 유형

| 성격 | 매체 | 예시 |
|---|---|---|
| 공적 기록물 | 문서류 | 정부기관에서 작성한 열람 가능한 공공자료, 학교나 교육기관에서 작성한 공식 기록부, 회사나 조직에서 작성한 공식 서류 등 |
| | 시청각 기록물 | 정부기관, 학교나 교육기관, 회사나 조직에서 만든 동영상, 사진 등 |
| | 전자 기록물 | 정부기관, 학교나 교육기관, 회사나 조직에서 만든 홈페이지, 웹사이트, SNS 게시글 등 |
| 사적 기록물 | 문서류 | 연구참여자의 일기, 일지, 메모, 편지, 회고록, 자서전 등 |
| | 시청각 기록물 | 연구참여자가 찍은 사진, 동영상 등 |
| | 전자 기록물 | 연구참여자의 email, SNS 게시글, 홈페이지 등 |
| | 제작물 | 연구참여자가 직접 만든 물건이나 작품, 연구참여자가 소중히 여기는 물품, 기념품이나 추억물과 같이 연구참여자의 추억이 깃든 물품 등 |

자 기록물에는 이메일(e-mail)이나 에스엔에스(SNS, Social Network Service) 게시글 등이 있다. 제작물에는 연구참여자가 직접 만든 물건, 예컨대 일상용품이나 공예품 등이 있고, 다른 사람에 의해 생산된 물건으로, 선물과 같이 연구참여자가 소중히 여기는 물건, 기념품과 같이 추억이 깃든 물건 등을 들 수 있다.

이상과 같이 질적연구자가 수집하는 여러 다양한 기록물을 목록화하면 앞의 〈표 8-1〉에 제시된 바와 같다.


## 3. 기록물 수집방법

기록물의 유형과 종류가 워낙 많고 다양하기 때문에 어떠한 기록물을 수집할 것인가에 대한 명확한 계획을 세워 체계적으로 수집해야 한다. 또한 기록물을 수집할 때 기록물의 내용을 확인하고, 해당 기록물이 어떠한 목적으로 누구를 위해 또는 누구를 대상으로 만들어졌는지에 대한 정보를 수집할 필요가 있다. 다시 말해, 기록물의 내용과 용도를 정확히 파악하고 기록물의 산출 배경과 그 목적을 면밀히 검토해야 한다. 그래야 기록물에 대한 적절한 자료분석이 이루어질 수 있다.

근거이론 연구자 샤매즈(Charmaz, 2006, 2014)는 연구자가 기록물을 수집할 때 기록물을 객관적인 사실로 무비판적으로 수용하는 태도를 경계하였다. 샤매즈(Charmaz)는 기록물이 특정 목적을 가지고 생산된 자료임을 강조하며, 기록물 수집 시 다음과 같은 정보를 수집할 것을 제안하였다.

- 기록물은 어떻게 만들어졌는가? 누구에 의해 만들어졌는가?
- 기록물의 명시적인 목적은 무엇인가? 명시되지 않은 숨은 목적은 무엇인가?
- 기록물 기저에 깔려 있는 가정은 무엇인가? 그 가정은 어떠한 사회적·경제적·문화적·역사적 상황과 맥락을 담고 있으며 이를 어떻게 담아내고 있는가?
- 기록물에서 빠진 것, 누락된 것은 무엇인가?
- 기록물은 누구를 대상으로 만들어졌는가? 누구를 위하여 만들어졌는가? 누구에게 이로운가?

요컨대, 기록물 수집 시 기록물만 수집할 것이 아니라 기록물이 왜, 어떻게 만들어졌는지에 대한 정보를 수집한다. 예를 들어, 초임교사의 교직경험에 관한 연구의 경우, 공적 기록물로 학교의 교육계획서, 교육활동 관련 자료들을 수집하고 이것을 누가, 왜, 어떻게 작성하였는지에 대한 정보를 수집한다. 나아가서 교육청의 지침 및 장학자료, 교육부의 교육정책 관련 자료들을 수집하고 이것이 왜, 어떻게 만들어졌으며, 누구에 의해, 누구를 위해 만들어졌는지 등에 대한 정보를 수집한다.

아울러 사적 기록물로 연구참여자가 작성한 교육과정 계획서, 교수학습 자료 등을 수집하고 이것을 어떻게 작성하였는지, 어떻게 활용하였는지에 대한 정보를 수집한다. 또한 연구참여자가 간직하고 있는 사진, 동영상, 학생들이 보낸 메시지, 손편지 등을 수집하고 연구참여자가 왜 이것을 소중히 여기는지 그리고 왜 이것을 연구자와 공유하는지, 이것은 연구참여자에게 어떤 의미인지 등에 대한 정보를 수집한다. 이를 위해 기록물 수집과 수집한 기록물에 대한 면담이 병행되기도 한다.

기록물뿐만 아니라 기록물 관련 정보를 수집함으로써 맥락화를 보강할 수 있다. 연구하고자 하는 현상을 둘러싼 상황과 맥락, 개인적인 상황과 맥락뿐 아니라 사회적·문화적·정치적·경제적·역사적 상황과 맥락에 대한 풍부한 정보를 수집함으로써 겉으로 드러난 표면적인 것 심층의 의미를 보다 깊이 이해할 수 있다.

자, 이제 기록물 수집 계획을 세우고 연구하고자 하는 현상을 둘러싼 상황과 맥락을 탐색해 보자. 탈맥락적 접근을 경계하고 인간을 둘러싼 상황과 맥락 속에서 연구하고자 하는 현상을 깊이 들여다보자.

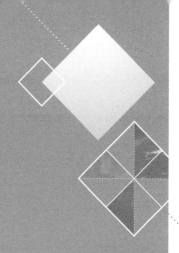

제**9**장 **질적자료분석 및 해석**

1. 질적자료에 대한 분석적 접근
2. 질적자료에 대한 해석적 접근

질적자료수집이 연구자가 연구참여자의 세계에 들어가서 연구참여자의 관점으로 연구참여자의 경험을 탐구하는 것이라면, 질적자료분석 및 해석은 연구참여자의 세계에서 나와서 연구참여자의 경험이 의미하는 바를 탐구하는 것이다. "두 세상을 오가다."(조은, 2012) 조은 교수가 자신의 필드워크 경험을 표현한 말이다.[1] 연구참여자의 세계에 들어가서 자료를 수집하고 연구자의 세계로 돌아와서 수집한 자료를 분석, 해석하는 질적연구자의 일상이 바로 그러하다. 질적연구자는 이제 연구참여자의 세계에서 나와서 수집한 자료가 의미하는 바를 분석, 해석한다.

필자는 '질적자료분석'이라고 모든 음절을 붙여 하나의 단어로 사용한다. 띄어쓰기를 어떻게 하느냐에 따라 그 의미가 다르게 해석될 수 있기 때문이다. 예컨대, '질적자료 분석'은 질적자료에 대한 분석을 의미하는 것으로, 질적자료에 대한 양적분석의 의미도 내포한다. 일례로 관찰이나 면담을 통해 질적자료를 수집한 후 빈도가 가장 높은 단어들을 추출하는 빈도분석방법을 들 수 있다. 수량화되지 않는 자료를 수량화하는 양적분석방법이다. '질적자료분석'은 자료에 대한 '질적분석'의 의미를 강조한다.

그렇다면 질적분석 및 해석은 어떻게 하는가? 이 장에서는 질적자료분석 및 해석에 대해 개괄적으로 살펴보고자 한다. 그리고 다음 장에서 질적자료분석 및 해석에 많이 활용되고 있는 방법, 질적코딩(qualitative coding)과 주제분석(thematic analysis)에 대해 살펴보겠다.

---

1) 이 책 제6장 2절 '현장 들어가기'를 참고하기 바란다.

## 1. 질적자료에 대한 분석적 접근

질적연구 논문을 읽다 보면 도대체 연구자가 어떻게 이러한 결론에 이르게 되었는지 그 과정이 궁금한 경우가 종종 있다. 필드워크, 관찰, 면담, 기록물 수집 등 여러 방법을 활용하여 수집한 방대한 질적자료를 연구자는 어떻게 분석했을까? 수백, 수천 쪽에 달하는 필드노트, 관찰기록지, 면담 녹취록 등에서 연구자는 어떻게 주제를 도출할 수 있었을까? 그 궁금함을 문화기술적 연구자 르콤트(LeCompte)와 쉔설(Schensul)은 다음과 같이 표현하였다.

> 많은 문화기술자들이 그들의 분석과정을 다소 신비스럽게 서술한다. 마치 자욱한 안개 속에서 서서히 그 모습이 드러난 것처럼, 필드노트를 읽고 또 읽고 하다 보니 주제가 드러났다는 식이다. 어떻게 이러한 주제들이 나왔는지 알 수가 없다…. 이 주제들이 필드노트에서 마술처럼 짜잔 하고 나타난 것은 아닐 텐데 말이다(LeCompte & Shensul, 1999: 45-46, 서경혜, 2023: 71에서 재인용).

많은 질적연구자들이 질적자료분석의 과정 및 방법을 명시화, 체계화하기 위해 노력해 왔다. 예를 들어, 마일스와 휴버만(Miles & Huberman, 1994)은 다음과 같이 고심을 토로하였다.

어떻게 질적자료에서 타당한 의미를 도출해 낼 수 있을까? 실용적이고, 다른 사람에게 전수할 수 있고, 자기기만에 빠지지 않게 하는 질적분석방법, 그리하여 신뢰할 수 있는 지식에 이르게 하는 질적분석방법은 무엇일까?

그 고심의 결과가 『Qualitative Data Analysis(질적자료분석)』
(1994)에 담겨 있다. 마일스와 휴버만(Miles & Huberman)은 서문에
다음과 같이 이 책의 목적과 저자의 의도를 밝혔다.

"이 책은 우리 질적연구자들이 우리의 기예, 즉 연구결과를 도출
하는 명시적이고 체계적인 방법을 공유해야 한다는 신념을 가지고
저술되었다. 우리에게는 신뢰할 수 있고 반복 가능한 질적분석방법
이 필요하다."(Miles & Huberman, 1994: 2)[2]

『Qualitative Data Analysis(질적자료분석)』 출간 10년 후 마일스
와 휴버만(Miles & Huberman)은 살다냐(Saldaña)와 함께 질적코딩
방법을 보강하여 『Qualitative Data Analysis(질적자료분석)』(2014)
제3판[3]을 출간하였다. 사실 질적코딩방법의 발전에 기여를 한 연
구자로 근거이론 연구자들을 꼽지 않을 수 없다.

근거이론연구는 데이터에 근거하여 이론을 개발하는 연구이다.
근거이론연구의 창시자 글레이저(Glaser)와 스트라우스(Strauss)
는 1967년 『The Discovery of Grounded Theory: Strategies for
Qualitative Research(근거이론의 발견: 질적연구전략)』[4]을 발표, 데
이터에 근거하여 이론을 개발하는 연구방법론을 제시하였다. 근거

---

2) 한글번역본과 달리 의역하였다. 한글번역본을 참고하기 바란다. Matthew B. Miles,
　A. Michael Huberman 공저, 박태영 외 공역(2009). 질적자료분석론. 서울: 학지사.
3) 한글번역본을 참고하기 바란다. Matthew B. Miles, A. Michael Huberman,
　Johnny Saldaña 공저, 박태영 외 공역(2019). 질적 자료 분석론: 방법론 자료집. 서울:
　학지사.
4) 원서 읽기를 권하지만, 필요하다면 한글번역본을 참고하기 바란다. Barney G.
　Glaser, Anselm L. Strauss 공저, 이병식 외 공역(2011). 근거이론의 발견: 질적연구전략.
　서울: 학지사.

이론연구는 이론적 표집을 통한 데이터 수집, 연속적인 데이터 수집·코딩·분석 그리고 지속적인 비교 분석을 통해 데이터에 근거하여 이론을 개발한다.

글레이저와 스트라우스(Glaser & Strauss)의 근거이론연구 저서 출간 20여 년 후인 1990년 스트라우스(Strauss)는 코빈(Corbin)과 함께 기존 근거이론 연구방법론을 보강하여 『Basics of Qualitative Research: Grounded Theory Procedures and Techniques(질적연구의 기초: 근거이론 절차와 기법)』[5]을 출간하였다. 스트라우스와 코빈(Strauss & Corbin)은 이 책의 목적을 다음과 같이 설명하였다.

이 책은 데이터에 대한 질적분석을 통해 귀납적으로 이론을 세우고자 하는 연구자들(사회과학은 물론 여러 다양한 분야의 연구자들)을 위한 것이다. 데이터를 수집할 때 무척 신나고 흥분에 들뜬 경험을 했어도 막상 데이터를 분석할 때가 되면 연구자들은 당혹스러워한다. 엄청난 양의 필드노트, 면담 녹취록, 기록물("산더미 같은 데이터")에 당혹해할 뿐 아니라, 다음과 같은 질문들로 고민에 빠진다. 이 모든 것을 어떻게 다 이해할 수 있을까? 데이터에 투영된 현실 세계에 발을 단단히 디딘 채 동시에 이를 뛰어넘는 이론적 해석을 어떻게 할 수 있을까? 데이터 분석 시 내가 가지고 있는 편견, 선입견, 고정관념을 어떻게 극복할 수 있을까? 어떻게 하면 내가 분석한 것들을 모두 종합해서 간명한 이론으로 세울 수 있을까? 이 책의 목적은 이 질

---

5) 가장 최근 출간된 제4판 한글번역본을 참고하기 바란다. Juliet Corbin, Anselm Strauss 공저, 김미영 외 공역(2019). **근거이론**. 서울: 현문사.

문들에 그리고 데이터에 대한 질적분석과 관련된 질문들에 답하는 것이다(Strauss & Corbin, 1990: 7-8, 서경혜, 2023: 98-99에서 재인용).[6]

스트라우스와 코빈(Strauss & Corbin)의 근거이론연구는 이론 개발을 위한 데이터 분석에 중점을 두고 있다. 특히 데이터로부터 이론을 개발하는 가장 핵심적인 과정인 코딩에 중점을 두고 있다. 스트라우스와 코빈(Strauss & Corbin)은 다음과 같은 세 가지 코딩방법을 제시하였다.

첫째는 개방코딩(open coding)이다. 개방코딩은 데이터를 개념화하고 범주화하는 과정이다. 개방코딩을 통해 코드를 도출하고 도출된 코드를 범주화하여 범주를 생성한 후 범주의 속성과 차원을 규명한다. 둘째는 축코딩(axial coding)이다. 축코딩은 개방코딩을 통해 도출된 범주들을 패러다임 모형을 적용하여 서로 관련짓는 과정이다. 먼저 가장 중심이 되는 현상을 파악하고, 현상을 중심으로 그 인과조건, 맥락, 매개조건, 행위/상호작용 전략, 결과의 관계로 범주를 연관시킨다. 셋째는 선택코딩(selective coding)이다. 선택코딩은 핵심범주를 중심으로 그 외 범주들을 연관시키며 이론화하는 과정이다. 선택코딩을 통해 근거이론을 세운다.

스트라우스와 코빈(Strauss & Corbin)의 코딩방법은 질적자료를 어떻게 분석해야 할지 몰라 골머리를 앓던 연구자들에게 큰 인기를 끌었다. 나아가서 질적코딩방법의 발전 및 확산에 크게

---

6) 한글번역본과 달리 의역하였다. 한글번역본도 참고하기 바란다. 안젤름 스트라우스, 줄리에트 코빈 지음, 김수지 · 신경림 옮김(1996). 근거이론의 이해. 서울: 한울아카데미.

기여하였다. 특히 CAQDAS(Computer-Assisted Qualitative Data Analysis Software)[7], 즉 '컴퓨터 지원 질적자료분석 소프트웨어' 개발에 큰 영향을 미쳤다. 일례로 NVivo(엔비보)를 들 수 있다. NVivo는 텍스트뿐만 아니라 시각자료, 영상자료 등 다양한 질적자료를 분석할 수 있도록 지원해 주는 CAQDAS 프로그램이다. 그 외 Atlas.ti, AnSWR, AQUAD, CAT, Dedoose, DiscoverText, HyperRESEARCH, MAXQDA, QDA Miner, Qualrus, Quirkos, Transana, V-Note, Weft QDA, WordStat 등 여러 다양한 CAQDAS 프로그램이 개발, 활용되고 있다.

CAQDAS, 즉 질적자료분석 소프트웨어는 질적자료분석의 과정 및 방법을 명시화, 체계화하는 데 큰 기여를 했다는 평가를 받고 있다. 나아가서 검증 가능한 과학적인 질적분석방법을 수립, 질적분석의 타당도와 신뢰도를 제고했다는 평가도 받고 있다. 그러나 다른 한편으로, 질적자료분석 소프트웨어는 양적분석의 논리와 방법을 적용하여 질적분석의 방법을 표준화했다는 거센 비판을 받고 있다. 컴퓨터 프로그램에 의존할 것이 아니라 연구자의 해석력에 기반하여 질적자료에 대한 심층 해석이 이루어져야 한다는 주장이 큰 공감을 얻고 있다.

---

7) CAQDAS, computer-assisted qualitative data analysis software의 줄임말로 '켁데스' 또는 '켁다스'라고 발음한다.

## 2. 질적자료에 대한 해석적 접근

질적자료를 수집하고 나면 그 방대한 양에 압도되어 얼른 줄이려고 든다. 쓸데없는 것들은 버리고 요점을 잡아서 간추린다. 또는 키워드(keyword)나 핵심적인 단어, 구절, 문장만 뽑아내는 방식으로 간추린다. 이 같은 '축약'을 질적자료분석이라고 생각하는 연구자들도 있다. 필자가 보기에 이것은 마치 양적연구에서 수량화를 통해 데이터를 압축하듯, 압축의 논리를 질적연구에도 적용한 것 같다. 우리는 수백 쪽의 소설을 읽고 그것을 이해하는 데 별 어려움이 없다. 물론 요약본을 찾는 사람들도 있다. 그러나 요약본이 오히려 우리의 이해를 피상적 수준에 머물게 한다. 문제는 양이 아니다.

압축의 논리는 코딩식 자료분석에서도 발견된다. 이론을 토대로 코딩시스템을 개발, 이를 적용하여 질적자료를 분석하는 양적코딩 또는 기존 코딩시스템을 적용하여 수집한 질적자료를 분석하는 양적코딩의 경우, 코딩을 통해 질적자료를 축약하는 방식을 취한다. 이 같은 코딩식 자료분석은 자료를 낱낱이 분해하는 방식이다. 그리하여 원자료가 가지고 있는 구체성은 형체도 없이 사라지고 코드와 범주만 남게 된다.

질적연구자들은 수집한 자료를 섣불리 축약하거나 코딩하는 것을 경계한다. 질적연구자들은 자료를 '이해'하는 데 중점을 둔다. 이때 질적자료를 '이해'한다는 무슨 뜻인가?

'설명(explanation)'과 대비되는 '이해(understanding)'의 개념은 인간 현상에는 고정된 규칙성으로 표현될 수 없는 개개인의 특이하고 다양한 의미의 차원과 객관적인 이론틀로는 포착하기 힘든 복잡성과 비합리성이 내재한다는 전제에서 비롯된다. 즉, '이해'란 인간 현상에 얽힌 의미의 풍부함과 다양함을 있는 그대로 최대한 받아들이고자 하는 인간의 진지하고 겸허한 자세와 관련되는 것으로, 개개인이 속한 삶의 구체적인 맥락 속에서 그가 경험하는 체험적 의미(lived meaning)의 다양한 모습을 인지적 · 심정적(心情的)으로 공감하는 일을 말한다(유혜령, 1997: 5).

연구자가 수집한 질적자료는 연구참여자의 해석을 담고 있다. 자신의 삶, 자신이 사는 세상에 대한 연구참여자의 해석을 담고 있다. 인간을 대상으로 자료를 수집한다는 것은 그의 해석을 수집하는 것이다. 연구자는 연구참여자의 해석을 수집하고 연구참여자의 해석을 해석한다.

연구참여자의 해석을 해석하기 위해서는 연구참여자의 해석을 이해해야 한다. 연구참여자의 해석 속으로 빠져들어가 그의 관점에서 그의 해석을 이해해야 한다. 즉, 공감하는 것이다. 연구참여자의 해석을 이론이나 코딩시스템을 적용하여 설명하는 것이 아니라 또는 여러 연구참여자의 해석을 한데 모아서 합한 뒤 낱낱이 쪼개어 분석하는 것이 아니라, 연구참여자 한 명 한 명의 해석에 깊이 공감하는 것이다.

그리고 다시 연구자는 연구참여자의 해석 속에서 빠져나와 연구참여자의 해석이 의미하는 바를 성찰하고 물음을 던진다. 그것은 무슨 뜻인가, 왜 그런 말을 했을까, 그 침묵이 의미하는 것은 무엇인가…. 연구자는 연구참여자의 해석을 해석한다.

　질적자료에 대한 이 같은 해석적 접근은 리쾨르(Ricoeur, 1970)의 '공감의 해석학'과 '의심의 해석학', 가다머(Gadamer, 1975)의 '참여와 거리두기의 변증법' 등과 맥을 같이 한다. 예를 들면, 독자는 텍스트에 빠져들어 가는 '참여'와 텍스트에서 빠져나와서 그에 대해 성찰하는 '거리두기'를 통해 텍스트에 대한 보다 깊은 이해에 이르게 된다. 공감과 의심의 해석을 통해 더 나은 해석으로 나아간다.

　그리고 그 과정은 불확실성으로 점철된 여정이다. 확신이 안 서고 의구심과 의문으로 가득 찬 여정이다. 이론에 기댈 수도, 코딩시스템에 기댈 수도, 소프트웨어 프로그램에 기댈 수도 없다. 질적연구자는 연구참여자의 해석 속으로 빠져들어 가 연구참여자의 해석에 대해 공감적 이해를 하고, 연구참여자의 해석 속에서 빠져나와서 연구참여자의 해석이 의미하는 바에 대해 성찰한다. 연구참여자의 해석이 갖는 개인적 의미를 넘어서서 사회적·문화적·역사적 의미를 고찰한다. 그리고 이를 연구자의 해석으로 다시 풀어낸다. 다시 말해, 연구참여자의 해석을 재해석하고 연구참여자의 해석에 대한 연구자의 해석을 제시한다.

　질적자료를 해석한다는 것에 대해 『Interpretation of Cultures(문화의 해석)』의 저자 기어츠(Geertz)의 주장은 깊은 통찰을 준다.

　　문화 분석이란 의미를 발견하는 것이 아니라, 의미를 추론하고 그 추론을 평가하고 그리하여 더 타당한 추론으로부터 결론을 도출하는 것이다…. 문화 분석은 본질적으로 불완전하다…. 문화에 관한 주장은 본질적으로 논쟁의 여지가 있다. 인류학은, 적어도 해석적 인류학은 완전한 합의에 이르는 학문이 아니라 논쟁을 통해 더 나은 해석으로 나아가는 학문이다(Geertz,

1973: 20, 29, 서경혜, 2023: 80에서 재인용).[8]

  필자는 기어츠(Geertz)의 주장을 바탕으로 질적자료에 대한 해석을 다음과 같이 이해한다. 질적자료에 대한 해석은 의미를 발견하는 것이 아니라, 의미를 추론하고 그 추론을 평가하고 그리하여 더 타당한 추론으로부터 결론을 도출하는 것이다. 질적자료해석은 본질적으로 불완전하다. 질적자료에 대한 해석은 본질적으로 논쟁의 여지가 있다. 질적자료해석은 완전한 합의에 이르는 것이 아니라 논쟁을 통해 더 나은 해석으로 나아가는 것을 지향한다.

---

8) 한글번역본과 달리 의역하였다.

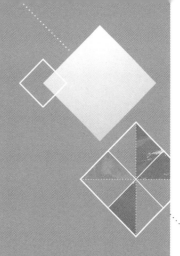

INTRODUCTION TO QUALITATIVE RESEARCH

질적코딩은 자료의 의미를 파악하는 질적분석의 과정이다. 연구자는 자료를 정독하며 그것이 의미하는 바를 고찰하고 그 의미를 가장 잘 나타내는 용어, 즉 코드(code)를 부여한다. 코드는 자료의 의미를 개념화한 것이다. 그러므로 질적코딩은 질적자료에 대한 양적코딩, 예컨대 이론을 토대로 코딩시스템을 개발하여 질적자료를 분석하는 양적코딩방법, 또는 선행연구의 코드나 코딩시스템을 적용하여 수집한 질적자료를 분석하는 양적코딩방법과 구별된다. 이 장에서는 질적코딩의 과정과 방법에 대해 살펴보고자 한다.

질적코딩은 자료 숙지, 코드 생성, 코드 범주화, 주제 생성의 과정으로 진행된다. 각 단계를 자세히 살펴보면 다음과 같다.

## 1. 자료 숙지

수집한 자료들을 모두 텍스트화하고 유형별로(예컨대, 관찰자료, 면담자료, 기록물 자료 등), 날짜별로, 연구참여자별로 정리한다. 그 다음 수집한 자료들을 연구참여자별로 날짜순으로 모두 한데 묶어 자료모음집을 만든다. 그리고 자료 전체를 처음부터 끝까지 읽는다. 그간 자료를 수집할 때마다 수집한 자료들을 정리하면서, 녹취록을 작성하거나 관찰기록지, 필드노트 등을 쓰면서 그때그때 자료를 읽어 왔지만, 이제야 전체를 읽게 되는 것이다.

자료 전체를 통독하니, 자료를 토막토막 읽었을 때는 마치 나무를 보고 숲을 보지 못했던 것처럼, 이제 각각의 나무들이 서로 어우

러져 숲을 이루고 있는 것을 보게 된다. 각각의 자료들이 서로 어떻게 관련되어 있는지 그 관계를 보게 되고, 그 관계 속에서 개별 자료들이 갖는 의미와 의의를 이해하게 되고, 나아가서 일정한 형태나 패턴을 인식하게 된다.

　아울러 자료수집을 마무리하는 시점에서 그동안 현장경험도 많이 쌓았고, 연구참여자들에 대해서도 더 알게 되었고, 이제 그간 수집한 자료들이 새롭게 읽힌다. 그때는 몰랐던 것들을 알게 되고, 미처 생각지 못했던 것들을 깨닫게 된다. 자료를 새롭게 이해하게 되는 것이다.

　자료수집을 마치고 바로 코딩에 들어가는 연구자들이 있다. 자료를 수집하며 그때그때 바로 코딩을 하는 연구자들도 있다. 그러나 섣부른 코딩은 독이 될 수 있다. 원자료에 충분한 시간을 쏟고 충분히 익숙해져야 한다. 따라서 자료를 수집한 뒤 수집한 자료를 읽고 또 읽으며 그 내용을 충분히 숙지한다.

　이때 연구참여자 한 명씩, 한 명의 자료를 다 읽고 그다음 연구참여자의 자료를 읽는 방식으로 연구참여자 한 명 한 명의 자료에 관심을 집중한다. 그리하여 연구참여자 한 명 한 명의 자료를 충분히 숙지한 후 여러 방식으로 수집한 자료를 다시 읽는다. 자료 유형별로, 예컨대 먼저 필드노트를 다 읽고 그다음 관찰기록지를 다 읽은 후 면담 녹취록을 읽는다거나 또는 면담 녹취록의 경우 면담 질문별로, 예컨대 먼저 첫 번째 면담 질문에 대한 연구참여자들의 녹취록을 다 읽고 그다음 두 번째 면담 질문에 대한 연구참여자들의 녹취록을 읽는 등 여러 방식으로 수집한 자료를 읽는다. 이와 같이 수집한 자료 전체를 여러 차례에 걸쳐 통독하며 자료의 내용을 파악한다.

## 2. 코드 생성

자료의 전체 내용을 숙지한 후 이제 자료의 내용을 찬찬히 자세히 읽어 가며 그 의미를 파악하는 데 집중한다. 자료를 정독하며 그것이 의미하는 바를 고찰하고 그 의미를 가장 잘 나타내는 용어, 즉 코드를 부여한다. 코드는 자료의 의미를 개념화한 것이다. 자료에 대한 면밀한 검토를 통해 그 의미를 나타내는 개념을 코드로 명명한다.

코드 '생성'이라는 용어를 사용한 것은 바로 이 같은 이유에서이다. 질적코딩은 코드라는 것이 자료에 내재되어 있고 연구자에 의해 발견되는 것이라고 가정하지 않는다. 코드는 발견되는 것이 아니라 생성되는 것이다. 연구자가 자료의 의미를 탐색하여 코드를 생성한다. 그럼, 코드 생성의 과정을 자세히 살펴보자.

먼저 자료를 꼼꼼히 읽고 면밀히 검토하며 그 의미를 탐색한다. '말 속에 뜻이 있고 뼈가 있다.'라고 하듯, 연구참여자가 한 말뿐 아니라 말 속에 담긴 속뜻을 이해해야 한다. 연구참여자가 한 행동뿐 아니라 그 행동이 품은 속뜻을 이해해야 한다. 말로 표현되지 않은, 행동으로 드러나지 않은, 숨은 의미를 이해해야 한다.

따라서 연구참여자가 한 말을 그대로 코드로 사용하는 것에 대해 경계할 필요가 있다. 코드는 자료가 의미하는 바를 나타낸 용어이다. 다시 말해, 연구참여자의 말이 아니라 그것이 의미하는 바를 나타낸 것이 코드이다. 그렇다고 필자가 인비보 코드(in vivo code)에 반대하는 것은 아니다. 인비보 코드라는 것이 그저 연구참여자의 말을 가져다 쓴 것이 아니기 때문이다.

인비보 코드는 연구참여자가 의미하는 바를 생생하게 나타내는 연구참여자의 언어이다. 인비보 코드를 사용하는 이유는 인비보 코드를 통해 연구참여자가 의미하는 바를 더 깊이 이해할 수 있기 때문이다. 예를 들어, 노숙인들이 쓰는 용어는 그들의 삶과 문화를 이해하는 데 중요한 역할을 한다. 안준희의 연구(2000)에 의하면, 노숙인들의 언어에는 특히 얻어먹는 방법에 대한 용어들이 매우 다양하고 세밀하다. 이 용어들을 통해 노숙인들이 어떻게 살아가는지 그리고 그들의 삶에서 무엇이 중요한지 엿볼 수 있다.

인비보 코드는 연구참여자의 언어를 사용함으로써 연구참여자의 의미를 생생하게 담아낸다. 그런데 간혹 연구참여자가 한 말 중에서 호기심을 자극하는 용어나 자극적인 표현, 센세이셔널한 반응을 일으킬 만한 말 등을 따와서 인비보 코드로 사용하는 경우를 보게 된다. 이는 지양되어야 한다. 용어나 표현 그 자체보다 연구참여자가 그것을 언제, 어떻게, 왜 사용하였는지, 어떤 의도로, 어떤 의미로 사용하였는지를 이해하는 데 더 많은 관심을 기울여야 한다.

코드명과 관련하여 근거이론 연구자 샤매즈(Charmaz, 2006)는 동명사 사용을 제안하였다. 동명사는 영어에서 동사와 명사의 기능을 겸한 품사를 말한다. 예컨대, 샤매즈(Charmaz, 2014)는 만성질환자들의 자아를 지키기 위한 고투에 관한 연구에서 그들의 경험을 분석하여 'concentrating on today(오늘에 집중하기)', 'giving up future orientation(미래에 대한 생각 안 하기)', 'managing emotions(감정 관리하기)' 등의 코드를 부여하였다. 동명사형으로 코드를 생성한 것이다.

일반적으로 코드명은 명사를 사용하는데, 이에 대해 샤매즈(Charmaz, 2006)는 다음과 같은 문제를 제기하였다. 코드명을 명사로 할 경우, 첫째, 연구참여자가 겪은 경험의 역동성과 연속성을 충분히 담아내기 어렵다. 둘째, 연구참여자의 경험을 '무엇에 관한 것', 즉 토픽(topic)으로 분류하는 수준에서 분석이 끝날 수 있다. 예를 들면, 경험이 의미하는 바를 파악해야 하는데, 이 경험은 '가족관계'에 관한 것이고, 이 경험은 '친구관계'에 관한 것이고, 또 이 경험은 '자기성찰'에 관한 것이고 등등 경험이 무엇에 관한 것인지를 분류하는 수준에서 그칠 수 있다. 셋째, 코드명을 명사로 부여할 경우 기존 이론이나 개념, 선행연구의 코드 등을 차용할 가능성이 높아진다. 그러다 보면 자료가 의미하는 바를 충분히 이해하기도 전에 설익은 범주화로 나갈 위험이 있다.

필자는 코드명을 명사로 하지 말아야 한다고 주장하지는 않는다. 하지만 '왜' 명사 사용이 문제의 소지가 있는지에 대한 샤매즈(Charmaz)의 주장에 공감한다. 분석을 하다 보면 분류로 그치는 경우가 종종 있다. 그것이 의미하는 바가 무엇인가를 탐색하는 분석으로 나아가지 못하고, 이것은 무엇에 관한 것이고 저것은 무엇에 관한 것이고 이것끼리 묶고 저것끼리 묶고 분류만 하고 끝내는 것이다.

또한 연구참여자의 말, 행동, 경험 등이 의미하는 바가 무엇인지 탐색하다 보면 이론적 개념이나 선행연구에서 잘 만들어진 코드로 설명하고 싶은 유혹을 떨치기 어렵다. 동명사 사용이 이 같은 문제들을 해결해 줄 수 있을지는 모르겠으나, 적어도 인간 경험의 역동성과 연속성을 담아내고자 한다면, 샤매즈(Charmaz)가 제안한 바와 같이 코드명을 동명사로 부여하는 것이 적절할 것 같다.

[예시상자 10-1]과 [예시상자 10-2]에 코드 생성의 예를 제시하였다. 이 예는 필자의 좋은 수업에 대한 인식 연구(서경혜, 2004)를

바탕으로 구성된 것이다. 연구자는 좋은 수업에 대한 교사들의 인식을 연구하기 위하여 교사 면담을 수행, 면담자료를 수집하였다. 수집한 자료에 대한 분석은 교사들이 어떤 수업을 좋은 수업이라고 생각하는지 탐색하고 좋은 수업에 대한 교사들의 관점을 파악하는 데 초점을 두었다.

먼저 연구참여자별로 각각의 연구참여자의 면담 녹취록을 읽으며 좋은 수업에 대한 연구참여자의 인식을 나타내는 코드를 부여하였다. 예시상자의 왼쪽 칸에는 면담 녹취록이 제시되어 있고, 오른쪽 칸에는 코드들이 제시되어 있다. 이 코드들은 연구참여자가 어떤 수업을 좋은 수업이라고 생각하는지를 나타낸다. 이때 큰따옴표를 한 코드는 인비보 코드를 표시한 것이다. 이처럼 연구자는 연구참여자 한 명 한 명의 녹취록을 자세히 읽으며 연구참여자는 어떤 수업을 좋은 수업이라고 생각하는지 고찰한다. 그리고 좋은 수업에 대한 연구참여자의 인식을 나타내는 코드를 부여한다.

일반적으로 코딩은 한 번에 끝나지 않는다. 1차 코딩을 마치고, 다시 수집한 자료로 돌아가서 2차, 3차 코딩을 하며 코드를 수정 보완하고 또 새로운 코드를 도출한다. 그리하여 더 이상 새로운 코드가 나오지 않을 때까지, 이른바 '포화'에 이를 때까지 여러 차례에 걸쳐 코딩을 수행한다.

**코드 생성의 예시**

| 면담 녹취록 | 코드 |
|---|---|
| 연구자: 선생님께서 수업을 하실 때 가장 중요하게 여기는 것은 무엇인지요? | |
| 김교사: 뭐니 뭐니 해도 교과 내용을 잘 가르치는 거 아니겠어요? 그게 제일 중요하지 않을까요? | – 교과 내용을 잘 가르치는 수업 |
| 연구자: 교과 내용을 잘 가르치기 위해서는 어떻게 해야 할까요? | |
| 김교사: 저는 일단 핵심 내용을 잡아서 일목요연하게 정리를 해 줘요. 교과서에 나온 내용을 무작정 다 가르치는 것은 도움이 안 돼요. 그냥 하나하나 낱낱이 가르치는 거죠. 학생들이 그걸 어떻게 이해하겠어요? '나는 교과서 내용 다 가르쳤어, 다 커버했어, 진도 다 나갔어.' 이런 식으로는 안 돼요. 그니까 사실 교사가 교과 내용에 대한 전문 지식을 충분히 가지고 있는 게 중요한 거죠. 교과에 대한 전문 지식이 있어야 무엇이 중요한지 알고, 무엇을 중심으로 내용을 어떻게 구조화해서 가르쳐야겠다, 이런 계획을 세울 수 있어요. | – 교과의 핵심 내용을 잡아 주는 수업<br>– 교과 내용을 일목요연하게 정리해 주는 수업<br>– 교과 내용 커버에 급급하지 않은 수업<br>– 진도 나가기에 급급하지 않은 수업<br>– 교과 내용에 대한 충분한 전문 지식을 가진 교사의 수업<br><br>– 교과 내용을 구조화해서 가르치는 수업 |
| 연구자: 교과 내용을 학생들에게 어떻게 정리를 해 주시는지도 알고 싶은데요. | |
| 김교사: 피피티(PPT)로 내용 정리해서 학생들에게 설명하구요, 또 학습지를 제가 만들어서 학생들이 내용 이해했는지를 확인해요. 이 두 가지가 가장 중요한 것 같아요. 제가 피피티(PPT)로 내 | – 학습지를 통해 교과 내용에 대한 이해도를 확인하는 수업<br>– 교과 내용을 시각적으로 효과적으로 제시해 주는 수업 |

| | |
|---|---|
| 용 잘 정리해서 보기 좋게 시각적으로 관심 끌게 보여 주고, 설명을 명확하게 재미있게 해 주면, 학생들이 '선생님 설명을 들으면 머릿속에 쏙쏙 들어와요.' 라고 반응을 해 줘요. 무척 보람되죠. 또 어떤 학생은 '선생님이 요점을 콕 집어서 알려 주시니까 이해가 잘 된다'고 도 해요. 그게 사실 아이들 눈높이에 맞게 설명해 주었다는 거죠. 그러고 보니, 그것도 중요하네요. 아이들 눈높이에 맞게 설명하는 거요. 아이들 눈높이에 맞게 교과 내용을 가르치는 거요. | −교과 내용에 대해 명확하고 재미있게 설명해 주는 수업<br>−"머릿속에 쏙쏙 들어오는" 수업<br><br>−"요점을 콕 집어" 주는 수업<br><br>−학생들의 눈높이에 맞는 수업 |
| 연구자: 아이들 눈높이에 맞게 교과 내용을 가르친다는 것이 구체적으로 어떤 것인지 예시를 들어 주시겠어요? | |
| 김교사: 설명을 해도 그냥 교과 내용을 쭉 설명하는 게 아니라, 보니까 피피티(PPT) 내용을 그냥 쭉 읽는 선생님, 교과서 내용을 그냥 쭉 읽는 분도 있다고 하더라구요. 아무튼 아이들이 관심 있는 소재를 찾는 거죠. 그리고 교과 내용을 설명하면서 그거랑 연결을 시키는 거예요. 그러려면 아이들이 무엇에 관심이 있는지 아이들에 대해서도 알아야 해요. 학생에 대한 이해가 있어야죠. | −교과 내용을 학생들의 관심과 연결하여 가르치는 수업<br>−학생들에 대한 관심과 이해에 기반한 수업 |

┌─────────────────────────────────────────┐
**예시상자 10-2**　**코드 생성의 예시**
└─────────────────────────────────────────┘

| 면담 녹취록 | 코드 |
|---|---|
| 연구자: 선생님께서 수업을 하실 때 가장 중요하게 여기는 것은 무엇인지요? | |
| 나교사: 제 수업이 학생들에게 의미가 있었으면 좋겠어요. 의미 있는 수업, 그쵸, 의미 있는 수업. | −학생들에게 의미 있는 수업 |
| 연구자: 의미 있는 수업이란 어떤 것인지 좀 더 구체적으로 말씀해 주시겠어요? | |
| 나교사: 학생들과 함께 호흡하는 수업이랄까…. 교사와 학생들이 서로 믿고 존중하는 수업. 교사가 학생들을 이해하고 존중하고, 학생들은 교사를 믿고 존중하고, 수업은 그래야 한다고 생각해요. | −학생들과 함께 호흡하는 수업<br>−교사와 학생들이 서로 믿고 존중하는 수업 |
| 연구자: 예를 들면…. | |
| 나교사: 예를 들면, 교사가 학생들에게 교과를 가르친다고 할 때, 교사와 학생들 간에 서로 믿고 존중하는 관계가 바탕이 되지 않으면 교과를 가르칠 수가 없어요. 먼저 관계 형성을 잘 해 놓아야 그 위에 수업을 세울 수가 있어요. 그렇지 않으면 수업을 할 수가 없어요. 학생들은 자고, 딴짓하고, 마음은 딴 데 가 있고 몸만 앉아 있는데, 수업이 되겠어요? 저도 초임 때는 최신 수업모형, 교수방법, 동기유발전략, 이것저것 많이 썼어요. 학생들 지루하지 않게 재미있는 활동도 찾아서 쓰고, 수업자료나 학습지, 활동지도 눈에 딱 들어오게 학생들 관심 끌게 만들고. 그런데 그런 것들이 | −교사와 학생들이 서로 믿고 존중하는 관계에 기반한 수업<br><br><br><br><br><br><br><br><br><br><br><br>−교사와 학생들의 좋은 관계에 |

| | |
|---|---|
| 교사랑 학생들이랑 좋은 관계가 형성되지 않으면, 인간적인 관계가 바탕이 되지 않으면 소용없다는 것을 깨달았어요. | 기반한 수업<br>-교사와 학생들의 인간적인 관계에 기반한 수업 |
| 연구자: 교사와 학생들이 서로 믿고 존중하는 관계를 형성해야 좋은 수업을 할 수 있다는 말씀이신지요? 그럼 좋은 수업이란 어떻게 정의할 수 있을까요? | |
| 나교사: 저는 수업은 서로 존중하고 신뢰하는 관계 위에 세워져야 한다고 생각해요. 학생들에게 교과를 가르치기 전에 먼저 학생들과 좋은 관계를 맺어야 한다고 생각해요. 우리는 가르쳐야 할 게 많으니까 얼른얼른 빨리빨리 가르치고 교과서 진도 빼고 진도 떼고 그럴려고 하는데, 교사가 아무리 가르치려 해도 학생들과 관계가 형성되어 있지 않으면 수업하기가 정말 힘들어요. 그래서 저는 학기 초에는 관계 형성에 많은 시간을 쏟죠. 진도 때문에 좀 불안해지기도 하는데, 관계 형성 없이는 수업이 제대로 안 된다는 것을 잘 알기 때문에 저를 다독이면서, 진도가 아니라 학생들을 봐라, 하면서 학생들을 이해하고 학생들과 서로 존중하는 수업 분위기를 만들려고 공을 들여요. 관계가 잘 형성되면 수업도 잘 되고 수업이 힘들지 않아요. | -교사와 학생들이 서로 존중하고 신뢰하는 관계 위에 세워진 수업<br><br>-진도 나가기에 급급하지 않은 수업<br><br><br><br><br><br><br><br>-학생들을 이해하는 수업<br>-교사와 학생들이 서로 존중하는 수업 분위기 |

# 3. 코드 범주화

코드 범주화는 코드들을 개념적으로 통합하여 범주를 생성하는 것을 말한다. 질적연구자는 생성된 코드들을 모두 나열하고 목록화한다. 그리고 코드들 간의 공통성과 상이성을 비교한다. 유사한 속성의 코드들은 병합하고, 코드의 개념적 수준에 따라 상위개념의 코드 아래 하위개념의 코드들을 통합한다. 이때 일반적으로 두 가지 방법이 사용된다.

첫째는 추상화이다. 추상화는 공통되는 속성을 가진 코드들을 모아서 이것들을 상위 수준의 범주로 묶는 것을 말한다. 코드들 간에 공통된 속성을 추출하여 이 코드들을 한데 묶고 공통된 속성으로 상위 수준 범주의 명칭을 부여한다. 둘째는 포섭이다. 포섭은 상위 수준의 코드에 하위 수준의 코드를 끌어들이는 것을 말한다. 생성된 코드들 중에서 상위 수준의 코드를 가려내어 이 코드를 중심으로 하위 수준의 코드들을 한데 모은다.

[예시상자 10-3]에 코드 범주화의 예를 제시하였다. 연구자는 먼저 생성된 코드들을 모두 나열하고 공통된 속성을 가진 코드들을 한데 모아 범주화하였다. 그리고 공통된 속성으로 범주의 명칭을 부여하였다. 그리하여 두 개의 범주, '지식 전달'과 '관계 맺음'의 범주를 생성하였다. 예시상자의 왼쪽 칸에는 공통된 속성을 가진 코드들이 제시되어 있고, 오른쪽 칸에는 범주가 제시되어 있다.

연구자는 이 범주들을 좋은 수업에 대한 교사의 관점으로 유형화하였다. 지식 전달 관점은 수업을 통한 교과 지식의 전수를 강조하며 좋은 수업을 교과 내용을 명확하고 효과적으로 전달해 주는 수

예시상자 10-3   코드 범주화의 예시

| 코드 | 범주 |
|---|---|
| -교과 내용을 잘 가르치는 수업<br>-교과의 핵심 내용을 잡아 주는 수업<br>-교과 내용을 일목요연하게 정리해 주는 수업<br>-교과 내용에 대한 충분한 전문 지식을 가진 교사의 수업<br>-교과 내용을 구조화해서 가르치는 수업<br>-학습지를 통해 교과 내용에 대한 이해를 확인하는 수업<br>-교과 내용을 시각적으로 효과적으로 제시해 주는 수업<br>-교과 내용에 대해 명확하고 재미있게 설명해 주는 수업<br>-"머릿속에 쏙쏙 들어오는" 수업<br>-"요점을 콕 집어" 주는 수업 | 지식 전달 |
| -교사와 학생들이 서로 믿고 존중하는 수업<br>-교사와 학생들이 서로 믿고 존중하는 관계에 기반한 수업<br>-교사와 학생들의 좋은 관계에 기반한 수업<br>-교사와 학생들의 인간적인 관계에 기반한 수업<br>-교사와 학생들이 서로 존중하고 신뢰하는 관계 위에 세워진 수업<br>-교사와 학생들이 서로 존중하는 수업 | 관계 맺음 |

업이라고 본다. 관계 맺음의 관점은 교사와 학생 간의 인간관계를 중시하며 좋은 수업을 교사와 학생들이 서로 존중하고 신뢰를 쌓아 가는 수업이라고 본다.

이와 같이 수평적 그리고 수직적으로 코드들을 분류, 통합하며 보다 추상적이고 보편적인 개념, 즉 범주를 생성한다. 범주(category)는 코드로 표현된 개념들을 포괄하는 유개념이다. 다시 말해, 보다 상위의 추상적인 개념이다. 범주는 코드들을 개념적으로 통합한 것으로 추상성과 보편성을 특징으로 한다. 추상적인 상위개념 또는 포괄적인 유개념을 나타내는 용어로 범주를 명명한다.

## 4. 주제 생성

연구목적과 연구문제에 따라 코드 범주화로 분석을 마치는 경우도 있고, 주제(theme) 생성으로 나아가기도 한다. 생성된 범주들을 통합하는 주제를 생성하는 것이다. 주제 생성은 여러 방식으로 진행될 수 있다. 몇 가지를 소개하면 다음과 같다.

- 범주들 간의 관계를 고찰하고 범주들을 서로 관련지어 범주들을 통합하는 방식으로 주제를 생성한다.
- 범주들 기저에 흐르는 근본적인 주제나 여러 범주를 관통하는 공통 주제로 범주들을 통합한다.
- 범주들을 유기적으로 엮어 주는 주제를 생성하고 주제를 중심으로 일정한 줄거리와 플롯을 가진 하나의 이야기. 즉, 내러티브를 구성한다.

일례로 윌리스의 문화기술적 연구(Willis, 1977)[1]를 살펴보자. 그는 학교가 자본주의 사회의 불평등한 계급구조를 재생산한다는 선행연구에 공감하면서도 다음과 같은 문제의식을 갖게 되었다. 학생들이 학교의 재생산 역할에 그저 순응하는가? 특히 노동계급 학생

---

1) 한글번역본을 참고하기 바란다. 폴 윌리스 저, 김찬호 · 김영훈 공역(2004). 학교와 계급재생산: 반학교문화, 일상, 저항. 서울: 이매진.

들의 경우, 어떻게 노동계급의 직업을 물려받게 되는가? 도대체 학교 안에서 무슨 일이 벌어지고 있는 것인가?

월리스(Willis)는 노동계급의 자녀들이 어떻게 노동계급의 직업을 갖게 되는지, 다시 말해 노동계급의 직업이 어떻게 노동계급의 부모로부터 자녀에게 대물림되는지 그 과정을 연구하고자 하였다. 그는 노동자들이 밀집해서 거주하는 도시, 가칭 해머타운(Hammertown)의 한가운데 위치한 실업계 남자 중등학교를 연구지로 선정하였다. 그리고 이 학교에서 노동계급 남학생들 열두 명을 선정하여 이 학생들을 중심으로 자료를 수집하였다.

그는 해머타운 학교에서 약 18개월 동안 필드워크를 하며 열두 명의 남학생을 중심으로 그들의 학교 안팎의 생활을 참여관찰하였고, 학생들과 개별면담 및 집단면담을 여러 차례 진행하였다. 또한 학교 교직원, 학교에 오는 취업담당 공무원들 그리고 학부모들과도 면담하였다. 특히 열두 명의 학생은 졸업 후에도 그들의 직장에서 6개월 정도 자료수집을 이어 갔다.

수집한 자료에 대한 분석은 노동계급 학생들이 형성, 공유하는 문화에 초점을 맞추었다. 월리스(Willis)는 노동계급 남학생들의 문화를 '싸나이 문화'라고 명명하며 다음과 같은 일곱 개의 범주로 특징지었다. 권위에 대한 반항, 비공식적 집단성, 개기기 · 거짓말하기 · 까불기, 익살떨기, 지루함과 신남, 성차별주의 그리고 인종차별주의이다. 예컨대, '권위에 대한 반항'의 범주에는 복장 위반, 흡연, 음주 등 학교에서 금지된 행위를 거리낌 없이 하는 것이 포함되었고, '성차별주의' 범주에는 학교 규칙을 따르는 학생들을 '계집애 같다'고 경멸하거나 노동계급 여학생들에 대한 성적 비하 발언, 가부장적 태도 등이 포함되었다.

윌리스(Willis)는 일곱 개의 범주를 관통하는 주제로 '간파'와 '제약'이라는 주제를 생성하였다. 간파란 사회 구성원들이 자신이 처한 삶의 조건과 지위를 꿰뚫어 보려는 의지를 말한다. 제약은 이 같은 의지가 충분히 발달, 발현되는 데 방해가 되는 장애물과 이데올로기적 영향을 말한다.

윌리스(Willis)의 해석에 의하면, 노동계급 남학생들은 현존 사회의 불평등한 계급구조를 잘 알고 있다. 그러나 그들의 저항은 노동계급의 문화를 계승하고 노동계급의 직업을 선택함으로써 불평등한 계급구조의 재생산에 동조하는 결말로 끝난다. 그런 점에서 이들의 간파는 불완전하다. 자신들이 처한 삶의 조건과 사회경제적 지위를 꿰뚫어 보려는 의지는 불완전하게 발현되고 있는 것이다. 그 결과, 이 '싸나이들'은 자본주의 체제와 부르주아 문화를 거부하면서도 스스로 기존 계급구조 속에 편입되고 만다(오욱환, 2003).

## 5. 메모잉

메모잉(memoing)은 '메모한다'는 뜻이다. 연구자가 자료분석을 하며 떠오르는 생각들을 그때그때 적어 놓는 것을 메모잉이라고 한다. 분석을 하며 머릿속에 떠오른 생각들을 그냥 흘려보내지 않고 생각나는 대로 적어 두는 것이다.

예를 들어, 코딩을 하며 코드에 대한 생각들, 가령 해당 코드 외에 다른 대안적 코드가 생각나면 그것을 메모해 둔다. 또는 자료의 의미에 대한 생각들, 예컨대 자료가 의미하는 바에 대한 또 다른 여러 가지 분석 가능성 등을 그때그때 생각나는 대로 메모해 둔다. 그리고 코딩 후 메모한 것들을 다시 읽어 보고 다시 곰곰이 생각하며 코딩을 어떻게 수정, 개선해 나아갈지 모색한다.

　[예시상자 10-4]에 메모잉의 예를 제시하였다. 코드 범주화의 과

---

**예시상자 10-4   메모잉의 예시**

| 코드에 대한 메모 | ○○○○년 ○월 ○일 |
| --- | --- |

아래 코드들에 대한 맥락화가 필요함.

－학생들의 눈높이에 맞는 수업
－학생들에게 의미 있는 수업
－학생들과 함께 호흡하는 수업
－학생들을 이해하는 수업
－학생들에 대한 관심과 이해에 기반한 수업
－교과 내용 커버에 급급하지 않은 수업
－진도 나가기에 급급하지 않은 수업

1. 이 코드들은 '지식 전달'과 '관계 맺음'의 범주에서 공통적으로 나타남. 교사가 지식 전달의 관점을 취하든, 관계 맺음의 관점을 취하든, 이들 속성은 중요하게 여겨지고 있음. 따라서 그 의미에 대한 보다 심층적인 분석이 필요함. 예컨대, 교사가 '학생들의 눈높이에 맞는 수업'이라고 말했을 때, 그것이 무엇을 의미하는지 그 의미를 맥락적으로 파악할 필요가 있음. 교과 내용을 학생들의 눈높이에 맞게 설명한다는 의미일 수도 있고, 학생들의 눈높이에 맞추어 교사가 학생들을 대하고 인간적인 관계를 맺어야 한다는 의미일 수도 있음. 그러므로 이들 코드는 교사의 말보다는 그 뜻을 파악하는 데 보다 중점을 두어야 함.

2. 아울러 이 코드들을 주제로 발전시키는 것에 대해 생각해 볼 것. 연구참여자들의 면담 자료 전반에 걸쳐 공통적으로 보이는 코드들임. 주제로 발전시킬 가능성이 있다고 생각됨. 그렇다면 이 코드들과 범주들의 관계는? 일단 범주들 안에 넣고 범주 안에서 그 의미를 맥락적으로 파악한 뒤, 이 코드들을 공통 범주로 묶어서 주제로 발전시킬 수 있을까? 이 가능성에 대해서도 탐색해 볼 것.

정에서 특정 범주로 범주화할 수 없는 코드들이 있었다. 이에 대한
연구자의 생각을 메모한 것이다.

샤매즈(Charmaz)는 자료분석뿐 아니라 연구의 전 과정에 걸쳐 메
모잉을 할 것을 강조하였다. 그 이유를 다음과 같이 설명하였다.

> 메모는 당신의 생각을 붙잡아 두고, 당신이 비교하고 연관시
> 킨 것들을 포착하고, 당신이 탐구해야 할 질문들과 나아가야 할
> 방향을 명확히 해 준다. 메모를 하며 자기 자신과 대화를 함으로
> 써 새로운 생각과 통찰을 얻을 수 있다…. 메모를 해 놓으면, 그
> 것을 지금 활용할 수도 있고 혹은 두었다가 나중에 꺼내 쓸 수도
> 있다. 간단히 말해서, 메모잉은 자료에 몰입하도록 하고, 당신의
> 생각을 발전시키고, 다음 데이터 수집을 정교화할 수 있도록 한
> 다(Charmaz, 2006: 72, 서경혜, 2023: 119-120에서 재인용).

메모잉은 연구자가 자신과 나누는 대화이다. 정신없이 바쁘게 돌
아가는 연구 중에 잠시 멈춰서 자신과 글로 대화를 나누는 것이다.
때로는 문득 떠오르는 생각에 멈춰 서기도 하고, 때로는 일부러, 또
때로는 억지로 자신을 멈춰 세우기도 한다. 멈춰서 들여다보지 않으
면 그냥 흘러가 버린다. 그것을 글로 붙잡아 두는 것이 바로 메모
잉이다.

그러므로 메모잉은 연구자 자신이 자신을 위해 자신에게 쓰는 글
이다. 문법이나 틀에 얽매이지 말고 자유롭게 쓴다. 생각나는 대로,
생각이 흐르는 대로 쓴다. 그리고 글로 붙잡아 둔 생각을 다시 생각
하며 그 생각을 또 글로 쓴다. 이처럼 메모잉은 성찰적이고 지속적
인 특성을 띤다.

　코딩이 자료의 의미를 고찰하고 그 의미를 담은 코드를 부여하는
분석활동이라면, 메모잉은 보다 성찰적인 분석활동이다. 메모잉은
코딩을 하며 동시에 비판적 견지에서 코딩을 주시함을 의미한다.
메모잉은 코딩을 하며 동시에 열린 자세로 새로운 가능성을 탐색함
을 의미한다. 메모잉은 분석의 깊이를 더하고 분석의 지평을 확장
한다.

　지금까지 질적코딩의 과정 및 방법에 대해 살펴보았다. 질적코딩
을 활용하여 본인이 수집한 자료를 분석해 보기 바란다. 실제로 해
봐야 질적코딩방법을 습득할 수 있고, 나아가서 질적코딩이 본인이
수집한 자료를 분석하는 데 적절한 분석방법인지 판단할 수 있을
것이다.

제 **11** 장  **주제분석**

주제분석(Thematic Analysis, TA)은 질적자료분석의 한 방법이다. 이 장에서는 브라운과 클라크(Braun & Clarke, 2006, 2022)의 주제분석 방법론을 중심으로 주제분석의 과정 및 방법에 대해 살펴보고자 한다.

먼저 주제분석 방법론이 질적자료분석에 대하여 어떠한 관점을 취하고 있는지를 이해할 필요가 있다. 브라운과 클라크(Braun & Clark)는 2022년 저서에서 주제분석의 성찰적 특성을 강조하며 성찰적 주제분석(reflexive thematic analysis)이 기반하고 있는 핵심 가정(core assumptions) 열 가지를 제시하였다. 주제분석의 핵심 가정은 다음과 같다.

- 주제(theme)는 토픽(topic)도 아니요, 토픽 요약도 아니다. 주제는 자료의 의미를 개념적으로 통합한 것이다. 주제는 자료의 의미들을 통합하는 중심 개념을 말한다.
- 주제는 코드들로부터 생성된다. 그러므로 코드 전에 주제가 먼저 생성될 수 없다.
- 주제는 발견되는 것이 아니라 생성되는 것이다. 주제는 연구자에 의해 분석을 통해 생성된다.
- 좋은 코드와 주제는 몰입과 거리두기의 이중과정을 통해 생성된다. 자료에 깊이 몰입하기 그리고 자료에서 한발 물러서서 비판적으로 검토하기, 연구자는 몰입과 거리두기의 이중과정을 통해 적절한 코드와 주제를 생성한다.
- 코딩은 연구자 혼자 할 수도 있고, 연구자들이 협력적으로 할

수도 있다. 협력적 코딩은 코딩에 대한 의견을 하나로 일치시
키는 것보다 자료에 대한 이해와 해석 그리고 성찰성을 증진시
키는 데 중점을 둔다.

- 자료분석 및 해석은 정확할 수도 없고 객관적일 수도 없다. 하
지만 자료분석 및 해석이 빈약할 수 있고(예컨대, 설득력이 없
고, 얕고, 표면적이고, 피상적임) 또는 유력할 수 있다(예컨대, 설
득력이 있고, 통찰력이 있고, 깊이 있고, 풍부하고, 복합적이고, 심층
적임).
- 자료분석은 이론적 가정에 기반한다. 연구자는 자료분석 기저
에 깔린 이론적 가정들을 드러내어 밝히고 비판적으로 성찰해
야 한다.
- 수준 높은 분석의 비결은 바로 성찰성(reflexivity)이다. 연구자
는 자신의 분석 및 해석 그리고 그 기저의 관점과 가정을 비판
적으로 성찰해야 한다.
- 자료분석은 과학이 아니라 예술이다. 자료분석의 과정에서 가
장 중요한 것은 창의성이다. 엄격성에 기반한 창의성은 자료분
석의 과정에서 가장 중요하다.
- 지식 생성은 본질적으로 주관적이고 상황적이다. 그러므로
연구자의 주관성은 제거되거나 통제되어야 하는 골칫거리가
아니라 자료분석을 위한 자원으로 여겨져야 하고 활용되어야
한다.

주제분석의 열 가지 핵심 가정은 주제분석이 탈실증주의적 패러
다임에 기반한 질적자료분석 방법론임을 시사한다. 그럼 주제분
석은 어떻게 하는가? 브라운과 클라크(Braun & Clarke, 2022)에 의

하면, 주제분석은 자료 숙지(familiarization), 코딩(coding), 초기 주제 생성(generating initial themes), 주제 개발 및 검토(developing and reviewing themes), 주제 정의 및 명명(defining and naming themes), 논문 쓰기(writing up)의 과정으로 진행된다. 요컨대, 주제분석은 다음과 같이 여섯 단계로 진행된다.

- 자료 숙지
- 코딩
- 주제 생성
- 주제 검토
- 주제 정의 및 명명
- 논문 쓰기

주제분석의 각 단계를 자세히 살펴보면 다음과 같다.

## 1. 자료 숙지

주제분석의 첫 단계는 자료 숙지이다. 수집한 자료를 분석하기 위해서는 먼저 자료를 충분히 잘 알아야 한다. 연구자는 수집한 자료를 텍스트화하여 읽고 또 읽으며 자료를 숙지한다. 아울러 동영상 촬영본이 있으면 촬영본을 여러 차례 반복해서 보고, 또 음성 녹음본이 있으면 녹음본을 여러 번 들으며 자료를 숙지한다. 이때 머릿속에 떠오르는 생각들을 기록해 둔다. 분석 노트를 작성하는 것이다. 수집한 자료를 읽고, 촬영본을 보고, 녹음본을 듣고, 분석 노트를 작성하며 자료를 숙지한다.

자료 숙지를 위해 일반적으로 두 가지 방법이 활용된다. 하나는 몰입이고, 다른 하나는 거리두기이다. 몰입은 자료에 깊이 파고드는 것을 말한다. 자료 속으로 깊이 파고들어서 자료에 대해 속속들이 잘 알게 되는 것이다. 거리두기는 자료에 대해 비판적으로 검토하는 것을 말한다. 자료에서 한발 물러서서 질문을 던진다. 이것은 무슨 뜻인가?

자료 숙지는 몰입과 거리두기의 이중과정으로 진행된다. 몰입과 거리두기가 동시에 진행될 수도 있고, 또는 몰입에서 거리두기로 순차적으로 진행될 수도 있다. 몰입과 거리두기의 이중과정을 통해 연구자는 수집한 자료에 대해 깊고 자세히 알게 된다.

## 2. 코딩

주제분석의 두 번째 단계는 코딩이다. 코딩은 연구문제에 적절한 자료를 탐색하여 분석적 의미를 부여하는 것이다(Braun & Clarke, 2022). 그러므로 코딩은 자료를 요약하는 것이 아니다. 코딩은 연구문제에 기반을 두고 진행된다. 코딩은 연구문제에 적절한 자료를 탐색하고 자료의 의미를 파악하는 분석활동이다.

주제분석의 코딩 과정을 자세히 살펴보면 다음과 같다. 수집한 자료를 정독하며 연구문제에 적절한 자료를 탐색한다. 연구문제에 적절한 자료를 확인하면 해당 자료에 분석적으로 의미 있는 간결하고 함축적인 용어를 부여한다. 이것이 코드이다. 코드는 자료의 의미를 간결하고 함축적으로 나타내는 용어이다. 이와 같이 자료를 정독하며 연구문제에 적절한 자료에 코드를 부여한다.

이는 곧 어떤 자료에는 코드가 부여되지 않음을 뜻한다. 연구문제와 관련성이 없기 때문이다. 앞서도 강조한 바와 같이, 코딩은 자료 요약이 아니다. 간혹 줄코딩(line-by-line coding)을 할 때 한 줄한 줄 각 줄마다 코드를 부여하는 경우가 있는데, 이것은 코딩이라기보다 요약이라 할 수 있다.

코딩은 연구문제에 기반한다. 그러므로 연구문제에 적절한가를 판단해야 하고, 연구문제에 적절한 자료에는 그 의미를 나타내는 코드를 부여한다. 코드가 부여되는 자료는 구절일 수도 있고, 한 문장, 한 문단 또는 여러 문단일 수도 있다. 중요한 것은 연구문제에 적절한 자료라는 것이다.

이때 연구문제에 적절한 자료에 여러 개의 코드를 부여할 수 있다. 코드는 한 개씩만 부여해야 한다고 오해하는 경우가 있다. 해당 자료가 여러 의미로 해석될 수 있을 때, 각각의 의미를 나타내는 여러 개의 코드를 부여한다. 바꾸어 말하면, 여러 의미를 담은 코드는 코드로서 적절치 않다는 뜻이다. 구체적인 단일 의미를 담은 코드를 생성한다.

코드는 그 특성에 따라 크게 두 가지 유형으로 구분된다. 하나는 명시적 코드(sematic code)이고, 다른 하나는 암묵적 코드(latent code)이다. 명시적 코드는 표면적 의미를 담고 있다. 자료를 통해, 즉 연구참여자가 한 말이나 글, 행동 등을 통해 그 의미가 비교적 명확하게 표현된 것이다. 암묵적 코드는 겉으로 드러나지 않은 의미를 담고 있다. 연구자의 심층 분석을 통해 생성된 개념적 수준의 코드라고 할 수 있다.

일반적으로 초기 코딩은 명시적 코드가 주를 이룬다. 코딩을 여러 차례 거듭하면서 자료에 대한 이해가 깊어짐에 따라 분석도 깊어지고 암묵적 코드도 증가한다. 그렇다고 해서 암묵적 코드가 명시적 코드보다 더 낫다는 뜻은 아니다. 암묵적 코딩이 생각만큼 쉽지 않기 때문에 코딩을 처음 하는 연구자나 또는 경험자라도 1차 코딩에서는 대체로 명시적 코드가 주를 이룬다. 명시적 코드이든, 암묵적 코드이든, 중요한 것은 자료의 의미를 가장 나타내는 코드를 부여하는 것이다.

그러자면 코딩을 한 번으로 끝낼 수 없다. 여러 차례에 걸친 코딩을 통해 분석의 깊이를 더하고 코드를 정련할 필요가 있다.

[예시상자 11-1]에 주제분석의 코딩을 예시하였다. 왼쪽 칸에 제시된 자료는 '무자녀 여성들의 체험에 관한 연구'에서 수집한 자료이다(Clarke, Hayfield, Ellis, & Terry, 2018, Braun & Clarke, 2022에서 재인용). 자료분석은 연구문제, 즉 무자녀 여성들이 자신의 경험을 어떻게 이해하는가에 초점이 맞추어졌다. 각 자료 맨 앞의 영문 대문자는 연구참여자를 가명으로 표시한 것이다. 코딩을 통해 생성된 코드들이 오른쪽 칸에 제시되어 있다.

| 예시상자 11-1 | 주제분석의 코딩 예시 |

| 자료 | 코드 |
|---|---|
| CHCA: 왜 사람들은 아이를 갖지 않기로 선택한 것을 아이가 없는 삶이라고 생각하죠? 제 파트너와 저는 여러 다양한 이유로, 개인적인 이유, 환경적인 이유, 사회적인 이유 등으로 자녀를 갖지 않기로 선택했어요. 그렇지만 저는 여러 아이의 대모이고, 이모이고, 사촌 언니이고, 친구예요. 흔히들 자녀를 갖지 않기로 한 사람들은 외로울 것이라고 오해하는데, 그렇지 않아요. 다만 그 선택에 대해 좀 더 자각적이죠. 자녀를 갖지 않기로 선택한 사람들은 자녀가 있는 사람들보다 그 선택에 대해 더 많이 생각하는 편이예요. | 자신이 낳은 아이만이 자녀가 아님<br><br>선택에 의한 무자녀<br>개인적인 이유로 무자녀임<br>환경적인 이유로 무자녀임<br>사회적인 이유로 무자녀임<br>자녀를 대신하는 아이들<br>다른 아이들과의 관계<br><br><br><br>무자녀가 더 의식적이고 자각적임<br>부모는 의식적인 선택이 아님/신중하지 못함<br>무자녀는 신중한 선택임<br>우월함/서열(무자녀가 맨 위)<br>논리/이성이 감정보다 중요함 |
| DARE: 말씀 잘 하셨어요. 아이 낳은 후 건망증은 겪지 않을 거예요. | 자녀는 (여성의) 이성을 파괴함<br>논리/이성이 감정보다 중요함 |
| MACL: 그리고 반대로, 많은 경우 자녀를 갖기로 선택한 사람들이 자녀를 갖지 않기로 선택한 사람들보다 자신의 결정에 대해 더 많이 생각해요. 우리는 고령화 사회에 살아요…. 자녀의 행동이 부모의 행동을 비추는 것이기 때문에 부모도 무척 자각적이에요. 좋든 나쁘든. | 부모는 의식적인 선택임/신중함<br>무자녀가 신중하지 않은 것임<br>자각적인 부모<br>우월함/서열<br>사회가 아이들을 필요로 함(고령화 사회)<br>자녀를 갖는 것은 미래를 위한 투자<br>부모는 미래를 위한 사회를 만듦 |

| GRKO: 자녀를 무척 갖고 싶은데 이런저런 이유로 갖지 못하는 사람들이 있음을 잊지 맙시다. | 무자녀가 선택이 아님<br>'진짜' 피해자는 자녀를 갖지 못하는 사람들임<br>어떤 사람들은 아주 간절히 자녀를 갖고 싶어 함<br>무자녀는 이기적임?(왜냐면 '진짜' 피해자는 자녀를 갖고 싶어도 갖지 못하는 사람들이기 때문에)<br>유전적 관련성과 자녀 |
|---|---|
| DARE: 유감스러운 일은 자녀를 갖지 말아야 하는 사람들이 넘친다는 거예요. 자녀를 가지려면 약을 먹게 해야 할 것 같아요. | 좋은/나쁜 부모<br>사회 공학/강제 불임/우생학<br>많은/어떤 사람들은 자녀를 갖지 말아야 함 |
| SHHA: 우리 앞의 도전에 준비해야 할 것 같아요. 자녀가 없는 사람들은 그들이 이루고 싶은 다른 목적이 있겠죠. 저는 제 딸과 함께하는 제 인생을 그 무엇과도 바꾸고 싶지 않아요. 그래서 감사한 마음이에요. | 각자의 취향이 있지만 그러나….<br>좋은/나쁜 부모–준비하고 있어야/신중함<br>아이는 도전임<br>자녀가 있는 것에 감사함/바꾸고 싶지 않음<br>무자녀는 다른 목적이 추구함<br>자녀는 삶을 충만하게 함 |

출처: Braun, V., & Clarke, V. (2022). *Thematic analysis* (p. 63).

# 3. 주제 생성

주제분석의 세 번째 단계는 주제 생성이다. 연구자는 코딩을 통해 생성된 코드들을 나열하고 목록화한다. 그리고 의미를 공유하는 코드들을 한데 묶어 이 코드들이 공유하는 의미, 즉 주제를 생성한다. 코드가 특정한 단일 의미를 담고 있다면, 주제는 통합적인 공유의미를 담고 있다.

그러므로 주제는 토픽도 아니요, 토픽 요약도 아니다. 토픽 요약은 특정 토픽에 대한 자료, 즉 연구참여자가 특정 토픽에 대해 이야기한 것들을 요약한 것이다. 이것은 토픽을 중심으로 자료를 요약한 것이다.

주제 생성은 요약이 아니라 개념화이다. 자료의 의미를 탐색하고 그 의미들을 통합하는 개념을 생성하는 것이다. 자료의 의미들을 통합하는 중심 개념, 이것이 바로 주제이다.

그럼 주제 생성의 과정을 자세히 살펴보자. 먼저 코딩을 통해 생성된 코드들을 한데 모아 나열한다. 그리고 각 코드에 해당되는 자료, 즉 자료 발췌문을 목록화한다. [예시상자 11-2]에 코드와 자료 발췌문의 예를 제시하였다. 앞서 언급한 '무자녀 여성의 체험에 관한 연구'(Clarke, Hayfield, Ellis, & Terry, 2018, Braun & Clarke, 2022에서 재인용)에서 코딩을 통해 생성된 코드와 자료 발췌문을 예시한 것이다. 왼쪽 칸에는 코드, 오른쪽 칸에는 해당 자료 발췌문을 목록화하였다.

그다음 코드들에 관심을 집중한다. 먼저 코드들을 하나하나 검토하며 의미를 공유하는 코드들을 한데 묶는다. 다음으로 코드 묶음

┌─────────────────┐
│ **예시상자 11-2** │ **코드와 자료 발췌문 예시**
└─────────────────┘

| 코드 | 자료 발췌문 |
|---|---|
| 각자의 취향 | META: 다른 사람의 선택을 존중해야 해요, 우리 각자 자신의 길을 선택하잖아요.<br><br>FIMA: 사람들은 왜 자녀를 갖지 않는 것이 이기적이라고 생각하죠? 다른 사람이 상관할 바가 아니잖아요!<br><br>SARO: 아이가 중심인 사람도 있고, 그렇지 않은 사람도 있어요.<br><br>JOWI: 제 남편과 저는 자녀를 갖지 않기로 선택했고 이 결정에 대해 후회해 본 적이 없어요. 우리 친구들 대부분도 자녀가 없고 아주 충만한 삶을 살고 있어요. 이것은 개인적인 선택이고, 존중해야 해요!<br><br>GLSH: 대부분의 비판적 코멘트들이 자녀가 있는 사람들에게서 나온 것이라는 게 웃기지 않아요? 왜 서로의 결정을 존중해 주지 못하는지 이해할 수가 없어요, 각자의 취향이 있답니다.<br><br>ALBR: 자녀가 있어도 좋고 없어도 좋은 것 아니겠어요.<br><br>ANMA: 남의 자궁에 신경 쓰지 마세요! |
| '진짜' 피해자는 자녀를 갖지 못하는 사람들임 | MIBE: 저는 자녀를 무척 원하는데 갖지 못하는 사람들의 마음에 공감합니다.<br><br>JOBR: 음, 우리들 중에는 선택권이 있었으면 하고 바라는 사람들도 있어요.<br><br>BRDU: 자녀를 갖고 싶은데 불임인 사람들도 있어요. 과학의 도움을 받는 사람들도 있고 어떤 사람들은 받아들이고 조카들과 함께하는 삶을 즐기는 사람들도 있어요, 저는 이것도 괜찮아요, 저와 그이 우리에게는 서로가 있어요.<br><br>GRKO: 자녀를 무척 갖고 싶은데 이런저런 이유로 갖지 못하는 사람들이 있음을 잊지 맙시다.<br><br>WAFL: 어떤 커플은 자녀를 가질 수 없어요. 선택의 여지가 없어요, 마치 운명처럼….<br><br>REMA: 각자의 취향이 있죠, 그리고 때로는 선택권이 없어요. |

출처: Braun, V., & Clarke, V. (2022). *Thematic analysis* (p. 82).

을 검토한다. 하나로 묶인 코드 묶음 안의 코드들이 자료 전체에 걸쳐 생성된 것인지 확인한다. 특정 자료에 집중된 코드들 또는 특정 연구참여자에 집중된 코드들이 한 묶음으로 구성되었다면 주제 후보에서 제외한다. 자료 전체에 걸쳐 나타난 코드들을 담고 있는 묶음들로 주제 후보군을 구성한다.

이제 주제 후보들을 검토한다. 검토해야 할 사항들은 다음과 같다.

첫째, 연구문제에 적절한 주제인가? 연구문제에 의미 있는 답을 제시하는 주제인가? 앞서도 강조한 바와 같이 주제분석은 연구문제에 기반하여 이루어진다. 연구문제에 기반하여 코딩이 진행되었듯, 주제 생성도 마찬가지이다. 연구문제에 기반하여 연구문제에 적절한 주제를 생성한다.

둘째, 주제들은 개념적으로 일관성이 있는가? 개념적 일관성의 측면에서 생성된 주제들을 일정한 줄거리를 가진 스토리로 엮을 수 있는가? 주제들의 개념적 일관성을 검토하기 위한 하나의 방법으로 '주제도(thematic map)'를 작성한다.

[예시상자 11-3]은 전술한 '무자녀 여성의 체험에 관한 연구'(Clarke, Hayfield, Ellis, & Terry, 2018, Braun & Clarke, 2022에서 재인용)에서 생성된 주제 후보들로 주제도를 그린 것이다. 큰 원은 뚜렷하게 부각되는 주제들을 표시한 것이다. 작은 원의 주제들은 큰 원의 주제들과 밀접한 관련성이 있는 주제들을 나타낸다. 사각형은 각 큰 원의 주제와 관련된 주제들을 나타낸 것으로 하위주제라 할 수 있다. 그리고 원과 원, 사각형을 잇는 선들은 관련성을 표시한 것이다. 관련성의 정도에 따라 선을 달리 표시하였다. 이와 같이 주제도를 작성하여 주제들의 개념적 일관성을 확인한다.

**예시상자 11-3** 주제도 예시

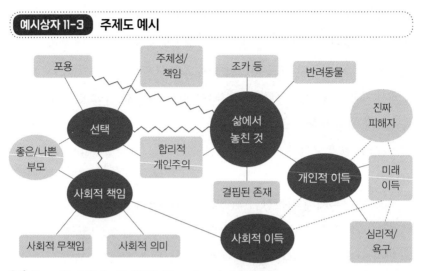

출처: Braun, V., & Clarke, V. (2022). *Thematic analysis* (p. 86).

셋째, 주제들의 수준을 검토한다. 주제들의 수준은 다음과 같이 대주제, 주제, 하위주제의 세 가지 수준으로 생각해 볼 수 있다.

일반적으로 '주제'와 '하위주제'로 주제들의 수준을 맞춘다. 모든 주제가 하위주제를 갖는 것은 아니다. 그리고 하위주제의 개수도 각기 다를 수 있다. 하위주제군에 넣을 수 있는 주제들을 정리하고 주제들을 가려낸다.

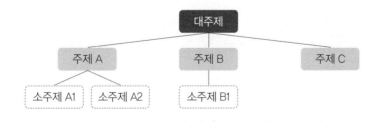

　　이상과 같은 검토 항목을 기준으로 주제 후보들을 검토하고 1차 주제들을 생성한다. 주제 생성 시 유의 사항을 정리하여 제시하면 다음과 같다.

- 주제 생성은 연구문제에 기반하여 진행된다. 주제 생성은 자료 요약이 아니다. 이 자료가 무엇에 관한 것인지 요약하려 들지 말고 자료의 의미를 탐색해야 한다. 자료의 의미를 생성하고 그 의미들을 통합하는 중심 개념, 즉 주제를 생성한다.
- 주제라는 것이 마치 인류학자가 땅속에 묻힌 유물을 발굴하듯, 자료 더미 속에서 발견되는 것이 아니다. 데이터가 말해 주지도 않는다. 데이터가 어찌 스스로 말할 수 있겠는가. 주제는 연구자의 분석을 통해 생성된다.
- 주제는 계속해서 수정, 보완된다. 바꾸어 말하면, 주제에 집착하지 말아야 한다는 뜻이다. 고생고생하며 생성한 주제들이라 한번 생성한 주제를 수정하거나 변경하거나 폐기한다는 것이 결코 쉽지 않다. 그러나 집착은 독이 될 수 있다. 열린 마음으로 분석에 임한다.

## 4. 주제 검토

　　주제분석의 네 번째 단계는 주제 검토이다. 연구자는 1차 주제를 생성한 후 다시 원자료로 돌아가서 원자료에 비추어 1차 주제들이 적절한지를 평가한다.

　　왜 다시 원자료로 돌아가는가? 코드만 가지고 주제를 생성할 때

발생할 수 있는 문제 때문이다. 코딩이 원자료에서 한 걸음 멀어지는 것이라면, 주제 생성은 원자료에서 두 걸음 멀어지는 것이다. 원자료에서 멀어질수록 원자료를 잊게 되고, 탈맥락화되고, 분석의 오류 가능성이 커진다. 그러므로 원자료로 다시 돌아가서 생성한 주제들이 적절한지를 평가한다.

먼저 각 코드별로 목록화된 자료 발췌문을 다시 검토한다. [예시 상자 11-2]에 제시된 자료 발췌문을 참고하기 바란다. 자료 발췌문에 비추어 1차 주제들을 평가한다. 그런 다음 전체 원자료를 전부 다시 읽으며 전체 자료에 비추어 1차 주제들을 평가한다. 이때 다음과 같은 항목들을 평가의 준거로 삼을 수 있다.

- 중요성: 주제들이 연구문제에 의미 있는 답을 제시하는가?
- 중심성: 각각의 주제들이 자료의 의미들을 통합하는 중심 개념을 담고 있는가?
- 명확성: 주제들이 서로 명확하게 구별되는가?
- 일관성: 주제들이 개념적으로 일관성이 있는가?
- 충분성: 각각의 주제를 뒷받침할 만한 충분한 증거 자료가 있는가?

주제의 중요성, 중심성, 명확성, 일관성, 충분성을 준거로 1차 주제들을 평가하고 수정, 보완한다. 이렇게 수정, 보완된 주제들을 이번에는 선행연구 및 해당 분야의 이론과 실천에 비추어 평가, 정련한다. 선행연구 및 해당 분야의 이론과 실천에 볼 때, 주제들은 새로운 통찰을 제공하는가?

주제 검토의 과정은 겉으로 보기에는 주제에 대한 평가이지만,

실은 연구자 자신에 대한 비판적 자기성찰의 과정이다. 내가 자료를 주제에 억지로 끼워 맞추고 있는 것은 아닌가? 이것 말고 또 다른 어떤 주제가 가능한가? 내가 놓치고 있는 것은 무엇인가?

주제 검토의 과정에서 주제를 수정, 보완하는 것은 주제 생성의 과정에서보다 훨씬 더 힘들다. 그러나 앞서도 강조한 바와 같이, 집착이 독이 될 수 있음을 유념하고 필요하다면 과감하게 수정, 보완하도록 한다.

## 5. 주제 정의 및 명명

주제분석의 다섯 번째 단계는 주제 정의 및 명명이다. 연구자는 주제 검토를 통해 주제들을 확정한 후 각 주제를 정의하고 명명한다.

'정의한다'는 것은 어떤 말이나 사물의 뜻을 명백히 밝혀 규정하는 것이다. 다시 말해, 뜻을 밝힘은 물론이고 뜻이 미치는 범위와 경계를 정하는 것이다. 따라서 주제 정의는 세 가지 요소로 구성된다. 첫째는 중심 개념이고, 둘째는 범위, 셋째는 경계이다. 주제 정의에는 주제의 중심 개념이 설명되어야 하고, 주제에 포함되는 것들이 설명되어야 하고, 이 주제가 다른 주제들과 명확히 구별되는 특성이 설명되어야 한다.

[예시상자 11-4]에 주제 정의를 예시하였다. 앞서 언급한 '무자녀 여성의 체험에 관한 연구'(Clarke, Hayfield, Ellis, & Terry, 2018, Braun & Clarke, 2022에서 재인용)에서 자료분석을 통해 생성된 주제 중의 하나가 '결핍된 존재'이다. 결핍된 존재에 대한 주제 정의를 보

**예시상자 11-4** 주제 정의 예시

### '결핍된 존재' 주제 정의

'결핍된 존재' 주제는 자료 전체에 걸쳐 표현되는 핵심 아이디어, 즉 자녀를 갖지 않은 사람이 인생에서 놓치고 있는 것, 특히 뭔가 미완의 존재라는 견해를 담고 있다. 이 견해는 관계적인 측면이 있다. 자녀가 없어서 어떤 관계적 결핍을 갖는다고 보는 것이다. 특히 이런 견해는 연구참여자들이 자신의 반려동물과의 관계를 이야기할 때 그리고 다른 사람들의 자녀들과의 관계를 이야기할 때 두드러지게 나타났다. 우리는 이것을 '결핍된 존재'의 하위 주제로 특징짓고 '보상적 아이들'이라고 명명하였다. 결핍된 존재 또는 미완의 존재를 나타내는 또 다른 표현으로 자녀를 갖기 전까지는 사랑에 대해 진정으로 알 수 없다는 것이다. 이 견해도 자료 전체에 걸쳐 나타나는데, 특히 자녀를 가진 사람들에게서 예기치 않은 토로의 방식으로 표현되었다. 이러한 견해는 자녀를 갖지 않은 사람의 감정적 상태를 뭔가 결핍된 것으로 여기는 것이다. 자녀를 갖지 않은 사람은 부모들이 갖는 감정적·관계적 충만함을 가질 수 없다는 견해이다. 특히 이러한 견해는 부모인 사람들이 갖고 있기 때문에 자녀를 갖지 않은 사람은 자기 자신에 대해, 자신이 원하는 것에 대해 진정으로 알지 못하고, 제대로 된 선택을 하지 못한다고 여겨진다. 자녀를 갖지 않은 사람은 아이러니하게도 아직 어른이 되지 못한 아이처럼 여겨지는 것이다.

출처: Braun, V., & Clarke, V. (2022). *Thematic analysis* (p. 111).

면, 마치 초록(abstract)이나 시놉시스(synopsis)와 같다. 일반적으로 초록이나 시놉시스의 형식으로 주제 정의를 작성한다.

주제의 이름을 무엇으로 지을까. 아마 연구자가 마지막까지 고심하는 문제 중의 하나일 것이다. 주제명이 너무나 중요하기 때문에 고심하지 않을 수 없다. 주제명을 잘못 지을 경우, 분석결과가 잘못 전달되거나 왜곡될 수 있고 오해를 부를 수도 있다. 그러므로 분석결과를 가장 잘 나타내는 이름으로 주제를 명명해야 한다.

좋은 이름은 중요한 정보를 담고 있는 동시에 간결하다. 무엇보다도 기억하기 쉽다. 주제의 핵심을 포착하여 간결하고 기억하기 쉬운 이름으로 주제를 명명한다.

주제를 정의하고 명명하는 과정에서도 주제에 대한 수정, 보완이 이루어질 수 있다. 주제를 정의하다 보니 그제야 문제가 보일 수도 있고 새로운 대안이 떠오를 수도 있다. 필요하다면 어느 단계에서든 주제를 수정, 보완하며 주제분석의 전 과정에 걸쳐 주제를 발전시켜 나간다.

## 6. 논문 쓰기

주제분석의 여섯 번째 단계는 논문 쓰기이다. 논문을 쓰는 것도 주제분석의 중요한 과정이다. 연구자는 논문을 쓰며 분석에서 한발 물러서서 분석의 결과와 그 결과에 이르기까지의 과정에 대해 성찰하게 된다. 그 같은 성찰이 논문의 깊이를 더할 수도 있고, 또는 한 글자도 못 쓰게 할 수도 있다. 분석결과를 쓰다가 다시 분석으로 돌아가는 경우도 적지 않다. 쓰다 보니 무엇이 문제인지, 무엇이 부족한지, 무엇을 개선해야 하는지, 무엇을 더 해야 하는지 깨닫게 된다. 그래서 연구자는 다시 분석으로 돌아가서 주제를 수정, 보완한다. 그리고 다시 논문 쓰기에 들어간다.

이 절에서는 분석을 마치고 논문을 어떻게 쓰는지에 대해 살펴보고자 한다. 브라운과 클라크(Braun & Clarke, 2022)는 논문을 쓴다는 것은 연구문제에 대한 연구자의 서사(narrative)를 독자에게 들려주는 것이라고 말하였다. 다시 말하면, 논문은 연구문제에 대한 연구자의 연구 서사이다. 논문을 쓴다는 것은 독자에게 연구자의 연구 이야기를 들려주는 것이다. 좋은 이야기는 독자의 마음을 사로잡는다. 독자의 마음을 사로잡는 연구 이야기를 어떻게 쓰는지 살펴보자.

## 1) 서론

서론은 연구자의 연구 서사가 펼쳐질 무대를 세우는 것과 같다. 이야기의 배경을 제시하는 것이다. 여기에는 다음과 같은 내용이 포함된다.

- 연구자의 문제의식
- 연구의 목적
- 연구문제
- 연구의 필요성 및 중요성

서론을 읽으며 독자들은 연구자의 연구 서사의 배경을 이해하게 된다. 그리고 앞으로 펼쳐질 연구자의 연구 서사에 관심과 호기심을 갖게 된다.

## 2) 선행연구 고찰

독자들이 연구자의 연구 서사를 잘 이해하기 위해서는 그 맥락에 대한 이해도 필요하다. 다시 말해, 선행연구의 맥락 속에서 연구자의 연구 서사를 이해해야 한다. 오직 연구자만이 이 문제를 연구했 겠는가. 이 문제를 연구한 다른 연구자들의 연구 서사 또한 들어 보아야 할 것이다. 선행연구자들의 연구 서사와 연관하여 연구자의 연구 서사를 읽어야 할 것이다.

그렇다면 선행연구 고찰을 어떻게 쓸 것인가? 브라운과 클라크 (Braun & Clarke, 2013)는 두 가지 방식을 제안하였다. 하나는 '빈틈 확인 방식(establishing the gap model)'이고, 다른 하나는 '주장 개진 방식(making an argument model)'이다.

빈틈 확인 방식은 선행연구를 비판적으로 분석하고 선행연구의 빈틈 또는 한계를 밝히는 데 중점을 둔다. 연구자와 문제의식을 공유하는 다른 연구자들이 그간 어떠한 연구를 했는지 고찰하고 선행연구의 의의와 빈틈, 한계를 밝힌다.

주장 개진 방식은 연구자가 자신의 입장과 관점을 세우고 이에 영향을 미친 선행연구에 대해 논하는 데 중점을 둔다. 여기에는 연구자가 지지하는 연구도 있고 이의가 있는 연구도 있다. 연구자가 이어 나가고 싶은 연구도 있고 넘어서고 싶은 연구도 있다. 이들 연구를 비교 분석하고 비판적으로 고찰하며 연구자 자신의 입장과 관점을 개진한다.

앞서 제3장에서 질적연구의 문헌고찰에 대하여 자세히 살펴보았다. 제3장을 다시 읽어 보기 바란다. 선행연구 고찰을 어떻게 쓸 것인가를 구상하는 데 도움이 될 것이다.

## 3) 연구방법

이제 독자들은 연구자의 연구 서사 속으로 걸음을 내딛는다. 먼저 연구자는 연구 여정에 대해 독자들에게 자세히 안내한다. 말하자면 연구자가 연구결과에 이르게 된 과정을 설명하는 것이다. 자세히 설명해야 독자들도 그 길을 따라갈 수 있다. 여기에는 다음과 같은 내용이 포함된다.

- 연구 설계: 어떠한 연구방법론을 활용했으며, 왜 해당 연구방법론을 활용하였는지 설명한다.
- 연구참여자: 연구참여자로 누구를, 왜, 어떻게 선정하였는지에 대해 설명한다.
- 자료수집방법: 어떠한 자료를, 어떠한 이유로, 어떻게 수집하였는지 자료수집의 방법과 과정을 설명한다.
- 자료분석방법: 수집한 자료를 어떻게 분석하였는지 자료분석의 방법과 과정을 설명한다.

일반적으로 학술지 논문은 분량 제한이 있어서인지 연구방법을 간략하게 서술하는 경향이 있다. 그래서 학술지 논문을 읽다 보면 연구결과가 어떻게 나왔는지 이해되지 않을 때가 종종 있다. 그렇다고 연구방법을 더 많이 더 길게 써야 한다는 말은 아니다. 마치 여행자에게 낯선 길을 안내하듯, 연구자가 연구결과에 이르게 된 과정을 독자들에게 친절하고 자세하게 설명해야 한다. 그래야 독자들도 연구자가 안내하는 길을 따라 연구결과에 이를 수 있다.

## 4) 연구결과

연구결과를 어떻게 쓸 것인가? 연구결과를 쓴다는 것은 수집한 자료에 대한 요약을 작성하는 것도 아니요, 연구참여자의 이야기를 요약 정리해서 전하는 것도 아니다. 연구결과를 쓴다는 것은 독자에게 연구자의 분석 이야기를 들려주는 것이다. 독자의 공감을 불러일으키는 설득력 있는 분석 이야기를 어떻게 쓸 수 있을까?

주제분석에 대한 오랜 경험을 바탕으로 브라운과 클라크(Braun & Clarke, 2022)는 주제분석 결과보고서 작성에 관한 여러 가지 유용한 조언을 하였다. 이들의 조언을 바탕으로 연구결과 쓰기에 대해 살펴보자.

### ① 분석 개요

먼저 주제분석을 통해 생성된 주제들을 간략하게 소개하는 개요를 작성한다. 독자들이 주제에 대해 대략적으로 이해를 하고 분석결과를 읽도록 하기 위함이다. 주제에 대해 전혀 모르고 분석결과를 읽을 때와 주제에 대해 대략적으로 알고 분석결과를 읽을 때 큰 차이가 있다. 후자의 경우 독자들이 분석결과를 분석적으로 읽을 수 있도록 한다. 연구자의 분석결과에 대한 독자의 분석을 북돋운다.

분석 개요는 일반적으로 서술문으로 작성한다. 여기에 주제도나 주제를 정리한 표를 삽입하여 주제의 주요 내용을 보다 간명하게 제시할 수 있다.

### ② 분석 챕터 구조화

자료분석의 결과를 보고하는 챕터(chapter, 예컨대 제4장 연구결과)

를 어떻게 구조화할 것인가? 연구결과 챕터는 기본적으로 두 가지 요소로 구성된다. 연구자의 분석과 자료 발췌문[1]이다. 그럼 연구자의 분석과 자료 발췌문의 비율을 어떻게 조정하는 것이 좋을까? 분석 내용에 따라서 50 대 50의 비율로 균형을 맞추기도 하는데, 일반적으로 연구자의 분석에 좀 더 무게를 두어 연구결과 챕터를 작성한다.

한편, 연구논문을 작성할 때 연구결과와 논의를 각각의 챕터로 구분하여 제시하는 연구자도 있고, 연구결과와 논의를 따로 구분하지 않는 연구자도 있다. 브라운과 클라크(Braun & Clarke, 2022)는 후자를 권한다. 주제분석의 결과를 작성할 때 결과 제시뿐만 아니라 분석결과를 선행연구의 결과와 연계하여 논의한다. 분석결과가 어떠한지 제시하는 수준에서 그치지 않고 나아가서 그 결과가 지닌 의미와 의의를 선행연구의 지평 위에서 논의하는 것이다. 그리하여 분석의 깊이를 더할 수 있다.

### ③ 자료 발췌문 선정

자료분석의 결과를 보고할 때 자료 발췌문을 제시하는 중요한 이유는 연구자의 분석에 대한 증거를 제시하기 위해서이다. 그리하여 독자들이 연구자의 분석과 그 증거로 제시된 자료를 비교하고, 연구자의 분석이 적절한지를 판단하도록 하기 위해서이다. 따라서 연구자의 분석을 뒷받침할 수 있는 자료 발췌문을 선정하는 것이 중

---

1) [예시상자 11-2]에 제시된 자료 발췌문을 참고하기 바란다. 각각의 코드에 해당되는 자료 발췌문을 목록화한 것이다. 자료분석 결과 작성 시 코드별 자료 발췌문 목록을 활용한다.

요하다. 자료 발췌문 선정 시 고려해야 할 사항을 제시하면 다음과
같다.

- 가장 설득력 있고 생생한 예시를 담고 있는 자료 발췌문을 선
  정한다.
- 자료 전체에 걸쳐 발췌문을 선정한다. 발췌문을 선정하다 보면
  특정 연구참여자에게 또는 특정 자료에(예컨대, 면담 자료에만)
  집중되는 경향이 있다. 그래서 발췌문이 자료 전체에 걸쳐 골
  고루 선정되도록 주의를 기울여야 한다. 특정 연구참여자의 자
  료에서만 발췌문을 선정하지 않도록, 특정 자료에서만 발췌문
  을 선정하지 않도록 주의를 기울인다.
- 간결하고 명확한 발췌문을 선정한다. 그러나 보다 깊이 있는
  분석이나 암묵적 코드의 경우, 복합적인 의미를 내포한 장문의
  발췌문이 더 나을 수도 있다.
- 각 주제별로 보통 한 개에서 세 개 정도의 자료 발췌문을 선정
  한다. 자료 발췌문을 선정할 때 그 용도를 고려해야 한다. 만약
  발췌문을 여러 개 선정한다면 되도록 다양한 용도로 자료 발췌
  문을 활용하도록 한다. 예컨대, 하나의 주제에 세 개의 자료 발
  췌문을 제시할 경우, 첫 번째 발췌문은 해당 주제를 구성하는
  중심 개념을 예시하기 위한 용도로, 두 번째 발췌문은 해당 주
  제에 포함되는 요소들을 예시하기 위한 용도로, 세 번째 발췌
  문은 해당 주제가 가지고 있는 특징을 예시하기 위한 용도로
  활용할 수 있다.
- 같은 발췌문을 여러 번 쓰지 않는다.
- 자료 발췌문에서 불필요한 부분이 있다면 이를 편집하고 필요

한 부분만 제시한다. 예컨대, 논문에 제시하고 싶은 발췌문이 있는데, 중간중간 불필요한 부분이 있다면, 이 부분은 삭제하고 [⋯] 중략 표시를 한다. 연구자의 분석을 뒷받침하는 데 필요한 부분만 제시한다.

• 필요하다면 자료 발췌문의 맥락에 대한 설명을 추가한다. 아주 좋은 발췌문이라도 그것만 따로 떼어 놓고 읽을 때 잘 이해되지 않는 경우가 있다. 이럴 경우 맥락 정보를 제공한다. 자료 발췌문을 제시하고 전후 사정이라든가 해당 상황 등에 대한 설명을 추가한다.

일반적으로 '코딩'과 '주제 생성'의 단계에서 코드별 자료 발췌문을 작성한다([예시상자 11-2] 참고). 그리고 이것을 다시 주제별로 정리하여 각 주제에 해당되는 코드들과 그 코드들에 해당되는 자료 발췌문을 목록화한다. 이 목록이 자료 발췌문 선정 시 유용하게 활용될 수 있다. 자료 발췌문이 코드별로 그리고 주제별로 목록화되어 있어서 연구결과를 쓸 때 이 목록에서 적절한 발췌문을 선정할 수 있다.

### ④ 자료 발췌문과 연구자의 분석

자료 발췌문을 선정하고 선정한 자료 발췌문을 어떻게 활용할 것인가를 고려한다. 대체로 두 가지 방식이 있다. 하나는 예시적 활용이고, 다른 하나는 분석적 활용이다.

예시적 활용은 자료 발췌문을 연구자의 분석에 대한 예시로 활용하는 것이다. 자신의 분석에 대해 상대방의 이해와 공감을 이끌어 내는 가장 좋은 방법 중의 하나는 예를 들어 설명하는 것이다. 자료

발췌문을 예시적으로 활용함으로써 연구자가 자신의 분석에 대해
보다 구체적으로 논할 수 있고, 나아가서 자신의 분석에 대한 생생
한 예를 제시함으로써 더 설득력을 얻을 수 있다. 이처럼 자료 발췌
문의 예시적 활용은 연구자의 분석에 대한 독자들의 이해를 제고하
고 독자들로부터 더 많은 공감을 불러일으킬 수 있다.

분석적 활용은 연구자의 분석에 대한 심층적 논의를 위하여 자료
발췌문을 활용하는 것이다. 연구자의 분석에서 특별히 강조하고
싶은 내용이나 핵심 개념 등을 자료 발췌문을 통해 개진하는 방식
이다.

일례를 들면, 앞서 언급한 '무자녀 여성의 체험에 관한 연구'
(Clarke, Hayfield, Ellis, & Terry, 2018, Braun & Clarke, 2022에서 재인
용)에서 연구진은 '선택'을 무자녀 여성의 체험을 이해하는 핵심 개
념으로 강조하였다. 연구진은 선택의 개념이 어떻게 생성되었는지,
이 개념이 의미하는 바는 무엇인지, 이 개념이 지닌 의의는 무엇인
지를 논하기 위한 자료 발췌문을 선정하였다. 그리고 자료 발췌문
을 연구자의 분석을 심층 논의하는 장이자 그 재료로 삼아 그 선택
의 개념을 심층적으로 논의하였다.

#### ⑤ 이야기의 흐름

주제분석을 통해 생성된 주제들을 어떤 순서로 제시할 것인지를
구상한다. 어떤 주제를 맨 처음 제시할 것인지, 그다음은 어떤 주제
를 제시하고, 어떤 주제를 맨 마지막에 제시할 것인지, 주제의 순서
를 정한다. 주제에 따라 주제의 순서가 자연스럽게 결정되는 경우
도 있고 순서를 고심해야 하는 경우도 많다.

중요한 것은 연구자의 분석을 일관성 있는 이야기로 엮어 내는

것이다. 연구자의 분석 이야기를 어떤 주제로 시작해서 어떤 주제
들로 이어 나가고 어떤 주제로 맺을 것인지, 주제들을 짜임새 있게
구성하여 유기적으로 엮어 낸다.

### ⑥ 연구결과 작성 시 경계해야 할 것들

연구결과를 쓸 때 경계해야 할 것들을 다시 한 번 강조하며 '연구
결과 쓰기'를 맺고자 한다.


- 연구결과는 자료 요약이 아니다. 자료 요약을 넘어서 자료가
  의미하는 바를 설명해야 한다. 나아가서 그것이 왜 중요한지를
  설명해야 한다.
- 연구자의 분석이 자료 발췌문을 '다시 말하기'하는 경우가 종
  종 있다. 예컨대, 자료 발췌문에 제시된 연구참여자의 말을 연
  구자가 자신의 언어로 다시 말하고 이를 연구자의 분석이라고
  제시하는 것이다. 연구참여자의 말을 요약 정리해서 전하지 말
  고 분석하라.
- 자료 발췌문이 연구자의 분석과 맞지 않는 경우가 있다. 연구
  자의 분석에 의문을 품게 하는 자료 발췌문이 제시된 경우도
  간혹 보게 된다. 연구자는 자료 발췌문이 자신의 분석을 뒷받
  침하는 것인지 신중히 검토하고 확인해야 한다. 연구자가 지나
  치게 확대 해석한 것은 아닌지 연구자의 분석에 대해 비판적으
  로 성찰해야 한다. 어쩌면 연구자의 분석을 수정, 보완할 수 있
  는 마지막 기회일 수도 있다.

## 5) 결론

좋은 이야기는 흐지부지 끝나지 않는다. 연구자의 연구 서사를 어떻게 끝맺을 것인지 결론을 구상한다. 논문을 읽다 보면, 연구결과 요약으로 결론을 맺은 논문을 간혹 읽게 된다. 독자의 입장에서 말하자면, 앞 장에서 읽은 연구결과를 요약해 주니 연구자의 친절함에 감사한 마음이 들면서도, 다른 한편으로는 연구자가 결과와 결론을 구별하지 못하는 것 아닌가 하는 의문이 들기도 한다.

결론은 독자에게 연구자의 연구 서사가 왜 중요한가, 왜 읽을 가치가 있는가를 논하는 장이다. 말하자면 연구의 의의를 논하는 장이다. 이때 여러 측면에서 연구의 의의를 논할 수 있다.

- 학문적 의의: 선행연구의 측면에서 연구의 의의를 논한다. 예컨대, 선행연구에 비추어 볼 때 본 연구는 어떤 새로운 지식 또는 견해를 제공하는가? 본 연구가 선행연구에서 한 걸음 더 나아가는 지점 또는 선행연구와 차별화되는 점은 무엇인가?
- 연구방법적 의의: 연구방법 또는 연구방법론의 측면에서 연구의 의의를 논한다. 예컨대, 본 연구에서 활용한 연구방법 또는 연구방법론에 대하여 연구자의 활용 경험을 공유하고 후속 연구자들을 위한 제언을 한다. 또는 이 연구에서 새롭게 혹은 특별히 활용한 연구방법이 있으면 연구자의 활용 경험을 토대로 해당 연구방법의 강단점을 분석하고 보다 효과적인 활용방법을 제시한다.
- 이론적 의의: 이론의 측면에서 연구의 의의를 논한다. 특히 이론 또는 이론적 개념에 기반한 연구의 경우 본 연구의 결과가

해당 이론 또는 이론적 개념에 함의하는 바, 시사하는 바는 무엇인지, 어떤 새로운 관점이나 통찰을 제공하는지 등에 대해 논한다.

- 실천적 의의: 실천의 측면에서 연구의 의의를 논한다. 예컨대, 본 연구가 관련 분야의 실천에 기여하는 바는 무엇인지, 관련 분야의 실천가들에게 어떤 도움을 줄 수 있는지 등에 대해 논한다. 나아가서 연구의 결과를 토대로 실천적 방안을 제시할 수 있다.
- 사회적 의의: 사회적 측면에서 연구의 의의를 논한다. 일례를 들면, 무자녀 여성의 체험에 관한 연구에서 연구진은 무자녀 여성에 대한 사회적 인식, 좀 더 구체적으로 말하면, 사회문화적 편견, 고정관념 등에 문제제기하고 인식 제고의 필요성을 주장하였다(Clarke, Hayfield, Ellis, & Terry, 2018, Braun & Clarke, 2022에서 재인용).

논문의 결론 챕터를 마치고 연구자는 주제분석의 전 과정을 되돌아보고 비판적으로 성찰한다. 〈표 11-1〉에 제시한 '주제분석 점검표'(Braun & Clarke, 2022)가 도움이 될 것이다. 총 15개 항목으로 구성된 주제분석 점검표를 활용하여 주제분석의 전 과정을 비판적으로 성찰하고 개선이 필요한 부분을 수정, 보완하여 주제분석의 질을 제고한다.

**표 11-1** 주제분석 점검표

| 주제분석의 과정 | 준거 |
| --- | --- |
| 녹취록 | 1. 수집한 모든 자료에 대한 녹취록을 작성하였고, 작성된 녹취록의 정확성을 확인하였다. |
| 코딩과 주제 생성 | 2. 코딩의 과정에서 자료 하나하나에 꼼꼼하고 세심한 주의를 기울였다.<br>3. 코딩의 과정은 철저하고 포괄적이고 종합적이었다. 그저 몇 개의 선명한 예시들로부터 주제를 도출하지 않았다.<br>4. 각 주제에 적절한 자료 발췌문들을 한데 모아 정리해 두었다.<br>5. 주제 후보들을 코딩한 자료와 비교하여 점검하였고 다시 원자료로 돌아가서 원자료와도 비교 점검하였다.<br>6. 주제들은 내적 일관성이 있고 서로 뚜렷이 구별된다. 각각의 주제들은 잘 정의된 중심 개념을 담고 있다. |
| 분석과 해석 | 7. 자료를 분석하고 해석하였다. 자료를 요약하거나 서술하거나 다른 말로 바꾸어 말하지 않았다.<br>8. 분석에 맞는 자료 발췌문이 제시되었다. 자료 발췌문은 분석의 증거로 제시되었다.<br>9. 분석은 연구문제에 대하여 설득력 있고 잘 구성된 이야기를 제시하였다.<br>10. 분석과 자료 발췌문의 비율은 적절한 균형을 이룬다. |
| 전체 | 11. 주제분석의 각 단계에서 분석에 충분한 시간을 들였다. 주제분석을 급하게 날림으로 진행하지 않았다. 주제에 대한 수정, 보완이 필요한 경우 다시 이전 단계로 돌아가서 재분석을 하였다. |

| 논문 쓰기 | 12. 주제분석이 어떻게 이루어졌는지를(이론적 입장이나 가정을 포함해서) 명확하게 설명하였다. |
| | 13. 연구방법에 대한 서술과 분석결과에 대한 보고가 일관성이 있다. 즉, 방법과 결과가 일관성이 있다. |
| | 14. 논문에서 사용한 언어와 개념들은 분석의 존재론적 · 인식론적 가정과 일관된다. |
| | 15. 논문에서 연구자는 능동적인 위치에 있다. 주제는 저절로 드러난 것이 아니라 연구자가 생성한 것이다. |

출처: Braun, V., & Clarke, V. (2022). *Thematic analysis* (p. 269).

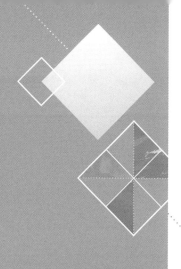

제 **12**장 **질적연구의 질 평가**

이제 질적연구의 여정을 마무리하는 시점에 이르렀다. 이 시점에서 이 질문을 하지 않을 수 없다. 내가 질적연구를 제대로 잘한 것일까? 그것을 무엇으로 판단할 수 있을까? 질적연구의 질을 어떻게 평가할 수 있을까?

일반적으로 타당도와 신뢰도를 준거 삼아 연구를 평가한다. 타당도는 측정하고자 하는 것을 얼마나 충실히 측정하였는지의 정도를 말한다. 예컨대, 무게를 측정하고자 하는데 자를 가져왔다면 그것은 타당한 측정도구라 할 수 없다. 신뢰도는 측정하고자 하는 것을 얼마나 안정적으로 일관성 있게 측정하였는지의 정도를 말한다. 만약 어떤 검사도구가 동일한 대상을 측정할 때마다 다른 결과를 내놓는다면 그 검사도구는 신뢰할 수 없다.

질적연구의 질을 이러한 준거로 평가할 수 있을까? 실증주의적 패러다임의 연구에서 사용하는 준거를 질적연구에 적용할 수 있을까? 질적연구의 질을 평가하는 데에는 질적연구 나름의 준거가 필요하지 않을까? 아니, 연구라면 그것이 양적연구든 질적연구든 기본적으로 갖추어야 할 요건이 있지 않은가, 그렇다면 양적연구든 질적연구든 연구의 질을 평가하는 준거도 같아야 하지 않을까? 그런데, 준거라고 하는 것이 정말 필요한가?

질적연구의 질을 어떻게 평가할 것인가를 둘러싸고 준거 논쟁이 계속되고 있다. 한편에서는 타당도와 신뢰도는 양적연구든 질적연구든 모든 연구에 적용될 수 있는 보편적인 준거라고 주장한다. 다른 한편에서는 객관적 실재의 발견을 전제로 만들어진 실증주의적 준거를 질적연구에 적용할 수 없다고 주장하며 질적연구의 질을 평가할 수 있는 질적 준거 개발이 필요하다고 강조한다. 또 다른 한편에서는 이제야말로 구태의연한 준거 개발에서 벗어날 때라고 주장한다.

사실 그간 여러 연구자들이 질적 준거 개발에 나섰다. 예를 들어, 마일스와 휴버만(Miles & Huberman, 1994)은 질적연구의 질을 평가할 수 있는 준거로 확증성(confirmability), 신뢰성(dependability), 신빙성(credibility), 전이성(transferability), 적용성(application)을 제안하였다. 그리고 이 준거들을 실증주의적 준거들과 비교 설명하였다. 아래와 같이 빗금 왼쪽에는 실증주의적 준거를, 오른쪽에는 질적 준거들을 제시하고 실증주의적 준거에 비추어 질적 준거들을 설명하였다.

- 객관성/확증성: 확증성은 연구자의 편견이 배제된 중립성을 말한다.
- 신뢰도/신뢰성: 신뢰성은 연구의 재현성, 반복가능성을 뜻하는 것으로 다시 연구해도 일관성 있게 연구를 수행할 수 있음을 말한다.
- 내적 타당도/신빙성: 신빙성은 연구결과의 믿음직함을 말한다.
- 외적 타당도/전이성: 전이성은 연구결과가 다른 맥락에도 전이될 수 있음을 말하는 것으로 일반화 가능성을 시사한다.
- 활용성/적용성: 적용성은 알맞게 이용될 수 있음을 뜻하는 것으로 연구결과가 연구참여자와 이해당사자들에게 기여하는 바를 말한다.

마일스와 휴버만(Miles & Huberman)의 준거는, 필자에 보기에,

대체 준거의 성격을 띤다. 실증주의적 패러다임의 논리를 기반으로
질적연구를 위한 대체 준거를 제시한 것으로 보인다.

이후에도 이 같은 대체 준거들이 계속해서 발표되었다. 일례로
윗모어 등(Whittemore et al., 2001)은 질적연구의 타당성을 평가하
는 기존의 준거들을 종합, 분석하여 다음과 같은 네 가지 핵심 준거
를 도출하였다.

- 신빙성(credibility): 연구결과는 연구참여자의 경험을 신빙성
  있게 나타내고 있다.
- 진정성(authenticity): 연구에서 제시한 내부자적(emic) 관점은
  모든 연구참여자의 목소리를 담고 있을 뿐만 아니라 연구참여
  자들의 목소리에 있어서 미묘한 차이를 보여 준다.
- 비판성(criticality): 연구의 전 과정에 걸쳐 비판적 성찰이 이루
  어졌으며 그 증거가 제시되어 있다.
- 진실성(integrity): 연구결과는 겸손하게 제시되었으며 그 타당
  성에 대한 지속적인 점검이 이루어졌다.

사실 이 같은 대체 준거들의 기원을 찾자면 링컨과 구바(Lincoln
& Guba, 1985)의 준거로 거슬러 올라간다. 당시 링컨과 구바(Lincoln
& Guba)는 질적연구의 질을 평가하는 데 있어 가장 중요한 것은
믿음성(trustworthiness)이며, 믿음성은 신빙성(credibility), 전이성
(transferability), 신뢰성(dependability), 확증성(confirmability)의 네
가지 요소로 구성된다고 주장하였다. 링컨과 구바(Lincoln & Guba)
가 제시한 믿음성의 네 가지 요소에 대해 간략하게 설명하면 다음
과 같다.

- 신빙성: 연구결과는 신빙성이 있음
- 전이성: 연구결과를 다른 맥락에 적용할 수 있음
- 신뢰성: 연구를 반복해도 연구결과가 일관성 있게 나타남
- 확증성: 연구결과는 연구자와 연구참여자의 주관적 편견에 사
  로잡히지 않고 중립적임

나아가서 링컨과 구바(Lincoln & Guba)는 질적연구의 신빙성, 전
이성, 신뢰성, 확증성을 제고하기 위한 전략을 제안하였다. 먼저 신
빙성 제고 전략을 살펴보면 다음과 같다.

- 장기간의 현장 참여: 장기간 연구 현장에 나가서 연구참여자의
  일상에 참여하며 현장에서 충분한 시간을 보낸다.
- 지속적인 관찰: 오랜 기간 지속적으로 관찰을 수행한다. 일회
  성 관찰이나 특정 기간에 한정적으로 관찰을 할 경우, 수집된
  자료가 제한적이고 편향적일 수 있다. 현장에서 충분한 시간을
  보내며 장기간 지속적인 관찰을 수행한다.
- 다각화: 다양한 연구방법과 자료를 활용한다. 한 가지 방법이
  나 자료에만 의존하지 않는다.
- 동료 연구자 검토: 자료분석의 과정 및 결과에 대해 동료 연구
  자의 검토를 받는다. 이때 해당 연구와 이해관계가 없고 해당
  주제에 대해 전문지식과 경험을 가지고 있는 연구자들에게 검
  토를 의뢰하여 자료분석의 과정 및 결과에 대해 전문적인 피드
  백을 받도록 한다.
- 부정적인 사례 분석: 자료분석을 통해 생성된 코드, 범주, 주제
  에 부합하지 않는 사례를 무시하거나 간과하지 않고 깊이 들여

다보고 면밀히 분석한다.

- 참조자료 활용: 연구결과의 신빙성을 뒷받침할 수 있는 참조자료를 수집한다. 이 참조자료는 분석의 대상은 아니지만, 자료분석의 결과를 뒷받침하는 자료로 활용된다. 예컨대 신문 기사나 공적 문서 등이 참조자료로 활용될 수 있다.
- 연구참여자 검토: 멤버 체크(member checks)라고도 지칭하는데, 자료분석의 결과에 대하여 연구참여자의 검토를 받고 피드백을 구한다.

둘째, 전이성을 제고하기 위한 전략에는 '심층서술'이 있다. 심층서술은 현상에 대한 표면적인 서술을 넘어서서 현상 기저의 복합적인 의미를 해석해 내는 것을 말한다. 심층서술은 현상의 상황과 맥락, 현상의 전개 과정에 대한 구체적이고 풍부한 서술과 현상의 의미에 대한 해석을 담고 있다.

셋째, 신뢰성, 즉 연구의 일관성과 안정성을 제고하기 위한 전략에는 '다각화'와 '감사추적(audit trail)'이 있다. 다각화는 여러 다양한 방법 및 자료를 활용함으로써 신뢰성을 제고함을 말한다. 감사추적이란 연구의 전 과정을 처음부터 끝까지 기록하여 추적하는 방법을 말한다. 연구의 과정을 상세히 기록함으로써 연구의 일관성과 안정성을 제고할 수 있다.

감사추적은 확증성을 제고하기 위한 전략으로도 활용된다. 감사추적을 통해 연구결과가 연구자와 연구참여자의 주관적 편견에 사로잡히지 않고 중립적임을 확인할 수 있다.

마지막으로 신빙성, 전이성, 신뢰성, 확증성을 제고하기 위한 공통 전략으로 '성찰일지 쓰기'가 있다. 연구의 전 과정에 걸쳐 연구자

로서의 자기 자신과 자신의 연구활동을 비판적으로 성찰하고 성찰
일지를 작성함으로써 연구의 신빙성, 전이성, 신뢰성, 확증성, 다시
말해 연구의 믿음성을 제고할 수 있다. 이상 네 가지 평가 준거와
열두 개 전략을 〈표 12-1〉에 간략하게 제시하였다.

표 12-1  링컨과 구바(Lincoln & Guba, 1985)의 질적연구 평가 준거 및 전략

| 평가 준거 | 전략 |
|---|---|
| 신빙성 | ① 장기간의 현장 참여<br>② 지속적인 관찰<br>③ 다각화<br>④ 동료 연구자 검토<br>⑤ 부정적인 사례 분석<br>⑥ 참조자료 활용<br>⑦ 연구참여자 검토 |
| 전이성 | ⑧ 심층서술 |
| 신뢰성 | ⑨ 다각화<br>⑩ 감사추적 |
| 확증성 | ⑪ 감사추적 |
| 전체 | ⑫ 성찰일지 |

이후 2018년 출간된 질적연구 핸드북에서 링컨과 구바(Lincoln
& Guba)는 연구의 타당성에 대한 전통적인 개념에서 탈피해야 한
다고 주장하며 질적연구의 타당성을 '진정성(authenticity)', '저항성
(resistance)', '윤리적 관계(ethical relationship)'로 재개념화하였다
(Lincoln, Lynham, & Guba, 2018). 다시 말해, 질적연구의 타당성은
연구의 진정성, 당연하게 받아들이지 않고 문제제기하는 저항성,
연구자와 연구참여자의 윤리적 관계로 이해되어야 한다는 것이다.

　이쯤에서 과연 준거가 왜 필요한가를 곰곰이 생각해 봐야 할 것 같다. 질적연구의 질을 평가하는 준거들이 규제나 통제의 목적이 아니라 질적연구의 질 제고를 위한 것이라면, 준거 개발보다 질 제고 방법 개발에 더 많은 관심과 노력을 기울여야 하지 않을까. 그렇다고 이제 '준거 개발에 작별을 고하자'(Schwandt, 1996)고 주장하는 것은 아니다. 그러나 실제 현장에서 질적연구를 하는 연구자들에게는 질적연구를 잘하기 위한 실제적인 방법이 더 도움이 될 것이다.

　그렇다면 질 높은 질적연구를 하기 위하여 어떤 노력을 기울여야 할까? 이 장에서는 질적연구의 질 제고를 위한 노력의 일환으로 다음과 같은 다섯 가지 방법에 대해 살펴보고자 한다.

- 다각화
- 심층서술
- 연구참여자 검토
- 연구자의 성찰성
- 연구윤리 준수

## 1. 다각화

　다각화는 '트라이앵귤레이션(triangulation)', '삼각화', '삼각검증' 등의 용어로도 지칭된다. '삼각측량'의 논리를 적용한 것으로, 어떤 대상에 대해 이해하고자 할 때 한 가지 방법이나 자료에 의존하기보다 여러 방법이나 자료를 활용함으로써 그 대상에 대해 보다 정확하게 이해할 수 있다는 논리이다. 더욱이 연구방법은 제각기 장

점과 단점을 가지고 있기 때문에 여러 방법을 활용함으로써 한 가
지 방법에만 의존했을 때 야기될 수 있는 문제를 보완할 수 있다.

　요컨대, 다각화란 연구에서 여러 다양한 방법, 자료, 연구자 등
을 활용하는 것을 말한다. 다각화를 하는 중요한 이유는, 첫째, 다
각화를 통해 연구문제에 다각적으로 접근하여 연구현상에 대해 종
합적으로 이해하기 위함이요, 둘째, 다각화를 통해 교차검증이 가
능하고 교차검증을 통해 연구결과의 타당성을 제고할 수 있기 때문
이다. 일반적으로 다음과 같은 네 가지 유형의 다각화를 활용한다
(Denzin, 1978; Patton, 1999).

- 방법의 다각화: 연구문제를 탐구하기 위하여 여러 방법을 활용
  한다. 한 가지 방법에만 의존하지 않고 여러 방법을 활용하여
  다각적으로 연구문제를 탐구한다. 가령 좋은 수업에 대한 교사
  들의 인식 연구를 한다 하자. 인식 연구라고 하면 일반적으로
  면담방법을 활용한다. 이때 교사 면담과 병행하여 교사의 수
  업을 관찰하고 교사가 작성한 수업지도안, 수업자료, 수업일지
  등을 수집하여 교사의 인식을 탐구한다면 교사들의 인식에 대
  하여 보다 종합적으로 이해할 수 있을 것이다. 요즘은 질적연
  구방법과 양적연구방법을 혼합하여 활용하는 혼합연구가 확
  산되고 있다.
- 자료의 다각화: 연구문제를 탐구하기 위하여 여러 다양한 자료
  를 수집한다. 한 가지 자료에만 의존할 경우 자료분석이 제한
  적 또는 편향적일 수 있다. 왜냐면 그 한 가지 자료가 가리키는
  것만 보기 때문이다. 그러므로 여러 다양한 유형의 자료, 예컨
  대 관찰자료, 면담자료, 설문자료, 기록물 등을 수집할 필요가

있다. 여러 다양한 자료가 한곳으로 수렴되는 지점을 탐색함으로써 자료분석의 타당성을 제고할 수 있다.

• 연구자의 다각화: 여러 연구자가 연구에 참여하여 협력적으로 연구문제를 탐구한다. 집단지성의 힘을 생각해 보라. 연구자 혼자 할 수 없는 많은 것을 이룰 수 있다. 그러나 다른 한편으로 연구에 여러 어려움을 겪을 수도 있다. 특히 서로 다른 생각을 가진 사람들이 의견을 조율하고 합의해 나간다는 것은 결코 쉬운 일이 아니다.

• 이론의 다각화: 연구문제를 탐구하기 위하여 여러 이론이나 이론적 관점, 이론적 개념 등을 활용한다. 필자를 포함해서 많은 연구자가 이론의 다각화에 대해서는 조심스러운 입장을 취한다. 좋다고 여기저기서 이것저것 가져다 쓰다가는 낭패를 보기 쉽다. 이론의 다각화에 앞서 연구자 자신의 관점과 입장에 대해 깊이 생각해 볼 필요가 있다. 그리고 연구자가 고찰한 여러 이론, 이론적 관점, 또는 이론적 개념 중에서 연구자와 연구의 여정을 같이 갈 수 있는 것과 같이 갈 수 없는 것에 대해 신중하게 생각해 보기 바란다.

## 2. 심층서술

심층서술(thick description)은 '심층기술', '중층기술', '두꺼운 기술', '두터운 기술' 등의 용어로도 지칭된다. 심층서술은 문화인류학자 기어츠(Geertz)가 제안한 용어이다. 기어츠(Geertz, 19973)에 의하면, 문화를 이해하려면 문화가 상징하는 바를 이해해야 한다. 문화 현상을 있는 그대로 기술하는 '표면적 서술(thin description)'로는 문화를 제대로 이해할 수 없다.

예컨대, 앞서 제1장에서 아이들의 '눈 깜박임'과 '윙크'에 대해 논한 바 있다. 연구자가 아이들의 눈 깜박임을 아무리 정확하고 상세하게 서술한다 해도 아이들의 행위를 이해하기 어렵다. 왜냐면 아이들은 그저 눈을 깜박인 것이 아니라 윙크를 한 것이다. 눈 깜박임과 윙크는 겉보기에 다를 바 없다. 그러나 하나는 생리적 행위이고 다른 하나는 사회적 행위이다. 인간의 사회적 행위는 의미를 내포하고 있는 상징적 행위이다. 인간의 행위를 이해하려면 행위가 상징하는 바, 즉 행위 기저의 의미를 이해해야 한다.

요컨대, 현상을 이해하려면 현상에 대한 표면적 서술을 넘어서서 현상 기저의 의미를 해석해 내야 한다. 현상 심층에 겹겹이 쌓여 있는 의미들을 한 겹 한 겹 벗겨내고 깊이 더 깊이 파고들어가 중층적 의미구조를 해석해 내야 한다. 즉, 심층서술이 필요하다.

심층서술은 현상에 대한 표면적 서술을 넘어서서 현상 기저의 복합적인 의미를 해석해 내는 것이다. 따라서 심층서술은 해석적이고 상황적, 맥락적이며 미시적인 특징을 띤다.

간혹 심층서술을 자세히 많이 쓰는 것으로 오해하기도 한다. 아마도 'thick'의 사전적 의미에 충실하게 번역하여 많이 써서 두껍게 만들라는 뜻으로 해석한 것 같다. 그러나 아무리 자세히 많이 쓴다 한들 그것이 표면적 수준에 머무른다면 심층서술이라 할 수 없다. 덴진(Denzin, 1989)은 심층서술의 요건을 다음과 같이 제시하였다.

- 현상 또는 행위의 맥락에 대한 서술
- 현상/행위의 전개 과정에 대한 서술

- 현상/행위 기저의 의미에 대한 해석
- 독자들이 현상/행위를 해석할 수 있도록 텍스트화함

심층서술은 연구자의 해석에 대한 독자들의 이해와 공감을 얻는 데 매우 중요한 역할을 한다. 질적연구자는 표면적 서술을 넘어서서 심층서술을 한다. 연구 현상의 상황과 맥락, 현상의 전개 과정에 대한 구체적이고 풍부한 서술을 제시하고, 연구 현상 기저의 의미를 분석하여 연구자의 해석을 제시한다. 그리고 독자들을 해석에 초대한다. 그리하여 독자들도 보다 깊은 이해에 이르게 된다.

## 3. 연구참여자 검토

연구참여자 검토는 '멤버 체크(member checks)', 멤버 체킹(member checking)', '연구참여자 확인', '연구참여자 피드백', '연구참여자의 타당화' 등의 용어로도 지칭된다. 그런데 연구참여자 확인에 대한 설명을 찾아보면 '연구자가 도출한 연구결과가 과연 맞다고 할 수 있는지를 연구참여자에게 확인하는 절차'와 같은 설명을 보게 된다. 이러한 설명은 연구자와 연구참여자의 대질심문을 연상시킨다. 연구자의 해석이 맞는지 틀리는지를 연구참여자가 확인해 주는 것이라는 설명은 다분히 실증주의적 논리를 담고 있다. 확인을 해야 한다면, 연구자의 해석이 맞는지가 아니라 연구자의 해석에 연구참여자가 공감하는지를 확인해야 할 것이다.

필자는 '확인'이 아니라 '검토'라는 용어를 사용한다. 앞서 여러 장에 걸쳐 강조한 바와 같이 질적연구자는 연구의 전 여정을 연구참여자와 함께 걷는다. 연구참여자와 함께 의논하고 함께 결정하고 함께 연구를 진행해 나아간다. 그리하여 연구참여자를 진정으로 '연구참여자'로 세운다.

그러므로 연구참여자의 검토는 질적연구의 자연스러운 과정이다. 연구참여자 검토는 여러 차례에 걸쳐 이루어진다. 일반적으로 다음과 같이 세 차례에 걸쳐 연구참여자 검토가 진행된다.

첫째, 자료에 대한 연구참여자의 검토이다. 연구자는 자료를 수집한 후 이를 텍스트화하고 텍스트화한 자료를 연구참여자에게 보내서 연구참여자의 검토를 받는다. 예를 들어, 면담 녹취록, 관찰기록지, 필드노트 등이 있다.

만약 연구참여자가 텍스트화한 자료를 읽고 나서 수정을 요청한다면 어떻게 해야 할까? 앞서 제7장에서 면담 녹취록 작성 및 검독에 대해 논한 바 있다. 연구참여자가 녹취문에 대한 일부 삭제나 수정을 요청할 경우, 연구참여자의 요청에 따라 녹취문의 일부를 삭제 또는 수정해야 하는지 아니면 녹취록을 원문 그대로 유지해야 하는지에 대해 의견이 분분하다.

필자는 먼저 연구참여자에게 우려되는 점이 무엇인지 물어보고 이에 대해 서로 의견을 나눈다. 의견을 충분히 나눈 후에도 연구참여자가 여전히 우려가 남아 있어 수정 또는 삭제하고 싶다고 하면, 연구참여자에게 수정 또는 삭제하고 싶은 부분을 표시하도록 하고 어떤 내용을 어떻게 수정하고 싶은지 수정 사항을 기입하도록 한다. 그리고 이를 반영하여 녹취록을 수정, 보완한다. 이때 수정, 보완 내용과 그 이유, 수정 보완 날짜 등에 대해 상세하게 기록해 둔다. 앞서 '감사추적'에서 논한 바와 같이 연구의 과정에서 일어난 일들에 대해 상세히 기록해 둘 필요가 있다. 특히 수정, 변경, 삭제

등에 관한 결정은 더욱 그러하다. 자세한 내용은 제7장 '질적면담' 의 6절 '면담 녹취록 작성'을 참고하기 바란다.

둘째, 자료분석 결과에 대한 연구참여자의 검토이다. 연구자는 자료를 분석한 후 분석결과 초안을 작성하여 연구참여자에게 분석 결과 초안에 대한 검토를 받는다. 내러티브 탐구자 클랜디닌과 카 늘리(Clandinin & Connelly, 2000)는 분석결과 초안을 '중간 연구텍스 트(interim research text)'라고 지칭하였는데, 중간 연구텍스트를 작 성해서 연구참여자에게 보여 줄 때가 가장 긴장되고 초조한 순간이 라고 토로하였다. 연구참여자가 분석결과를 어떻게 생각할지 궁금 하면서도 다른 한편으로는 혹시라도 연구자가 쓴 글에 연구참여자 가 불편함을 느끼거나 상처받지는 않을까 걱정이 되기도 하고, 만 약 연구참여자가 연구자의 분석에 수긍할 수 없다고 하면 어쩌나 불안감에 휩싸이기도 한다고 말하였다. 그럼에도 불구하고 연구자 는 중간 연구텍스트를 연구참여자와 공유하고 조율해야 한다고 강 조하였다. 그리고 다음과 같은 조언을 하였다.

연구자가 연구참여자와 분석결과 초안을 공유할 때 '이것이 당신 이 말한 것이 맞죠? 제 분석이 맞는지요?' 등과 같이 맞는지 틀리는 지를 확인하는 질문보다 '당신의 경험에 대한 제 분석이 이해되는 지요? 당신의 경험에 대한 제 분석에 공감하는지요?' 등과 같은 해 석적 질문을 한다. 그리하여 연구참여자가 분석결과를 읽고 연구자 의 분석에 대한 자신의 견해를 피력하도록 한다. 이와 같이 연구자 와 연구참여자가 분석결과에 대한 서로의 견해를 나누고 조율하며 함께 분석결과 초안을 보완한다.

셋째, 논문 초안에 대한 연구참여자의 검토이다. 연구자는 논문 초안을 작성하고 이를 연구참여자에게 보내서 논문 초안에 대한 연구참여자의 검토를 받는다. 논문 초안에 대한 검토는 논문 발표 및 출간을 염두에 두고 진행된다. 말하자면, '이렇게 논문이 발표 또는 출간될 예정인데 어떻게 생각하십니까?'라고 연구참여자에게 묻는 것이다. 연구참여자는 논문 초안을 검토하고 검토 의견을 제시한다. 이때 수정, 보완, 또는 삭제 등이 필요한 부분이 있으면 연구자에게 이를 요청한다. 연구자와 연구참여자는 논문 초안에 대한 서로의 의견을 나누고 조율하며 최종본을 작성한다.

연구참여자의 검토는 연구결과의 타당성과 신빙성을 확보하고 연구의 질을 제고하는 데 꼭 필요하고 중요한 과정이다. 무엇보다도 연구참여자 검토는 연구참여자를 진정으로 연구참여자로 세우는 과정의 하나이다. 이 과정에 적극적으로 참여하는 연구참여자도 있고 그렇지 않은 연구참여자도 있다. 어떤 연구참여자는 자신의 목소리를 내고 연구자의 목소리와 화음을 맞추는가 하면, 어떤 연구참여자는 연구자의 목소리에 눌려 자신의 목소리를 내지 못한다. 어떤 연구참여자는 연구자의 해석에 깊은 공감을 표하는가 하면, 어떤 연구참여자는 연구자의 일부 해석에 반대하며 삭제를 요청하기도 한다. 어떤 연구참여자들은 서로 상충되는 검토 의견을 제시하여 연구자를 혼란에 빠뜨리기도 한다.

연구참여자의 검토를 받고 의견을 조율하는 데 많은 시간과 노력이 든다. 충분한 시간을 가지고 연구참여자 검토 작업에 임해야 하고 검토 의견 조율에 많은 노력을 쏟아야 한다.

# 4. 연구자의 성찰성

　　성찰성(reflexivity)은 '반성성', '반영성', '반사성', '자기대면' 등의
용어로도 지칭된다. 성찰성은 연구자가 연구자로서의 자기 자신과
자신의 연구활동을 비판적으로 성찰하는 것을 말한다.

　　연구자가 연구의 여정을 떠나면서 자신이 지금까지 살아온 삶,
자신이 겪은 경험들, 자신이 가지고 있는 생각과 신념과 가치관 등
을 어찌 집에 두고 갈 수 있겠는가. 그래서 어떤 연구자들은 객관성
의 가면과 중립성의 망토를 두르고 연구의 여정을 떠난다. 그러나
질적연구자들은 이를 애써 감추려 하지 않는다. 오히려 자신이 가
지고 가는 것이 무엇인지 깊이 들여다보고 비판적으로 성찰을 한
다. 이것이 바로 성찰성이다. 성찰성은 연구자의 비판적 자기성찰
을 의미한다.

　　질적연구자 브라운과 클라크(Braun & Clarke, 2022)는 성찰성을
다음과 같이 설명하였다. 성찰성은 연구자가 연구를 하며 끊임없이
자신이 가지고 있는 가정과 기대, 자신이 내린 선택과 결정, 자신이
행한 행위 등에 대해 비판적으로 반성하는 것을 말한다. 끊임없는
비판적 반성을 수행하는 중요한 이유는 연구자가 자신의 관점과 선
택이 무엇을 가능하게 하고, 무엇을 배제하고, 무엇을 가로막는지
를 스스로 점검하기 위함이다. 이는 곧 연구자의 정체성과 위치성
(positionality)에 대한 자각을 의미한다.

　　여기서 잠시 '위치성'에 대해 살펴보자. 위치성은 20세기 후반 비
판적 페미니즘 연구에서 핵심 이슈로 제기된 개념이다. 위치성은
관계적인 개념으로 지리적 위치뿐만 아니라 사회적 위치의 의미를

내포한다. 연구자의 위치성은 연구자의 지리적 위치와 연구자의 인종, 민족, 성, 연령, 계층, 종교, 문화, 능력 등에 따른 사회적 위치 그리고 그 같은 위치에서 형성된 관점, 신념, 가치관 등을 말한다.

성찰성의 개념은 연구자로서의 자신의 정체성과 위치성에 대한 자각을 내포한다. 따라서 성찰성은 연구의 전 과정에 걸쳐 광범위하게 발현된다. 영국의 페미니스트 심리학자 윌킨슨(Wilkinson, 1988)은 연구자의 성찰성을 다음과 같이 유형화하였다.

- 개인적 성찰성: 연구자의 가치관이 연구와 연구를 통해 생산된 지식에 미치는 영향에 대한 비판적 성찰
- 기능적 성찰성: 연구자의 연구 설계 및 방법이 연구와 연구를 통해 생산된 지식에 미치는 영향에 대한 비판적 성찰
- 학문적 성찰성: 연구자의 학문적 배경이 지식 생산에 미치는 영향에 대한 비판적 성찰

이 세 가지 유형의 성찰성 각각에 대해 좀 더 자세히 살펴보면 다음과 같다.

- 개인적 성찰성
  - 연구자의 지리적 위치 및 사회적 위치, 예컨대 연구자의 인종, 민족, 성, 연령, 계층, 종교, 문화, 능력 등에 따른 연구자의 위치성에 대해 비판적으로 성찰한다.
  - 연구자의 위치성이 연구자의 삶과 경험에 미친 영향에 대해 비판적으로 성찰한다.
  - 연구자의 위치성이 연구자의 관점, 신념, 가치관 형성에 미

친 영향에 대해 비판적으로 성찰한다.

-연구자의 위치성, 연구자의 삶과 경험, 연구자의 관점과 신념, 가치관 등이 연구에 미치는 영향에 대한 비판적으로 성찰한다.

• 기능적 성찰성

-연구자의 연구 수련 및 연구 경험에 대해 비판적으로 성찰한다.

-연구자의 연구 경험이 연구자로서의 정체성 형성에 미친 영향에 대해 비판적으로 성찰한다.

-연구자의 연구 경험과 연구자로서의 정체성이 연구방법론 및 연구방법의 선택과 수행에 미친 영향에 대해 비판적으로 성찰한다.

-연구 설계와 방법, 예컨대 연구참여자 선정방법, 자료수집방법, 자료분석방법 등이 연구와 연구를 통해 생산된 지식에 미치는 영향에 대해 비판적으로 성찰한다.

• 학문적 성찰성

-연구자의 학문적 배경, 이론적 관점, 연구 철학 등에 대해 비판적으로 성찰한다.

-연구자의 학문적 배경, 이론적 관점, 연구 철학 등이 연구와 연구를 통해 생산된 지식에 미치는 영향에 대해 비판적으로 성찰한다.

요컨대, 성찰성은 연구자로서 자신의 존재에 대해 자각하고 연구자의 존재가 연구 현장과 연구참여자, 자료수집과 자료분석 및 해

석 등 연구의 전 과정에 영향을 미칠 수 있음을 인지하고 이를 비판
적으로 반성하는 것을 의미한다. 그러므로 성찰성의 개념은 연구자
의 주관성을 인정하고 받아들인다. 연구자의 주관성을 편견으로 치
부하지 않는다. 연구자의 주관성을 숨기거나 통제하려 들지 않는
다. 오히려 연구자의 주관성을 자각하고 드러낸다. 그리고 그것을
비판적으로 성찰한다. 그런 점에서 성찰성은 '비판적 주관성'이라
할 수 있다(Braun & Clarke, 2022).

　질적연구자는 연구의 처음부터 끝까지 연구자로서의 자신의 정
체성, 위치성, 주관성을 비판적으로 성찰한다. 자신이 가지고 있는
입장과 관점, 신념과 가치관은 물론이고 자신의 학문적 견해와 사
상적 배경 그리고 자신이 선택한 연구방법론과 자신이 활용한 연구
방법 등을 비판적으로 성찰한다. 이를 토대로 자신의 연구를 수정,
보완 또는 변경하며 지속적으로 개선해 나아간다.

## 5. 연구윤리 준수

　연구윤리란 연구를 수행하면서 지켜야 할 원칙을 말한다. 한국연
구재단 연구윤리정보포털(https://cre.nrf.re.kr)에서는 연구윤리에
관한 유용한 정보와 자료를 제공하고 있다. 그 주요 내용은 다음과
같다.

- 연구의 각 단계에서 준수해야 할 연구윤리
- 기관생명윤리위원회(IRB) 심의[1]
- 연구부정행위: 위조와 변조, 표절, 부당한 저자표기, 부당한 중

복제재
- 연구윤리의 주요 이슈
- 연구자를 위한 연구윤리 체크리스트

아울러 한국연구재단 연구윤리교육포털(https://cre.nrf.re.kr/ocw)에서는 동영상 연구윤리 교육콘텐츠를 제공하고 있다. 예컨대, '슬기로운 연구생활 I−바람직한 학술활동 길잡이', '슬기로운 연구생활 II−연구윤리사례로 보는 교훈', '연구윤리 기본 과정', '연구윤리 심화 과정', '책임있는 연구자를 위하여', '연구논문의 이해와 작성', '대학생을 위한 학습윤리' 등이 있다.

한국연구재단에서 제공하는 연구윤리 관련 정보 및 자료의 내용을 숙지하고 연구윤리를 준수하여 연구를 계획, 수행, 발표하기 바란다. 그럼 연구의 과정에서 질적연구자가 유의해야 할 윤리적인 사항을 다시 한 번 점검하며 이 절을 마무리하겠다.

- 연구준비 단계
  −기관생명윤리위원회에 심의 서류를 제출하고 연구계획에 대한 승인을 받는다.

- 연구시작 단계
  −연구참여자를 선정, 연구에 초대한다.

---

1) 기관생명윤리위원회(IRB) 심의에 관해서는 기관생명윤리위원회 정보포털(https://www.irb.or.kr)을 참고하기 바란다. 기관생명윤리위원회 심의대상, 제출서류, 심의 종류 및 일정, 심의절차 등에 대해 자세히 안내하고 있다.

–연구참여자에게 연구참여 설명문 및 동의서를 제공하고 그 내용에 대해 충분히 설명한다.

–연구참여자에게 연구참여 및 동의서 서명을 강요하지 않는다. 참여를 거부하여도 불이익이 없으며 연구참여에 동의한 경우라도 언제든 이를 철회할 수 있음을 명확히 알린다.

–연구 현장 및 연구참여자의 문화, 사회적 규범, 생활양식 등을 존중한다.

• 자료수집 단계

–연구참여자를 기만하지 않는다.

–연구참여자를 데이터를 얻기 위한 자료원으로 부당하게 이용하지 않는다.

–약탈적 자료수집을 하지 않도록 각별히 주의한다.

–연구참여자와 상호호혜적인 관계를 맺는다.

• 자료분석 단계

–수집한 자료를 위조, 변조, 가공하지 않는다.

–엘리트 편견, 즉 사회경제적 지위나 학력이 높은 연구참여자로부터 수집된 자료를 더 비중 있게 다루는 오류에 빠지지

---

2) 클랜디닌과 카늘리(Clandinin & Connelly, 2000)에 의하면, 내러티브 다듬질은 이야기를 깔끔하게 잘 뽑아내기 위하여 복잡다단한 삶의 경험을 단순화할 위험이 있으며, 이야기의 일관성이나 이해 가능성을 위하여 연구자가 하고자 하는 이야기에 맞지 않는 자료를 제외, 누락시키거나, 할리우드 플롯과 같이 정형화된 틀에 자료를 끼워 맞추는 오류를 범할 수 있다. 일관성의 오류, 내러티브 다듬질, 할리우드 플롯 등에 대해서는 필자의 저서 『질적연구방법론』 제4장 내러티브 탐구를 참고하기 바란다.

않도록 주의한다.

–일관성의 오류(holistic fallacy), 내러티브 다듬질(narrative smoothing), 또는 할리우드 플롯(Hollywood plot)[2] 등 연구결과를 깔끔하게 잘 뽑아내기 위하여 자료를 단순화하거나, 제외, 누락시키는 등의 오류를 범하지 않도록 주의한다.

• 연구결과 보고 및 확산 단계
  –연구결과를 위조하지 않고 정직하게 보고한다.
  –연구참여자의 익명성과 개인정보를 보호한다.
  –연구결과 보고 및 확산 전에 연구참여자와 이해당사자에게 연구결과를 보고하고 피드백을 받는다.
  –독자들에게 적절한 언어로 연구결과를 보고한다.
  –표절, 부당한 저자표기, 부당한 중복게재 등 연구부정행위를 하지 않도록 각별히 주의한다.

이 장을 마무리하며 질 높은 질적연구를 위한 연구자의 노력을 다시 한 번 강조하고 싶다. 특히 연구자의 성찰성을 강조하고 싶다. 앞서도 논한 바와 같이, 연구자가 지금까지 살아오면서 겪은 경험들, 삶의 경험을 통해 갖게 된 관점, 신념, 가치관 등을 객관성과 중립성의 보자기에 싸서 감출 수는 없다. 오히려 연구자 자신의 주관성을 깊이 들여다보고 비판적으로 성찰해야 한다. 연구자 자신의 입장과 관점, 생각과 견해, 신념과 가치관 등에 대해 끊임없이 비판적 자기성찰을 해야 한다.

이를 위해 필자는 연구를 수행하며 다음과 같은 질문을 한다. 연구자의 자기성찰적 질문이라 할 수 있다.

- 연구참여자는 내 연구에 참여하며 무엇을 경험하고 무엇을 얻 었는가?
- 나는 연구참여자를 자료를 얻어 내기 위한 대상으로 타자화하 지 않았는가?
- 나는 연구참여자의 입장과 관점에서 연구참여자를 이해하고 자 노력하였는가?
- 나는 연구참여자의 목소리를 억누르거나 내 틀 속에 가두지는 않았는가?
- 나는 내가 하고 싶은 이야기를 하기 위하여 연구참여자의 이야 기를 의도한 방향으로 몰고 가거나 변용시키지는 않았는가?
- 나는 자료수집의 과정에서 최선을 다하였는가? 쉽게 얻을 수 있는 자료만 구하고, 얻기 힘든 자료는 포기하지 않았는가?
- 나는 연구자료를 취사선택하여 사용하지 않았는가? 결론에 맞 지 않는 자료를 의도적으로 생략하거나 그것의 중요성을 간과 하지는 않았는가?
- 나는 연구참여자와 독자를 잊고 오직 자신을 위해 논문을 쓰지 는 않았는가?
- 나는 연구를 통해 무엇을 배웠는가?
- 연구를 시작할 때와 지금의 나는 어떻게 달라져 있는가?

질적연구는 연구자와 연구참여자를 깊은 성찰과 통찰로 이끈다. 질적연구는 독자들을 공감과 이해로 이끈다. 질적연구는 연구자들 의 열정에 불을 지피고 연구의 여정을 떠나게 한다. 자, 이제 당신 도 질적연구의 여정을 떠나길 바란다.

# 용어해설

----------

**근거이론연구**　　근거이론연구는 이론 개발을 목적으로 한다. 이론을 어떻게 개발하는가? 데이터로부터 개발한다. 데이터로부터 도출된 이론, 이것을 근거이론이라고 한다. 근거이론연구는 데이터에 근거하여 이론을 개발하는 연구이다.

**내러티브 면담**　　내러티브 면담은 연구참여자의 서사를 통해 연구참여자의 경험을 탐구하는 면담방법이다. 서사란 복잡다단한 인간의 경험을 구조화한 이야기이다. 내러티브 면담자는 연구참여자가 자신의 경험을 어떻게 이해하고 어떻게 이야기로 풀어내는지에 관심을 기울인다. 그리하여 연구참여자의 서사를 통해 연구참여자의 경험을 깊이 이해하고자 한다.

**내러티브 탐구**　　내러티브 탐구는 삶의 서사를 통해 인간의 경험과 그 의미를 고찰하는 연구이다. 내러티브 탐구는 인간을 각자의 삶의 서사를 써 내려가는 저자로 그리고 그 서사 속의 주인공으로 삶을 살아가는 인물로 본다. 삶의 서사를 쓰는 저자로 그리고 그 서사 속의 주인공으로 삶을 살아가는 인물로 연구참여자와 연구자가 생의 한가운데서 만나 삶의 서사를 이야기하고 재해석하고 재구성하는 과정, 이것이 내러티브 탐구이다.

**내부자적 관점**  질적연구자는 내부자적 관점에서 인간의 경험을 이해하고자 한다. 내부자적 관점에서 이해한다는 것은 구성원들이 생성, 교류, 공유하는 의미를 이해하는 것이다.

**다각화**  다각화는 '트라이앵귤레이션(triangulation)', '삼각화', '삼각검증' 등의 용어로도 지칭된다. 다각화란 여러 다양한 연구방법, 자료, 연구자 등을 활용하는 것을 말한다. 다각화를 하는 중요한 이유는, 첫째, 연구문제에 다각적으로 접근하여 연구하고자 하는 현상에 대해 종합적으로 이해하기 위함이요, 둘째, 다각화를 통해 교차검증이 가능하고 교차검증을 통해 연구결과의 타당성과 신빙성을 제고할 수 있기 때문이다.

**메모잉**  메모잉(memoing)은 '메모한다'는 뜻이다. 연구자가 자료분석을 하며 떠오르는 생각들을 그때그때 적어 놓는 것을 메모잉이라고 한다. 분석을 하며 머릿속에 떠오른 생각들을 그냥 흘려보내지 않고 생각나는 대로 적어 두는 것이다. 메모잉을 통해 분석의 깊이를 더하고 분석의 지평을 확장할 수 있다. 메모잉은 성찰적인 분석활동이다.

**문화기술적 연구**  문화기술적 연구는 문화 탐구를 목적으로 한다. 문화는 일정한 시간과 장소에서 살아가는 사람들이 공유하는 생활양식을 의미한다. 문화기술적 연구는 특정 집단이 공유하는 생활양식과 그 기저의 가치관, 사고방식, 행위양식 등을 탐구하는 연구이다.

**범주**　범주는 코드로 표현된 개념들을 포괄하는 유개념이다. 다시 말해, 코드보다 상위의 추상적인 개념이다. 포괄적인 유개념 또는 상위개념을 나타내는 용어로 범주를 명명한다.

**브리코러**　질적연구자를 브리코러(bricoleur)에 비유한다. 브리코러는 인류학자 레비스트로스(Levi-Strauss)가 그의 저서에서 이른 바 야만인이라 불리는 원시부족사회 사람들의 사고를 설명하기 위하여 사용한 바 있다. 그는 서구문명사회의 기준으로 원시부족사회를 미개하다고 여기는 것에 신랄한 비판을 가하며 원시부족사회인의 사고와 문명인의 사고는 본질적으로 다름을 주장하였다. 문명인의 사고는 과학적 사고를 특징으로 하는 데 비해 원시부족사회인의 사고는 마치 브리코러와 같다. 브리코러는 제한된 재료와 도구를 가지고 온갖 일들을 능숙하게 처리한다. 도구나 재료가 제한적임에도 그것들을 새롭게 조합하거나 변용하여 융통성 있게 활용하는 것이다. 그의 사고는 유연하고 창의적이다. 마치 브리코러처럼 질적연구자는 유연하고 창의적으로 질적연구를 수행한다. 그리하여 인간의 삶의 경험에 대한 깊은 통찰을 제공한다.

**사례연구**　사례연구는 '사례'를 연구한다. 사례란 어떤 특정한 상황과 맥락에서 일어나는 현상을 말한다. 왜 사례를 연구하는가? 연구하고자 하는 현상을 몇 개의 변인으로 단순화하여 연구할 수 없기 때문이다. 연구하고자 하는 현상을 그것이 실제로 일어난 상황과 맥락 속에서 이해해야 하기 때문이다. 요컨대, 사례연구는 연구하고자 하는 현상을 그 상황과 맥락 속에서 심층적으로 탐구하는 연구이다.

**생애사 연구**　생애사 연구는 한 인간이 살아온 삶의 궤적을 연구한다. 연구자가 마치 타임머신을 타고 과거로 돌아가서 연구참여자의 과거 행적을 전지적 시점에서 서술하는 연구와 달리, 생애사 연구는 현재의 삶을 살아가고 있는 연구참여자가 과거를 돌아보고 자신의 지나온 삶에 대해 들려주는 이야기, 즉 연구참여자의 삶의 서사를 통해 그의 생애를 깊이 이해하고자 한다.

**성찰성**　성찰성(reflexivity)은 '반성성', '반영성' 등의 용어로도 지칭된다. 성찰성은 연구자가 연구자로서의 자기 자신과 자신의 연구활동을 비판적으로 성찰하는 것을 말한다. 다시 말해, 성찰성은 연구자로서 자신의 존재에 대해 자각하고 연구자의 존재가 연구 현장과 연구참여자, 자료수집과 자료분석 및 해석 등 연구의 전 과정에 영향을 미칠 수 있음을 인지하고 이를 비판적으로 성찰하는 것을 의미한다. 이 같은 비판적 자기성찰을 통해 연구자는 자신의 연구를 지속적으로 개선해 나아간다.

**실증주의**　실증주의(positivism)는 19세기 후반 서유럽에서 나타난 철학적 경향을 가리킨다. 실증주의는 과거 인간의 정신을 지배해 온 신학과 형이상학에서 벗어나서 관찰이나 실험을 통해 검증할 수 있는 지식을 추구한다. 대표적인 학자로 콩트(Comte)를 들 수 있다. 콩트는 자연과학에서 사용되는 실증적 연구방법이 인간과 사회 현상에 대한 탐구에도 적용될 수 있으며, 적용되어야 한다고 역설

하였다. 사회 현상에 대한 실증적 연구를 통해 사회 원리를 발견함으로써 사회 문제의 예측과 해결 방안을 모색할 수 있다고 주장하였다. 20세기 들어 과학과 기술의 비약적인 발전에 따라 실증주의는 급속히 확산되었다. 자연 현상을 연구하는 방법이 인간과 사회 현상을 연구하는 데 적용되었고, '인문과학', '사회과학' 등 '과학적 연구'를 통해 학문을 과학화하려는 운동이 일었다. 과학적 연구만이 학문적 지식의 원천으로 인정되었고 실증주의는 지배적인 패러다임으로 자리 잡았다.

**실천적 패러다임**　실천적 패러다임은 실증주의적 패러다임에 근본적인 문제를 제기하는 한편, 해석적 패러다임의 한계를 넘어서고자 한다. 실천적 패러다임에 따르면, 연구는 더 나은 세상을 만드는 데 동참해야 한다. 이는 곧 전통적인 연구 기저에 깔린 연구와 실천, 지식 생산과 적용, 연구자와 실천가의 이분법적 구조를 탈피함을 함의한다. 실천적 패러다임은 연구를 통해 지식을 생산하고 실천을 통해 생산된 지식을 실제에 적용하는 이분법적 구조에서 탈피, 연구와 실천의 경계, 연구자와 실천가의 경계, 지식 생산과 적용의 경계를 무너뜨린다.

**실행연구**　실행연구는 변화를 추구하는 실천적 연구이다. 1940년대 레빈(Lewin)의 실행연구 등장 이래 실행연구는 폭넓게 확산되었다. 자신의 실천을 개선하기 위한 실천가의 실행연구, 뜻을 함께하는 여러 실천가들의 협력적 실행연구, 연구자와 연구참여자가 함께 현실을 개선하기 위하여 공동의 노력을 기울이는 참여적 실행연구 등 여러 다양한 유형과 특성의 실행연구들이 수행되고 있다.

**심층면담**   심층면담은 연구하고자 하는 현상에 대한 심층 탐구를 목적으로 하는 질적면담방법이다. 이를 위해 연구하고자 하는 현상을 직접 경험한 사람을 연구참여자로 선정하여 면담을 통해 연구참여자의 경험을 심층적으로 탐구함으로써 현상에 대한 깊은 이해와 통찰을 얻고자 한다.

**심층서술**   심층서술(thick description)은 '심층기술', '중층기술', '두꺼운 기술', '두터운 기술' 등의 용어로도 지칭된다. 심층서술은 현상에 대한 표면적 서술을 넘어서서 현상 기저의 복합적인 의미를 해석해 내는 것을 말한다. 따라서 심층서술은 해석적이고 상황적, 맥락적이며 미시적인 특징을 띤다. 간혹 심층서술을 자세히 많이 쓰는 것으로 오해하기도 한다. 아마도 'thick'의 사전적 의미에 충실하게 번역하여 많이 써서 두껍게 만들라는 뜻으로 해석한 것 같다. 그러나 아무리 자세히 많이 쓴다한들 그것이 표면적 수준에 머무른다면 심층서술이라 할 수 없다. 심층서술은 연구 현상의 상황과 맥락, 현상의 전개 과정에 대한 구체적이고 풍부한 서술, 그리고 연구 현상 기저의 의미에 대한 분석과 해석을 담고 있다.

**양적코딩**   질적자료에 대한 양적코딩은 수량화를 특징으로 한다. 일반적으로 이론을 토대로 코딩시스템을 개발, 이를 적용하여 질적자료를 분석하는 방법, 기존 코딩 시스템을 적용하여 수집한 질적자료를 분석하는 방법 등이 양적코딩의 방법으로 활용된다.

**연구참여자 검토**   연구참여자 검토는 '멤버 체크(member checks)', '멤버 체킹(member checking)', '연구참여자 확인', '연구참여자의 타당화' 등의 용어로도 지칭된다. 연구참여자 검토는 질적 연구의 전 과정에 걸쳐 이루어진다. 특히, 자료에 대한 연구참여자 검토, 분석결과에 대한 연구참여자 검토, 논문 초안에 대한 연구참 여자 검토 등이 진행된다. 첫째, 자료에 대한 연구참여자 검토는 연구자가 자료를 수집한 후 이를 텍스트화하고 텍스트화한 자료를 연구참여자에게 보내서 연구참여자의 검토를 받는 것이다. 둘째, 자료분석 결과에 대한 연구참여자 검토는 연구자가 자료를 분석한 후 분석결과 초안을 작성하여 연구참여자에게 분석 결과 초안에 대한 검토를 받는 것이다. 연구자의 분석결과에 대하여 연구참여자와 연구자가 서로의 견해를 나누고 조율하며 분석결과 초안을 보완한다. 셋째, 논문 초안에 대한 연구참여자 검토는 연구자가 논문 초안을 작성한 후 연구참여자에게 논문 초안에 대한 검토를 받는 것이다. 이를 토대로 논문 최종본을 작성한다. 연구참여자의 검토는 연구결과의 타당성과 신빙성을 확보하고 연구의 질을 제고하는 데 꼭 필요하고 중요한 과정이다.

**위치성**　　위치성은 관계적인 개념으로 지리적 위치뿐만 아니라 사회적 위치의 의미를 내포한다. 연구자의 위치성은 연구자의 지리적 위치와 연구자의 인종, 민족, 성, 연령, 계층, 종교, 분화, 능력 등에 따른 사회적 위치 그리고 그 같은 위치에서 형성된 관점, 신념, 가치관 등을 말한다. 질적연구자는 연구자의 위치성이 연구에 미치는 영향에 대해 비판적으로 성찰한다.

**인비보 코드**　　인비보 코드(in vivo code)는 연구참여자가 의미하는 바를 생생하게 나타내는 연구참여자의 언어이다. 인비보 코드를 사용하는 이유는 인비보 코드를 통해 연구참여자가 의미하는 바를 더 깊이 이해할 수 있기 때문이다. 그런데 간혹 연구참여자가 한 말 중에서 호기심을 자극하는 용어나 표현 또는 센세이셔널한 반응을 일으킬 만한 말 등을 따와서 인비보 코드로 사용하는 경우가 있다. 이는 지양되어야 한다. 용어나 표현 그 자체보다 연구참여자가 그 것을 언제, 어떻게, 왜 사용하였는지, 어떤 의도로, 어떤 의미로 사용하였는지를 이해하는 데 더 관심을 기울여야 한다.

**자문화기술지**　자문화기술지는 연구자 자신이 속한 집단의 문화에 대한 연구로, 연구자가 그 집단의 구성원으로서 내부자로서 수행하는 연구이다. 외부자에 의한 문화기술적 연구의 한계를 극복할 수 있는 대안으로 주목을 받으며 자문화기술지는 1980년대 폭넓게 확산되었다. 자문화기술자는 외부인 연구자는 접근하기 어려운 문화적 현상을 가까이서 면밀히 조사하는 한편, 내부자들이 당연시하는 문화적 규범, 실천, 경험 등을 새로운 관점에서 조명하고 비판적으로 고찰한다. 그리하여 자문화기술지는 복잡미묘한 문화적 현상을 내부자적 관점에서 보다 깊이 이해할 수 있도록 해 주고, 나아가서 그 기저의 문화적 신념, 가치, 인식 등에 대해 비판적으로 성찰할 수 있도록 한다.

**주제분석**　주제분석(Thematic Analysis, TA)은 질적자료분석의 한 방법이다. 주제분석은 자료의 의미를 분석하는 방법으로, 자료 숙지, 코딩, 주제 생성, 주제 검토, 주제 정의 및 명명, 논문 쓰기의 과정으로 진행된다. 주제분석의 과정을 자세히 살펴보면 다음과 같다. 첫째는 자료 숙지의 단계로, 수집한 자료를 텍스트화하여 읽고 또 읽으며 자료를 숙지한다. 둘째는 코딩의 단계로, 코딩은 자료의 의미를 파악하는 분석활동이다. 연구문제에 적절한 자료를 탐색하여 해당 자료에 분석적 의미, 즉 코드를 부여한다. 셋째는 주제 생성의 단계로, 코딩을 통해 생성된 코드들을 목록화한 후 의미를 공유하는 코드들을 한데 묶어 코드들이 공유하는 의미, 즉 주제를 생성한다. 코드가 특정한 단일 의미를 담고 있다면, 주제는 통합적인 공유 의미를 담고 있다. 다시 말해, 주제 생성은 자료의 의미를 탐색하고 그 의미들을 통합하는 개념을 생성하는 것이다. 자료의 의미들을 통합하는 중심 개념, 이것이 바로 주제이다. 넷째는 주제 검토의 단계로, 1차 주제를 생성한 후 다시 원자료로 돌아가서 원자료에 비추어 1차 주제들이 적절한지 평가한다. 이를 토대로 주제를 수정, 보완한다. 다섯째는 주제 정의 및 명명의 단계로 주제 검토를 통해 주제들을 확정한 후 각 주제를 정의하고 명명한다. 마지막으로 여섯째는 논문 쓰기의 단계이다. 논문을 쓰는 것도 주제분석의 중요한 과정이다. 연구자는 논문을 쓰며 분석에서 한발 물러서서 분석의 결과와 그 결과에 이르기까지의 과정에 대해 성찰하게 된다. 이 같은 성찰이 분석의 깊이를 더할 수 있다. 주제분석은 자료의 심층적 의미를 이해하기 위한 질적분석의 방법으로 폭넓게 활용되고 있다.

**질적 감수성**　　질적 감수성은 인간과 사회 현상 심층에 복잡하게 얽혀 있는 의미에 대한 관심, 당연시되는 것을 당연시하지 않는 비판적 태도, 복잡미묘함, 뉘앙스, 심지어 모순마저도 이해하고자 하는 욕구, 절대불변의 진리 갈구에서 벗어나 지식의 상대성을 기꺼이 받아들이는 자세, 불확실성을 견딜 수 있는 능력 등으로 구성된다. 질적 감수성은 질적연구를 하는 데 매우 중요하다. 질적 감수성은 타고난다기보다 길러진다. 질적연구를 하며 질적 감수성은 더욱 풍부해진다.

**질적관찰**　질적관찰은 연구자가 연구참여자의 삶의 세계에 들어가서 연구하고자 하는 현상을 관찰하는 방법이다. 양적연구에서 활용하는 '통제적 관찰법'이나 '체크리스트 관찰법'과 달리, 질적관찰은 연구자가 관찰 상황과 조건을 통제하지 않는 '비통제적 관찰방법'이다. 질적관찰은 연구자가 연구참여자의 일상세계에 들어가서 연구참여자를 관찰하는 '자연적 관찰방법'이다. 비통제적 자연적 관찰을 통해 질적관찰자는 '서술적 자료'를 수집한다. 연구참여자의 행위는 물론이고 그 상황과 맥락 그리고 당시 관찰자의 생각과 느낌 등을 상세하게 기록한다. 요컨대, 질적관찰은 비통제적 관찰, 자연적 관찰, 서술적 관찰을 특징으로 한다.

**질적면담**　질적면담은 표준화된 면담 질문과 방법, 일방적인 질의응답식 면담에서 탈피한 탈실증주의적 면담방법이다. 질적면담은 연구참여자의 생각, 견해, 경험 등을 심층적으로 탐색하는 데 주된 목적이 있다. 이를 위해 질적면담자는 연구참여자에게 적절한 방식으로 유연하게 면담을 진행한다. 연구자는 묻고 연구참여자는 답하는 일방적인 질의응답식이 아니라 연구참여자가 자신의 생각, 견해, 경험 등을 자유롭게 이야기하고 이에 대해 연구자와 이야기를 나누는 대화 형식으로 면담을 진행한다. 질적면담에는 심층면담, 현상학적 면담, 내러티브 면담, 생애사 면담, 구술사 면담, 초점집단 등이 있다.

**질적사례연구**　　질적사례연구는 연구하고자 하는 현상을 실세계 맥락 속에서 심층 탐구하는 연구로 총체성, 맥락성, 특수성을 특징으로 한다. 총체성이란 복잡한 현상을 총체적으로 이해함을 말한다. 질적사례연구는 현상을 몇 가지 변인으로 또는 변인의 합으로 설명하려 하기보다 현상의 복잡성을 총체적으로 이해하는 데 중점을 둔다. 맥락성이란 현상을 그 실세계 맥락 속에서 이해함을 말한다. 질적사례연구는 탈맥락화를 경계한다. 실세계 맥락을 현상을 연구하는 데 방해가 되는 변수라든가 또는 통제해야 할 변인으로 다루지 않는다. 현상은 그것이 일어난 상황과 맥락 속에서 연구될 때 온전히 이해될 수 있다. 특수성이란 사례 그 자체에 대한 이해를 중요시함을 말한다. 질적사례연구는 사례를 넘어서서 일반적이고 보편적인 그 무엇을 찾으려 들기 전에 먼저 사례 그 자체에 대해 구체적으로 상세하게 이해하는 것을 우선시한다.

**질적연구**　　질적연구는 인간과 사회 현상 심층의 의미를 탐구하는 연구이다. 질적연구는 자연 현상을 연구하는 과학적 방법을 차용하여 인간과 사회 현상을 측정, 계량화하는 실증주의적 패러다임 연구에 근본적인 문제를 제기한다. 질적연구는 인간과 사회 현상 연구를 위한 새로운 패러다임과 방법론을 제시한다. 설명과 예측과 통제가 아니라 이해와 해석, 변화와 개선을 추구하는 연구, 객관과 중립의 허울을 벗고 공감과 신뢰와 소통을 우선시하는 연구, 표면적으로 드러나는 현상이나 빈번하게 나타나는 현상보다 현상 기저의 심층의 의미를 깊이 탐구하는 연구, 이것이 질적연구이다. 질적연구는 해석적 · 비판적 · 실천적 패러다임에 기반한 탈실증주의적 연구로 인간과 사회 현상에 대한 깊은 이해와 통찰, 비판과 문제제기, 변화와 변혁을 지향한다.

**질적연구방법**　연구방법은 무엇을 '어떻게' 연구할 것인가에 관한 것이다. 질적연구방법은 인간과 사회 현상 심층의 의미를 탐구하기 위한 연구방법으로, 유연한 연구설계, 관찰, 면담, 기록물 수집 등 여러 다양한 방법을 활용한 자료수집, 자료의 의미에 대한 심층 분석 및 해석 등을 특징으로 한다.

**질적연구방법론**　연구방법론은 연구의 방법과 과정은 물론이고 그 기저의 관점과 가정, 신념 등을 담고 있다. 다시 말해, 연구방법론은 무엇을 '어떻게' 연구할 것인가 뿐만 아니라 '왜' 그 같은 방법으로 연구를 하는가에 대한 근거와 논리를 담고 있다. 질적연구방법론은 인간과 사회 현상을 어떻게 연구할 것인가에 대한 이론과 방법을 담고 있다. 질적연구방법론에는 문화기술적 연구, 근거이론 연구, 현상학적 연구, 내러티브 탐구, 생애사 연구, 사례연구, 실행연구 등이 있다.

**질적코딩**　질적코딩은 자료의 의미를 파악하는 질적분석의 한 방법이다. 질적코딩은 자료 숙지, 코드 생성, 코드 범주화, 주제 생성의 과정으로 진행된다. 질적코딩의 과정을 자세히 살펴보면 다음과 같다. 첫째, 자료 숙지의 단계로, 질적연구자는 수집한 자료들을 모두 텍스트화하여 자료 전체를 통독한다. 수집한 자료 전체를 여러 차례에 걸쳐 통독하며 자료의 내용을 숙지한다. 둘째, 코드 생성의 단계로, 질적연구자는 자료의 내용을 찬찬히 자세히 읽어 가며 그 의미를 파악하는 데 집중한다. 자료를 정독하며 그것이 의미하는 바를 고찰하고 그 의미를 가장 잘 나타내는 용어, 즉 코드를 부여한다. 일반적으로 코딩은 한 번에 끝나지 않는다. 여러 차례에 걸쳐 코딩을 하며 코드를 수정 보완하고 더 이상 새로운 코드가 나오지 않을 때까지 코딩을 수행한다. 셋째, 코드 범주화의 단계로, 질적연구자는 생성된 코드들을 모두 나열하고 목록화한 후 코드들 간의 공통성과 상이성을 비교한다. 유사한 속성의 코드들을 병합하고, 코드의 개념적 수준에 따라 상위개념의 코드 아래 하위개념의 코드들을 통합하는 방식으로 코드들을 범주화한다. 넷째, 주제 생성의 단계로, 범주들을 통합하는 주제를 생성한다. 범주들을 서로 관련지어 통합하는 방식, 범주들 기저에 흐르는 근본적인 주제나 여러 범주를 관통하는 공통 주제로 범주들을 통합하는 방식 등을 통해 주제를 생성한다. 질적코딩은 자료 요약이 아니다. 질적코딩은 자료의 의미를 심층적으로 이해하기 위한 분석방법이다.

**참여관찰**    참여관찰은 연구자가 연구참여자의 삶의 세계에 들어가서 연구 현상을 관찰하는 질적관찰의 한 방법으로 연구자는 연구참여자의 일상에 참여하며 관찰을 수행한다. 관찰자가 연구참여자의 일상에 참여하는 중요한 이유는 내부자적 관점을 갖기 위해서이다. 내부자적 관점을 갖기 위해서는 내부 구성원들과 상호작용하며 그들의 생활양식과 규범, 가치 등을 배워야 한다. 그러므로 참여관찰에서 참여는 연구참여자의 삶의 세계에 들어가서 그 세계에 사는 사람들과 상호작용하며 새로운 생활양식과 규범, 가치 등을 배우는 것을 의미한다.

**초점집단면담**    초점집단면담 또는 포커스그룹 면담(Focus

Group Interview, FGI)은 연구참여자들이 특정 주제에 대해 의견을 나누는 토론식 집단면담방법이다. 연구자와 연구참여자의 일대일 개별면담과 달리, 초점집단면담은 연구참여자들이 특정 주제에 대해 자유롭게 의견을 나누는 토론 방식으로 진행된다. 그런 점에서 초점집단면담은 일반적인 집단면담과도 구별된다. 일반적으로 집단면담은 연구자가 여러 명의 연구참여자들에게 질문을 제시하고 연구참여자들이 각자 연구자의 질문에 답변하는 방식으로 진행된다. 이와 달리 초점집단면담은 연구참여자들 간의 상호작용을 기반으로 한다. 초점집단면담은 집단 내 상호작용을 통해 다양하고 풍부한 정보를 수집하는 면담방법이다.

**코드**　코드는 자료의 의미를 개념화한 것이다. 질적연구자는 자료가 의미하는 바를 고찰하고 그 의미를 가장 잘 나타내는 용어, 즉 코드를 부여하며 자료를 분석한다. 코드는 자료의 의미를 간결하고 함축적으로 나타내는 용어이다.

**코드 범주화**　코드 범주화는 코드들을 개념적으로 통합하여 범주를 생성하는 것을 말한다. 일반적으로 추상화나 포섭 방법을 통해 코드 범주화를 한다. 추상화는 공통되는 속성을 가진 코드들을 모아서 이것들을 상위 수준의 범주로 묶는 방법을 말한다. 포섭은 상위 수준의 코드에 하위 수준의 코드를 끌어들이는 방법을 말한다.

**패러다임**　패러다임을 학문적으로 개념화한 과학사학자 쿤(Kuhn)에 의하면, 패러다임은 한 시대 과학자 공동체에서 공유되는 사고, 신념, 가치, 관습 등의 총체이다. 패러다임은 '무엇'을 '어떻게' 연구할 것인가를 규정한다. 다시 말해, 패러다임은 무엇이 연구할 가치가 있는가 그리고 그것을 어떻게 연구해야 하는가를 규정한다. 질적연구에서 패러다임은 연구자 공동체에서 공유되는 세계관과 가치관 그리고 존재론, 인식론, 방법론 등을 망라한 총체적인 신념 체계를 말한다.

**필드워크**    타자의 삶과 경험을 이해하기 위해서는 그가 사는 일상적 세계에서 살아보아야 한다. 현지에 가서 현지인들과 함께 생활하며 그들의 일상을 연구하고 그들의 삶을 이해하고자 노력해야 한다. 이것을 필드워크(fieldwork)라고 한다. 필드워크는 타자의 세계에 몰입하는 것이다. 타자의 세계에 몰입한다는 것은 타자의 삶과 경험을 내부자의 관점에서 보는 것이다. 그러므로 필드워크는 연구자의 세계에서 나와 새로운 생활양식과 그 기저에 깔린 가치관, 사고방식, 행위양식 등을 배우는 학습의 과정이라 할 수 있다.

**텃밭연구**    텃밭연구(backyard research)는 '자기 구역 연구', '백야드 연구' 등으로도 지칭된다. 텃밭연구는 연구자가 자신의 일상의 일부를 연구의 대상으로 삼거나 연구자가 잘 아는 사람을 연구참여자로 수행하는 연구를 말한다. 예를 들어, 연구자 자신이 근무하는 직장을 연구한다든가, 연구자의 직장 동료나 친구, 가족 또는 연구자가 가르치는 학생 등을 연구의 대상으로 연구하는 것이다. 텃밭연구는 연구자가 연구 대상에 대해 이미 잘 알고 있기 때문에 내부자의 관점을 깊이 이해할 수 있다는 장점이 있다. 그러나 그 위험성도 크다. 첫째, 연구자와 연구참여자 간의 권력관계가 연구에 영향을 미치지 않을 수 없다. 둘째, 연구자가 민감한 내부정보를 알고 있기에 이에 따른 윤리적인 문제가 발생할 수 있다. 셋째, 내부의 정치적인 문제나 갈등에 휘말릴 수도 있다. 넷째, 연구자 자신의 정체성에 혼란을 겪을 수 있다. 텃밭연구의 위험성을 충분히 고려하여 신중히 접근할 필요가 있다.

**해석적 패러다임**    해석적 패러다임은 자연 현상을 연구하는 과학적 방법을 적용하여 인간과 사회 현상을 연구하는 실증주의적 패러다임에 비판을 제기하며 인간과 사회 현상을 연구하는 방법은 자연 현상을 연구하는 방법과 달라야 한다고 주장한다. 해석적 패러다임에 의하면, 인간의 경험은 설명과 예측과 통제의 대상이 아니다. 인간의 경험은 끊임없이 재해석되고 재구성된다. 인간은 각자 자신의 관점에서 세상을 바라보고 해석하며 사회적 상호작용을 통해 간주관적 이해를 구성한다. 그러므로 실재는 주관적이고 간주관적이며 상대적이고 다중적이다. 해석적 패러다임은 인간이 삶의 경험을 어떻게 이해하고 어떠한 의미를 부여하는지에 관심을 기울인다. 해석적 패러다임은 인간의 삶의 경험을 체험자의 관점에서 이해하고 그 기저에 복잡하게 얽혀 있는 다양하고 복합적인 의미를 해석하여 인간의 경험에 대한 깊은 이해와 통찰에 이르고자 한다.

**현상학적 면담**    현상학적 면담은 연구참여자의 체험과 그 의미를 탐구하는 면담방법이다. 연구자가 연구하고자 하는 경험을 직접 체험한 사람을 연구참여자로 선정하여 현상학적 면담을 통해 연구참여자의 체험과 그 의미를 탐구한다. 이때 현상학적 면담자는 연구하고자 하는 경험에 대한 이론이나 사회적 통념 등을 더 이상 자명한 것으로 받아들이지 않고 일체의 판단을 중지한 채 연구참여자

의 체험에 집중한다. 그리하여 연구참여자의 관점에서 연구참여자
의 체험과 그 의미를 이해하고자 한다.

**현상학적 연구**    현상학적 연구는 체험의 본질적 의미를 탐구하
는 연구이다. 종래 인간의 경험을 이론의 틀에 넣어 몇 개의 변인으
로 연구해 온 전통을 거부하고 체험자의 관점에서 체험의 의미를
해석함으로써 인간 경험의 본질에 다가가고자 한다. 현상학에 바탕
을 둔 현상학적 연구는 여러 갈래로 뻗어 나가 여러 형태로 발전되
었다. 예컨대, 서술적 현상학적 연구, 해석학적 현상학적 연구, 해
석적 현상학적 연구 등이 있다. 서술적 현상학적 연구는 후설의 현
상학을 바탕으로 현상의 본질을 탐구하는 데 중점을 둔다. 현상의
본질을 탐구하기 위해 현상을 직접 경험한 사람들의 체험을 연구한
다. 해석학적 현상학적 연구는 현상학과 해석학에 기반하여 생활세
계 속에서 하루하루를 살아가는 실존적 존재가 겪는 경험을 탐구하
고 그 본질적 의미를 고찰하는 데 중점을 둔다. 해석적 현상학적 연
구는 인간 경험이 지니고 있는 개인성, 고유성, 특수성에 특별히 관
심을 기울인다. 그리하여 인간 경험의 보편성과 특수성을 깊이 이
해하고자 한다.

**현상학적 환원**    현상학적 연구자는 체험자의 체험을 통해 그 본
질에 다가가기 위하여 현상학적 환원을 수행한다. 현상학적 환원이
란 현상에 대한 통념, 고정관념, 선입견 등을 더 이상 자명한 것으
로 받아들이지 않고 일체의 판단을 유보한 채 오로지 현상 그 자체
에 집중함을 의미한다. 현상학적 환원(phenomenological reduction)
은 에포케(epoché), 판단중지(suspension), 괄호치기(bracketing) 등

으로도 지칭된다.

**후기실증주의적 패러다임**    후기실증주의적 패러다임은 실증주의
에 토대를 두고 실증주의가 안고 있는 문제를 해결하고자 한다. 후
기실증주의적 패러다임은 실증주의적 패러다임과 마찬가지로 설명
과 예측의 목적을 추구한다. 그러므로 연구를 통해 인간의 경험에
대한 일반적이고 보편적인 지식을 찾아내고자 한다. 이를 위해 여
러 다양한 방법을 활용한다. 실증주의적 패러다임의 연구와 달리,
실증적 방법만을 고수하지 않는다. 일반적이고 보편적인 지식을 찾
을 수 있다면 그것이 실증적 방법이 아니더라도 적극 활용한다. 이
처럼 후기실증주의적 패러다임은 방법의 다양화와 다각화를 통해
실증주의의 한계를 극복하고자 한다. 대표적인 연구방법론으로 혼
합연구방법론을 들 수 있다.

# 참고문헌

김영천(2012). 질적연구방법론 I: Bricoleur(제2판). 서울: 아카데미프레스.

서경혜(2004). 좋은 수업에 대한 관점과 개념: 교사와 학생 면담 연구. 교육과정연구, 22(4), 165-187.

서경혜(2015). 교사학습공동체. 서울: 학지사.

서경혜(2017). 정의로운 교육을 위한 어느 교사의 분투: 내러티브 탐구. 교육과정연구, 35(3), 129-156.

서경혜(2019a). 학교단위 교사학습공동체 운동의 의의와 과제. 교육과학연구, 50(2), 1-28.

서경혜(2019b). 학교중심 교사 전문성 개발의 가능성과 한계. 한국교원교육연구, 36(2), 105-130.

서경혜(2023). 질적연구방법론. 서울: 학지사.

안준희(2000). '노숙자'의 정체성과 적응전략: 인지인류학적 접근. 비교문화연구, 6(2), 221-266.

오욱환(2003). 교육사회학의 이해와 탐구. 서울: 교육과학사.

유혜령(1997). 질적 아동연구를 위한 해석학의 방법론적 시사. 아동학회지, 18(2), 57-71.

윤택림(2013). 문화와 역사 연구를 위한 질적연구방법론. 홍천군: 아르케.

윤택림(2019). 역사와 기록 연구를 위한 구술사 연구방법론. 홍천군: 아르케.

이용숙·이수정·정진웅·한경구·황익주(2012). 인류학 민족지 연구 어떻게 할 것인가. 서울: 일조각.

조은(2012). 사당동 더하기 25: 가난에 대한 스물다섯 해의 기록. 서울: 또하나의 문화.

한국구술사연구회(2005). 구술사 방법과 사례. 서울: 선인.


Adler, P. A., & Adler, P. (1994). Observational techniques. In N. K. Denzin & Y. S. Lincoln (Eds.), *Handbook of qualitative research* (pp. 377–392). Thousand Oaks, CA: Sage.

Amidon, E. J., & Flanders, N. A. (1963). *The role of teacher in the classroom.* Minneapolis, MI: Paul S. Amidon & Associates.

Braun, V., & Clarke, V. (2006). Using thematic analysis in psychology. *Qualitative Research in Psychology, 3*(2), 77–101.

Braun, V., & Clarke, V. (2013). *Successful qualitative research: A practical guide for beginners.* London: Sage.

Braun, V., & Clarke, V. (2022). *Thematic analysis: A practical guide.* Thousand Oaks, CA: Sage.

Charmaz, K. (2006). *Constructing grounded theory: A practical guide through qualitative analysis.* Thousand Oaks, CA: Sage. Kathy Charmaz 저, 박현선 · 이상균 · 이채원 공역(2013). 근거이론의 구성: 질적 분석의 실천지침. 서울: 학지사.

Charmaz, K. (2014). *Constructing grounded theory* (2nd ed.). Thousand Oaks, CA: Sage.

Clandinin, D. J., & Connelly, F. M. (2000). *Narrative inquiry: Experience and story in qualitative research.* San Francisco, CA: Jossey–Bass Publishers. D. Jean Clandinin, F. Michael Connelly 지음, 소경희 · 강현석 · 조덕주 · 박민정 옮김(2007). 내러티브 탐구: 교육에서의 질적 연구의 경험과 사례. 서울: 교육과학사.

Clarke, V., Hayfield, N., Ellis, S. J., & Terry, G. (2018). Lived experiences of childfree lesbians in the United Kingdom: A qualitative exploration. *Journal of Family Issues, 39*(18), 4133–4155.

Cochran-Smith, M. (2010). Towards a theory of teacher education for social justice. In M. Fullan, A. Hargreaves, D. Hopkins, & A. Lieberman (Eds.), *The international handbook of educational change* (2nd ed., pp. 445-467). New York: Springer.

Cole, A. L., & Knowles, J. G. (2001). *Lives in context: The art of life history research*. Lanham, MD: AltaMira Press.

Comte, A. (1853, translated 2009 by H. Martineau). *The positive philosophy of Auguste Comte*. Cambridge, UK: Cambridge University Press.

Corbin, J. M., & Strauss, A. L. (2008). *Basics of qualitative research: Techniques and procedures for developing grounded theory* (3rd ed.). Thousand Oaks, CA: Sage. Juliet Corbin, Anselm Strauss 공저, 김미영 외 공역(2019). 근거이론. 서울: 현문사.

Creswell, J. W. (1998). *Qualitative inquiry & research design: Choosing among five approaches*. Thousand Oaks, CA: Sage. John W. Creswell 저, 조흥식 · 정선욱 · 김진숙 · 권지성 공역(2005). 질적 연구방법론: 다섯 가지 전통. 서울: 학지사.

Creswell, J. W. (2002). *Educational research: Planning, conducting, and evaluating quantitative and qualitative research*. Upper Saddle River, NJ: Pearson Education.

Creswell, J. W., & Poth, C. N. (2017). *Qualitative inquiry & research design: Choosing among five approaches* (4th ed.). Thousand Oaks, CA: Sage. John W. Creswell, Cherly N. Poth 공저, 조흥식 · 정선욱 · 김진숙 · 권지성 공역(2005). 질적 연구방법론: 다섯 가지 전통(4판). 서울: 학지사.

Cruickshank, D. R. (1990). *Research that informs teachers and teacher educators*. Bloomington, IN: Phi Delta Kappa.

Delpit, L. D.(1988). The silenced dialogue: Power and pedagogy in educating other people's children. *Harvard Educational Review, 53*(3), 280-298.

Denzin, N. K. (1978). Triangulation: A case for methodological evaluation and combination. *Sociological Methods*, 339-357.

Denzin, N. K. (1989). *Interpretive interactionism*. Newbury Park, CA: Sage.

Denzin, N. K., & Lincoln, Y. S. (2018). Introduction: The discipline and practice of qualitative research. In N. K. Denzin & Y. S. Lincoln (Eds.), *The Sage handbook of qualitative research* (5th ed., pp. 1-26). Thousand Oaks, CA: Sage.

Dey, I. (1999). *Grounding grounded theory*. San Diego, CA: Academic Press.

Gadamer, H. G. (1975). *Truth and method*. New York: Seabury Press.

Geertz, C. (1973). *The interpretation of cultures*. New York: Basic Books. 클리퍼드 기어츠 저, 문옥표 옮김(2009). 문화의 해석. 서울: 까치글방.

Ginsburg, H. P., Inoue, N., & Seo, K. (1999). Young children doing mathematics: Observations of everyday activities. In J. Copley (Ed.), *Mathematics in the early years*. Reston, VA: National Council of Teachers of Mathematics.

Giorgi, A. (2009). *The descriptive phenomenological method in psychology: A modifed Husserlian approach*. Pittsburgh, PA: Duquesne University Press.

Giorgi, A. (2012). The descriptive phenomenological psychological method. *Journal of Phenomenological Psychology, 43*, 3-12.

Glaser, B. G., & Strauss, A. L. (1967). *The discovery of grounded theory: Strategies for qualitative research*. New York: Aldine de Gruyter. Barney G. Glaser, Anselm L. Strauss 공저, 이병식 · 박상욱 · 김사훈 공역(2011). 근거이론의 발견: 질적연구전략. 서울: 학지사.

Glesne, C., & Peshkin, A. (1991). *Becoming qualitative researchers*. White Plains, NY: Longman.

Gold, R. L. (1958). Roles in sociological field observations. *Social Forces*,

*36*(3), 217-223.

Krueger, R. A., & Casey, M. A. (2009). *Focus groups: A practical guide for applied research* (4th ed.). Los Angeles, CA: Sage. Richard A. Krueger, Mary Anne Casey 지음, 민병오 · 조대현 옮김(2014). 포커스 그룹: 응용조사 실행방법. 서울: 명인문화사.

Krueger, R. A., & Casey, M. A. (2015). *Focus groups: A practical guide for applied research* (5th ed.). Thousand Oaks, CA: Sage.

Kuhn, T. S. (1962). *The structure of scientific revolution.* Chicago: University of Chicago Press. 토마스 S. 쿤 지음, 김명자 옮김(1981). 과학혁명의 구조. 서울: 정음사.

Kuzel, A. J. (1992). Sampling in qualitative research. In B. F. Crabtree & W. L. Miller (Eds.), *Doing qualitative research* (pp. 31-44). Newburry Park, CA: Sage.

Ladson-Billings, G.(1995). Toward a theory of culturally relevant pedagogy. *American Educational Research Journal, 40*(2), 465-491.

LeCompte, M., Schensul, J. J. (1999). *Analyzing & interpreting ethnographic data.* Walnut Creek, CA: AltaMira Press.

Lévi-Strauss, C. (1966). *The savage mind* (2nd ed.). Chicago: University of Chicago Press. 레비-스트로스 저, 안정남 옮김(1996). 야생의 사고. 서울: 한길사.

Lincoln, Y. S., Lynham, S. L., & Guba, E. G. (2018). Paradigmatic controversies, contradictions, and emerging confluences, revisited. In N. K. Denzin & Y. S. Lincoln (Eds.). *The Sage handbook of qualitative research* (5th ed., pp. 108-150). Thousand Oaks, CA: Sage.

Lincoln, Y. S., & Guba, E. G. (1985). *Naturalistic inquiry.* Beverly Hills, CA: Sage.

Locke, F. L., Spirduso, W. W., & Silverman, J. S. (2000). *Proposals that work: A guide for planning dissertation and grant proposals* (4th ed.). Thousand Oaks, CA: Sage.

Malinowski, B. (1922). *Argonauts of the Western Pacific: An account of native enterprise and adventure in the archipelagoes of Melanesian New Guinea*. London and New York: G. Routledge and E. P. Dutton.

Malinowski, B. (1984). *Argonauts of the Western Pacific: An account of native enterprise and adventure in the archipelagoes of Melanesian New Guinea*. Heights, Illinois: Waveland Press. 브로니스라브 말리노브스키 지음, 최협 옮김(2013). 서태평양의 항해자들. 광주: 전남대학교 출판문화원.

Marrow, A. J. (1969). *The practical theorist: The life and work of Kurt Lewin*. New York: Basic Books.

Miles, M. B., & Huberman, A. M. (1994). *Qualitative data analysis: An expanded sourcebook* (2nd ed.). Thousand Oaks, CA: Sage. Matthew B. Miles, A. Michael Huberman 공저, 박태영·박소영·반정호·성준모·은선경·이재령·이화영·조성희 공역(2009). 질적자료분석론. 서울: 학지사.

Miles, M. B., Huberman, A. M., & Saldaña, J. (2014). *Qualitative data analysis: A methods sourcebook* (3rd ed.). Thousand Oaks, CA: Sage. Matthew B. Miles, A. Michael Huberman, Johnny Saldaña 공저, 박태영·김은경·김혜선·박소영·박수선·심다연·이재령·임아리·장은경·조성희·조지용 공역(2019). 질적자료분석론: 방법론 자료집. 서울: 학지사.

Morgan, D. L. (1997). *Focus groups as qualitative research*. Thousand Oaks, CA: Sage. David L. Morgan 지음, 김성재·오상은·은영·손행미·이명선 옮김(2007). 질적 연구로서의 포커스 그룹. 서울: 군자.

North, C. E.(2009). *Teaching for social justice? Voices from the front lines*. Boulder, CO: Paradigm Publishers. 코니 노스 지음, 박여진 옮김(2010). 정의로운 교육이란 무엇인가: 평범한 교실에서 희망을 찾아가는 현장

교사들의 이야기. 서울: 이매진.

Patton, M. Q. (1990). *Qualitative evaluation and research methods* (2nd ed.). Newbury Park, CA: Sage.

Patton, M. Q. (1999). Enhancing the quality and credibility of qualitative Analysis. *Health Services Research, 34*, 1189-1208.

Pike, K. L. (1954). *Language in relation to a unified theory of the structure of human behavior.* Glendale, CA: Summer Institute of Linguistics.

Rawls, J. (1971). *Theory of justice.* Cambridge, MA: Harvard University Press. 존 롤스 지음, 황경식 옮김(2003). 정의론. 서울: 이학사.

Ricoeur, P. (1970). *Freud and philosophy: An essay on interpretation.* New Haven, CT: Yale University Press.

Sandel, M. J. (2009). *Justice: What's the right thing to do?* New York: Farrar, Straus and Giroux. 마이클 샌델 저, 김명철 옮김(2014). 정의란 무엇인가. 서울: 와이즈베리.

Schön, D. A. (1987). *The reflective practitioner: How professionals think in action.* New York: Basic Books.

Schwandt, T. A. (1996). Farewell to criteriology. *Qualitative Inquiry, 2*, 58-72.

Seidman, I. (2013). *Interviewing as qualitative research: A guide for researchers in education and social sciences* (4th ed.). New York: Teacher College Press.

Seidman, I. (2013). *Interviewing as qualitative research: A guide for researchers in education and social sciences* (5th ed.). New York: Teacher College Press. Irving Seidman 저, 박혜준 · 이승연 공역(2022). 질적연구방법으로서 면담. 서울: 학지사.

Stake, R. E. (1995). *The art of case study.* Thousand Oaks, CA: Sage. Robert E. Stake 저, 홍용희 · 노경주 · 심종희 공역(2000). 질적사례연구. 서울: 창지사.

Strauss, A. L., & Corbin, J. M. (1990). *Basics of qualitative research:*

*Grounded theory procedures and techniques*. Newbury Park, CA: Sage. 안젤름 스트라우스, 줄리에트 코빈 지음, 김수지 · 신경림 옮김 (1996). 근거이론의 이해. 서울: 한울아카데미.

U.S. Commission on Civil Rights (1973). *Teachers and students: Mexican American education study, differences in teacher interaction with Mexican American and Anglo Students*. Washington, D.C.

van Manen, M. (1990). *Researching lived experience: Human science for an action sensitive pedagogy*. Albany, NY: State University of New York Press. 밴 매넌 지음, 신경림 · 안규남 옮김(1994). 체험연구: 해석학적 현상학의 인간과학 연구방법론. 서울: 동녘.

Whittemore, R., Chase, S. K., & Mandle, C. L. (2001). Validity in qualitative research. *Qualitative Health Research, 11*, 522-537.

Wilkinson, S. (1988). The role of reflexivity in feminist psychology. *Women's Studies International Forum, 11*(5), 493-502.

Willis, P. (1977). *Learning to labor: How working class kids get working class jobs*. New York: Columbia University Press. 폴 윌리스 지음, 김찬호 · 김영훈 옮김(2004). 학교와 계급재생산: 반학교문화, 일상, 저항. 서울: 이매진.

Wolcott, H. F. (2008). *Ethnography: A way of seeing* (2nd ed.). Lanham, MD: AltMira Press.


기관생명윤리위원회 정보포털 https://www.irb.or.kr
한국연구재단 연구윤리정보포털 https://cre.nrf.re.kr
한국연구재단 연구윤리교육포털 https://cre.nrf.re.kr/ocw

# 찾아보기

## 인명

### ㅅ

### ㅇ

### ㅈ

### B

### C

# 저자 소개

서경혜(Kyounghye Seo)
이화여자대학교 교육학과 학사
이화여자대학교 대학원 교육학 전공 석사
미국 콜롬비아대학교 Teachers College 발달심리학 전공 석사
미국 콜롬비아대학교 Teachers College 교육과정 전공 박사
전  미국 위스콘신대학교(Univ. of Wisconsin-Milwaukee) 교수
현  이화여자대학교 교수

# 질적연구입문
## Introduction to Qualitative Research

2024년 10월 15일 1판 1쇄 인쇄
2024년 10월 21일 1판 1쇄 발행

지은이 • 서경혜
펴낸이 • 김진환
펴낸곳 • ㈜ **학지사**

04031 서울특별시 마포구 양화로 15길 20 마인드월드빌딩
대표전화 • 02-330-5114　　팩스 • 02-324-2345
등록번호 • 제313-2006-000265호

홈페이지 • http://www.hakjisa.co.kr
인스타그램 • https://www.instagram.com/hakjisabook

ISBN 978-89-997-3250-8　93370

정가 18,000원

저자와의 협약으로 인지는 생략합니다.
파본은 구입처에서 교환해 드립니다.

이 책을 무단으로 전재하거나 복제할 경우 저작권법에 따라 처벌을 받게 됩니다.

**출판미디어기업 학지사**

간호보건의학출판 **학지사메디컬** www.hakjisamd.co.kr
심리검사연구소 **인싸이트** www.inpsyt.co.kr
학술논문서비스 **뉴논문** www.newnonmun.com
교육연수원 **카운피아** www.counpia.com
대학교재전자책플랫폼 **캠퍼스북** www.campusbook.co.kr